수능영어

1등급
공부법

수능영어 독해의 특성 분석과 **1등급 4단계** 필승 전략

수능영어

송주현 지음

1등급

공부법

성림원북스

저는 서울대 사범대학을 졸업하고 20년 이상을 내신영어와 수능영어를 가르치고 있는 영어 강사입니다. 학생들을 지도하면서 그들이 수능영어에 대해서 매우 어려워한다는 것을 알게 되었습니다. 어휘, 문장 실력을 충분히 갖추고 있는 학생들에게도 수능영어는 결코 쉬운 과목이 아닙니다. 수능영어를 열심히 준비하는 학생들에게 좋은 결과가 나오지 않는 사례를 많이 보게 되었고 그들이 실망하고 낙심하는 것을 목격하게 되면서 저의 질문이 시작되었습니다.

왜 수능영어가 학생들에게 어렵게 느껴질까? 수능영어를 준비하는 학생들이 하는 엄청난 노력에 비해서 결과가 왜 좋지 않은가? 수험생들이 수능영어를 효과적으로 학습하고 원하는 성적을 얻을 수 있는 좋은 방법이 없을까?

이런 고민을 거듭하면서 많은 수험생과 소통하며 함께 수능영어를 정복할 방법을 찾아 고민과 시행착오를 반복하는 과정에서 학생들이 수능영어를 어려워하고 노력 대비 결과가 좋지 않은 이유를 알게 되었습니다. 주요한 문제들을 열거하면 다음의 네 가지입니다.

첫째, 우선 내신영어와 수능영어는 전혀 성격이 다른 시험인데 수능영어가 어떤 특성이 있는 시험인지를 잘 모르고 내신 공부와 비슷한 방식으로 공부하고 있다는 것이 가장 큰 문제입니다. 이는 마치 적을 모르고 눈을 감고 싸우는 병사와 같습니다.

둘째, 열심히 단어를 외우고 기출문제들을 풀면서 노력하지만 수능영어의 특성에 맞는 효과적인 문제 해결 및 고득점 전략이 없다는 것입니다. 전략이 없는 수험생은 지형을 모르고 무조건 직진하는 병사와 같습니다.

셋째, 열심히 반복해서 문제들을 풀기만 할 뿐이지, 여러 유형의 수능영어 문제들을 구체적으로 어떻게 해결할지 분명한 전략이 없다는 점입니다. 구체적인 문제 풀이법이 없는 수험생은 마치 군사훈련을 받지 않은 병사와 같습니다.

넷째, 분명한 근거가 없이 문맥이나 감에 의존하여 풀어나가기 때문에 정답에 대한 확신이 없고 실력이 누적되어 향상되지 않고 있다는 것입니다. 이렇게 문제를 푸는 수험생은 무기 없이 싸우는 병사와 다르지 않습니다.

이러한 문제를 지닌 수험생들이 아무리 노력해도 좋은 결과를 얻지 못하는 것은 어쩌면 당연한 것입니다. 따라서 이 문제들을 해결하지 않는다면 수험생은 결코 좋은 성적을 얻지 못할 것이며 반대로 이 문제들을 정확히 해결하고 최선의 노력을 기울인다면 충분히 원하는 목표를 달성할 수 있을 것입니다.

그래서 저는 이 네 가지 문제를 해결할 대책을 마련하였고 그것은 다음과 같습니다.

첫째, 학생들이 수능영어의 특성을 정확히 알고 내신영어와 다른 수능영어의 특성에 맞는 차별적인 준비를 하도록 돕는다. 이 단계를 통해 수험생들은 적(수능영어)을 정확히 알고 직시하며 싸울 준비가 된 병사로 변하게 된다.

둘째, 수능영어를 신속 정확하게 해결할 단계별 대책과 수능 문제의 유형별 분류를 통해 학생들이 확실한 수능영어 1등급 전략을 갖도록 한다. 이 단계를 거치면서 수험생들은 지형을 숙지하고 어떻게 전진하여 승리를 쟁취할지를 아는 확신에 찬 병사로 탈바꿈하게 된다.

셋째, 수능영어 문제를 특성에 따라 분류한 후 유형별 풀이법을 이론과 사례를 통해 제시하여 수험생들이 실제로 모든 문제를 구체적으로 해결할 능력을 갖추게 한다. 이 과정을 통과하면 수험생들은 실전 훈련을 통과한 정예병으로 거듭나게 된다.

넷째, 정답을 찾도록 돕는 단서들을 통해 확실한 근거를 가지고 정답을 논리적으로 해결하는 방법을 습득하도록 한다. 이 마지막 단계까지 모두 통과한 수험생은 최신 무기들을 모두 장착한 병사로 완성되었고 계속 실전을 통해 단점을 보완하면서 승리를 향해 전진하는 무적의 병사가 된 것이다.

이상의 네 가지 단계를 학생들에게 제시하였고 현장에서 계속 많은 학생이 놀라운 성적의 향상을 보이면서 수능영어에 자신감을 가지고 원하는 목표를 달성하는 사례들을 수없이 목격하게 되었습니다. 그것은 정말로 감동적인 모습이었고 기적적인 순간들이었습니다. 그래서 그동안 많은 학생들에 의해서 수없이 검증된 이 4단계의 필승 전략을 책으로 출판하여 여러 많은 수험생이 공유하도록 해야겠다고 결심하였습니다. 그 결심 이후로 오랜 기간의 준비와 주위의 많은 여러분들의 헌신적인 도움을 받아서 마침내 이 책을 출간하게 되었습니다. 특히 나와 수업하면서 끊임없는 소통을 통해 영감을 주고 이 4단계를 만들고 발전시키면서 검증해준 수험생 제자들이 사실 이 책을 쓴 것이라고 말할 수 있습니다. 모든 수험생 제자들과 도움을 주신 모든 분에게 진심으로 감사를 전합니다.

이 책을 통해서 수능영어에 희망을 잃었던 모든 학생이 자신감과 확신으로 충만해지고 수능영어가 포기 과목이 아니라 재미있고 흥미로운 전략 과목으로 변화되는 역사가 일어나기를 바랍니다. 그리고 실제로 이 4단계 전략을 통해서 수험생 여러분들의 실력이 향상되고 목표하는 성과를 이루었다는 증거들이 나타난다면 저는 더할 나위 없이 기쁠 것입니다.

수험생 여러분들에게 건강과 행운이 항상 함께하길 기원하며 모든 소원이 성취되기를 바랍니다. 감사합니다.

글쓴이 송주현 올림

목차

1

수능영어 독해의 특성과
1등급 전략 수립

"

안녕하세요? 이 책을 읽고 있는 여러분은 아마 수능영어를 준비하는 수험생이거나 예비 수험생들이겠죠? 여러분은 아마 수능영어에서 좋은 성적을 얻기를 희망하고 있을 것입니다. 수능영어에서 희망하는 고득점을 얻기 위해서 여러분이 가장 먼저 해야 할 것은 무엇일까요? 무엇보다도 수능영어에 대해서 정확히 이해하는 것입니다. 수능영어에 대해서 잘 모르면서 무조건 열심히 공부하는 것은 마치 상대방이 누구인지도 모르면서 전쟁터에 나가는 군사와 같아요.

'지피지기 백전불태(知彼知己 百戰不殆)'라는 말이 있는데, '적을 알고 나를 알면 백번 싸워도 위태롭지 않다'는 뜻으로 여러분이 준비하는 대상인 수능영어를 정확히 알고 나의 준비 상태를 잘 알면 고득점을 할 수 있는 뜻이라고 풀이할 수 있어요.

그리고 수능영어에 대한 이해를 바탕으로 어떻게 하면 수능영어에서 고득점을 달성할 수 있을지에 대한 전략을 수립하는 것이 중요합니다. 열심히 공부하고 노력하는 것도 좋지만 정확한 전략이 없는 노력은 효율성이 떨어져서 여러분의 시간과 노력을 헛되이 낭비할 수 있어요. 따라서 공부하기 전에 수능영어의 특성을 정확히 알고 그 특성에 맞는 전략을 수립하는 것의 중요성은 아무리 강조해도 지나침이 없습니다.

이 장에서는 수능영어에서 고득점을 얻기 위하여 먼저 수능영어가 무엇인지 그 특성을 정확히 알아보고 어떻게 1등급을 달성할지 전략을 같이 만들어보겠습니다.

Are you ready? Let's go on an adventure!

"

01 수능영어 독해 문제의 세 가지 특성

1 강력한 시간의 제약

수능영어는 총 70분 안에 듣기 문제 17문제와 독해 문제 28문제를 풀어야 합니다. 듣기 시간이 25분 정도이기 때문에 나머지 45분 안에 28개의 독해 문제를 해결해야 하므로 독해 한 문제당 대략 평균 100초(45분/28문제) 미만의 시간이 주어집니다. 보통 10개 정도의 지문 으로 한 문제가 구성된다면 한 문장을 10초 이내에 읽고 해석해야만 합니다. 본문뿐만 아니 라 문제와 답지들을 읽는 시간까지 고려한다면 더 짧은 시간 안에 모든 문장을 읽고 답까지 찾아내야 하므로 엄청난 시간의 압박감을 느낄 수밖에 없습니다.

수험생들은 이처럼 강력한 시간 공격을 받으면서 문제를 해결해야만 하므로 시간을 가장 효율적으로 관리하는 전략을 필수적으로 가지고 있어야만 합니다.

2 여러 유형의 문제들과 무한하게 다양한 분야

시간의 제약과 더불어 수능영어에는 여러 유형의 문제들이 섞여 있어서 더욱 대처하기가 어렵습니다. 글의 목적, 심경 변화, 글의 요지, 주제, 제목을 묻는 문제와 도표, 어법, 빈칸 추론, 문단 순서, 문장 넣기, 장문 독해 등 유형이 약 20개 정도로 너무 다양하기 때문에 어 떻게 이런 유형들에 대하여 각각 효과적으로 대처해야 할지 갈피를 잡기가 어렵습니다.

더구나 수능에서 다루는 분야는 거의 무제한에 가깝습니다. 모든 분야에 대한 지식을 다 갖추는 것이 사실상 불가능한 수험생들에게 수능영어 시험은 대처하기가 매우 어려울 수밖 에 없습니다.

수험생들은 이렇게 다양한 출제 유형과 무한한 출제 범위의 내용에 대해서 어떻게 효과적 으로 대처해 나갈 것인지에 대한 분명한 해결책을 가지고 있어야만 합니다.

3 높은 수준의 사고력과 추리력을 묻는 고난도 추론 문제들

수능영어에는 단순히 해석만으로는 해결할 수 없는 고도의 사고력이 필요한 추론 문제들이 많은데, 특히 30번대의 빈칸 추론, 문단 순서, 문장 삽입 등 8문제들이 그러한 종류의 문제들입니다. 어휘와 문장 해석 능력이 아무리 뛰어나도 이런 추론 문제들은 쉽게 해결되지 않습니다. 왜냐하면 추론 문제들은 독해와는 다른 차원의 능력, 즉 고도의 사고 능력(단서를 찾는 능력, 논리적 추론 능력 등)을 요구하기 때문입니다.

수험생들이 이런 문제들을 해결할 효과적인 방법을 찾지 못한다면 고득점을 얻기가 거의 불가능합니다. 따라서 1~2등급을 목표로 하는 수험생들은 반드시 이런 추론 문제들을 해결할 방법을 가지고 있어야만 합니다.

※ 수능영어 vs 내신영어

❶ 수능영어와 내신영어의 비교표

	수능영어	내신영어
평가 항목	듣기(약 35%), 독해	수행, 지필
출제 기관	한국교육과정평가원	각 학교
문법 비중	적음	많음
평가 방법	절대평가(1~9등급)	상대평가
출제 범위	무제한	교과서, 부교재, 모의고사 등
핵심 능력	사고력(추리력, 상상력)	암기력(반복 학습과 암기)

❷ 내신영어와 수능영어의 특성에 따른 차별적 준비

우선 내신영어는 비교적 출제 범위가 교과서 등으로 한정되며 주로 수업을 담당하는 선생님들이 출제하기 때문에 출제되는 내용도 예상할 수 있습니다. 출제자인 선생님의 수업을 충실하게 듣고 필기하며 상대적으로 높은 문법 비중을 감안하여 출제 범위의 자료들을 여러 번 반복하여 암기하고 기출이나 예상 문제를 풀면서 철저히 준비한다면 고득점을 얻을 수 있습니다. 하지만 상대평가이므로 나보다 더 높은 성적을 거둔 학생들이 있다면 쉽게 1등급을 얻기가 어려울 수 있습니다.

수능영어(모의고사 포함)의 경우 공공기관인 한국교육과정평가원(교육청)이 출제하기 때문에 사실상 출제 기관만 알 수 있고 출제자를 알 수 없습니다. 출제의 범위가 무한하고 다양하므로 출제되는 내용을 예상하는 것이 불가능합니다. 앞에서 말씀드린 바와 같이 강력한 시간적 제약, 다양한 출제 유형과 무한한 출제 범위 및 단순 암기로는 해결할 수 없는 고난도 추론 문제들이 많다는 수능영어의 특성상 내신영어를 준비하는 것처럼 기출을 반복, 암기하거나 예상 문제를 열심히 푸는 것만으로는 고득점을 기대하기 어렵습니다.

그렇다면 수능영어에서 고득점을 하기 위해서는 어떻게 해야 할까요?

우선 수능영어에 대한 본질을 잘 이해하고 그 특성에 맞는 철저한 전략과 준비가 필수적인데, 다음과 같은 준비가 필요합니다.

첫째, 목표 등급을 미리 확정하고 문제를 푸는 순서, 시간과 방법을 모두 미리 설정하고 반복해서 훈련해야 합니다. 이렇게 함으로써 실전에서 당황하지 않고 시간을 효율적으로 관리하며 목표를 달성할 수 있습니다.

둘째, 다양하고 복잡한 수능 문제를 유형별 분석을 통해 단순화하고 각 유형별로 어떻게 구체적으로 해결할지에 대한 상세하고 구체적인 준비가 필요합니다. 이렇게 하면 다양한 수능영어의 유형들에 손쉽게 대처하며 시간도 경제적으로 사용할 수 있습니다.

셋째, 예측할 수 없는 고난도 추론 문제들을 해결해야 하므로 단순 암기보다는 평소에 사고력을 연마하고 단서를 찾아 논리적으로 문제를 해결하는 훈련이 필요합니다. 다양한 분야에 두루 관심을 가지고 깊은 성찰과 함께 합리적이고 비판적으로 사고하며 추리하는 힘을 키워나가야 수능영어를 해결할 저력이 쌓여갑니다.

결론적으로 수능영어는 내신영어와는 전혀 성격이 다르기 때문에 내신영어를 준비하는 것과는 차별적으로 수능영어에 맞는 철저한 준비가 필요합니다.

02 수능영어 1등급 전략

① 수능영어에 필요한 두 가지 능력 : 신속성, 정확성

수능영어의 특성인 강력한 시간적 제약과 내용 및 출제 유형의 다양성과 방대함뿐만 아니라 고난도 추론 문제들은 강력한 시간적 압박으로 작용한다는 점을 앞에서 살펴보았습니다. 이러한 수능영어의 특성을 극복하고 1등급을 달성하기 위해서는 두 가지의 능력이 필요합니다. 먼저 신속성입니다. 제아무리 뛰어난 실력이 있다고 하더라도 수능영어의 강력한 시간적 제약을 해결하지 못한다면 고득점을 기대할 수 없습니다. 원주민 대학생들이나 원어민 영어 교수라 하더라도 문제 해결의 신속함을 갖추지 못했다면 결코 수능영어 1등급을 달성할 수 없습니다. 따라서 수험생이 갖추어야 할 덕목으로 신속함은 아무리 강조해도 지나침이 없습니다.

그러나 아무리 신속하게 문제를 해결했다고 하더라도 그것이 고득점을 보증하진 않습니다. 왜냐하면 정확성이 떨어진다면 신속함의 미덕은 아무런 의미가 없기 때문이죠. 그냥 빠르기만 한 것이 무슨 소용이 있습니까? 따라서 신속함과 더불어 수험생이 갖추어야 할 필수 덕목은 바로 정확성입니다.

그런데 시간적인 제약이 아주 강력한 상황에서 정확성을 확보하는 것은 거의 불가능한 것인데 어떻게 신속함과 정확성을 동시에 가질 수 있을까요?

② 수능영어 독해를 신속, 정확하게 해결할 4단계 대책

❶ 문제 유형의 단순화

여러 개의 복잡한 유형을 문제의 특성에 따라 단순화하는 것이 첫 번째 단계입니다.

총 28개의 독해 문제는 크게 논술문, 설명문, 추론문의 세 유형으로 분류할 수 있습니다. 이렇게 유형을 단순화하면 20개의 유형에 일일이 대처하는 것이 아니라 세 가지 유형만을 해결하면 되기 때문에 신속하게 문제들을 해결하는 것이 가능합니다.

❷ 각 유형별로 문제 해결의 표준화

단순화된 유형별로 그 각각의 유형별 특성에 따른 최적의 문제 해결 방안을 찾아 표준화합니다. 수능의 각 유형별 문제들과 핵심적인 해결 전략을 소개하면 다음과 같습니다.

- 논술문(18~24번, 7문제) : 핵심 문장을 통해 문제 해결
- 설명문(25~28번, 4문제) : 5번 답지부터 읽으면서 본문 하단부터 일치, 불일치 확인
- 추론문(31~40번, 9문제) : 주어진 단서를 찾아 논리적인 추론으로 해결
- 기타 : 어법(29번), 어휘 적절성(30번), 흐름 무관 문장(35번), 장문 독해(41~45번) 등과 같은 기타 유형은 유형별 맞춤 전략을 준비하여 해결

❸ 문제 해결의 전문화

각 유형별로 정답을 확보할 최적의 방법을 미리 찾아 정답을 찾는 시간을 최소화하고 확률을 높입니다. 수능영어 문제들의 특성은 주어진 문장에서 정답을 얻을 수 있기에 충분한 단서가 주어진다는 것입니다. 따라서 주어지는 단서의 종류와 특성을 미리 파악하고, 그것을 활용하여 논리적인 추론 과정을 통하여 정답을 도출하는 사고력의 배양을 통해 문제 해결의 전문성을 확보하는 것입니다. 단순 암기를 벗어나서 지나치기 쉬운 단서를 놓치지 않고 찾아서 논리적으로 추론하는 사고력 훈련이 필수적이며 핵심적인 단서들로는 접속사, 대명사, 관사, 글의 흐름(구조), 함축, 바꿔 말하기 등이 있습니다.

❹ 문제 해결의 체질화(자동화)

수험생이 목표한 등급에 따라 문제 풀이 순서, 방법, 시간 등을 결정하고 시간적 제약하에서 반복 훈련을 통해 자동반사적으로 문제를 해결할 만큼 문제 풀이의 루틴을 만들어야 합니다. 만약 정답 체크 후에도 여유 시간이 5분 이상 남고 목표 등급을 초과 달성했다면 완성단계인 것입니다.

❸ 수능 문제의 유형별 분석

수능영어 문제를 신속하면서도 정확하게 해결하고 1등급을 달성하기 위해서는 수능영어 문제들의 복잡한 유형을 단순화하는 것이 필수적인데, 여기서는 수능영어 문제의 유형별 분

석에 대해서 살펴보기로 하겠습니다.

수능에는 다양한 형태의 문제들이 등장하지만, 이를 유형별로 묶어보면 크게 세 가지, 즉 논술(논설)문, 설명문, 추론문으로 분류할 수 있습니다. 어법이나 장문 독해 같은 유형들은 위 세 가지의 분류에 속하지 않는 것들로 기타의 유형으로 분류할 수 있는데, 사실 기타의 유형도 위의 세 가지 유형의 변형 또는 몇 가지 유형이 섞여 있는 것으로 볼 수 있습니다.

우선 세 가지 유형과 기타 유형의 특징 및 해당 문제를 살펴보면 다음과 같습니다.

❶ 수능 문제의 세 가지 대표 유형과 특성

- **논술문** : 논술문이란 의견이나 주장을 논리적으로 조리 있게 서술한 글이며 이런 글은 보통 서론, 본론, 결론의 구조를 갖게 됩니다. 서론에서 글을 도입한 후 본론의 전개(논거 제시)를 통해 결론 부분에서 최종적인 작가의 의견이나 주장으로 마무리하는 것이 전형적인 패턴입니다. 18~24번 등 총 7문항 정도가 이 유형에 속한다고 할 수 있습니다.

- **설명문** : 설명문은 읽는 이들이 어떠한 사실에 대해 이해할 수 있도록 객관적이고 논리적으로 서술한 글입니다. 주로 어떤 내용을 열거, 나열하는 방식으로, 논설문과 가장 다른 점은 작가의 특별한 주장이 없다는 것입니다. 25~28번 등 4문제 정도가 이에 해당합니다.

- **추론문** : 어떤 사실이나 논거에 근거하여 논리적인 결론을 끌어내는 능력을 묻는 문제의 유형으로, 30~40번의 11문제에 해당합니다. 수능에 출제되는 추론문은 다시 세 가지로 크게 분류할 수 있는데, 31~34번 빈칸 추론 4문제, 36~37번 문단 순서 2문제, 38~39번 문장 삽입 2문제 등이 있습니다.

- **기타 유형** : 어법(29번 문제), 낱말 부적절(30번), 흐름 무관 문장(35번)과 문장 요약(40번), 장문 독해 등이 이에 해당하며, 21번의 밑줄의 의미도 기타 유형으로 분류할 수 있습니다. 어법은 문법적 지식을 묻는 문제이고, 낱말 부적절과 흐름 무관 문제는 글의 흐름에 적합하지 않은 낱말이나 문장을 찾는 문제로, 일종의 추론문에 해당한다고 볼 수 있습니다. 문장 요약은 긴 장문을 요약한 요약문의 괄호를 추론하는 추론 문제라고 할 수 있습니다. 장문 독해는 제목 추론, 낱말 부적절, 문단 순서, 지칭 추론, 내용 불일치 등을 묻는 문제로, 논술문, 설명문과 추론문의 세 가지 유형들이 섞여 있는 복합형 문제로 볼 수 있습니다.

❷ 수능 문제의 유형별 분석표와 활용

번호	유형 분류		배점	난이도	시간 배분(초)	시간 배분(분)	점수 누계
1~17번	듣기		37		1,500	25	37
18번	글의 목적	논술	2	하	60		
19번	심경 변화	논술	2	하	60		
20번	필자의 주장	논술	2	하	60		
21번	밑줄 추론	기타	2	상	120		
22번	글의 요지	논술	2	하	60		
23번	글의 주제	논술	3	하	60		
24번	글의 제목	논술	2	하	60		
25번	도표 불일치	설명	2	하	60		
26번	내용 불일치	설명	2	하	60		
27번	내용 불일치	설명	2	하	60		
28번	내용 일치	설명	2	하	60		
29번	어법	기타	3	중	60		
소계			26		780	13	63
30번	낱말 부적절	기타	2	상	120		
31번	빈칸 추론	추론	2	상	120		
32번	빈칸 추론	추론	2	상	120		
33번	빈칸 추론	추론	3	상	120		
34번	빈칸 추론	추론	3	상	120		
35번	흐름 무관	기타	2	상	120		
36번	문단 순서	추론	2	상	120		
37번	문단 순서	추론	3	상	120		
38번	문장 넣기	추론	2	상	120		
39번	문장 넣기	추론	3	상	120		
40번	문단 요약	추론	2	상	120		
소계			26		1,320	22	89
41번	장문 독해	기타	2	중	90		
42번	장문 독해	기타	3	중	90		
43번	장문 독해	기타	2	중	90		
44번	장문 독해	기타	2	중	90		
45번	장문 독해	기타	2	중	90		
소계			11		450	8	100
총계			100			68*	

*총 70분 중 2분은 여유 시간으로 배정

(※ 2021학년도 수능 기준)

앞의 분석표는 수능영어(모의고사)의 45문제를 듣기와 논술문, 설명문, 추론문과 기타 유형으로 분류하여 작성한 표입니다(2021학년도 수능영어 기준으로 문제와 배점은 시험마다 약간 달라질 수 있음). 가로 항에는 문제의 번호, 문제의 간략한 이름과 유형별 분류, 문항별 배점과 난이도 및 시간 배분(초, 분)과 점수 누계를 나타내고 있습니다.

세로 항은 몇 개의 구간으로 구분되어 있는데, 각 구간을 살펴보면 다음과 같습니다.

우선 듣기 구간은 총 37점이 배점되어 있고, 소요 시간은 25분입니다.

두 번째 구간은 18~29번의 12문제를 묶었는데, 이는 주로 논술문과 설명문으로 구성되어 있으며, 구간의 총 배점은 26점이고 예상 소요 시간은 13분입니다. 이 구간의 26점과 듣기 점수 37점과 합산한 누계 점수는 63점으로 맨 오른쪽에 표시해두었습니다. 그런데 이 문제들의 난이도는 거의 하(쉬움)에 해당하며, 평균 배분 시간은 60초입니다. 수능영어 고득점을 위해서는 반드시 신속하고 정확하게 해결해야 할 문제들의 구간입니다.

이어서 세 번째 구간은 30~40번의 11문제를 묶었는데, 이 구간은 주로 추론 문제들로 총 26점이 배정되어 있고, 소요 시간은 22분입니다. 이 구간의 배점 26점과 앞의 누계 점수 63점을 합산하면 89점의 총누계 점수를 얻을 수 있습니다. 만약 여기까지 만점을 얻으면 거의 1등급(90점)에 도달할 수 있습니다. 그런데 문제의 난이도를 보니 모두 상(어려움) 수준이고 예상되는 소요 시간도 22분으로, 시간이 가장 많이 걸리는 어려운 구간임을 알 수 있습니다. 논술문과 설명문 12문제에 소요하는 시간(13분)보다 거의 두 배에 달하는, 상대적으로 가장 어렵고 긴 시간이 필요한 구간임을 알 수 있습니다.

마지막은 41~45번의 5문제를 묶은 구간인데, 총 11점이 배정된 구간이고, 예상 소요 시간도 총 8분에 해당합니다. 추론 문제까지 누적된 89점에 이 구간의 점수 11점을 더하면 총 100점이 됩니다. 그런데 이 구간의 난이도를 보면 중(중간 정도) 수준이며, 예상 소요 시간도 비교적 짧은 것을 알 수 있습니다.

이 표는 수험생들이 스스로 여러 가지 전략을 구상할 수 있도록 돕기 위하여 제시한 것이며 몇 가지 전략을 제시하면 다음과 같습니다.

• 문제 풀이 순서: 추론 문제보다는 장문 독해 구간을 먼저 푸는 것을 권장합니다. 왜냐하면, 모든 시험은 쉬운 문제부터 어려운 문제로 풀어나가는 것이 순서인데, 장문 독해는 난이도가 중급(보통)에 해당하는 반면 추론 문제는 난이도가 거의 다 상급(어려운 수준)에 해당하기 때문입니다. 만약 추론 문제를 먼저 풀기를 고집한다면 비교적 쉬운 장문

독해 5문제(11점)는 풀어볼 기회조차 얻지 못할 수 있기 때문에 이 순서의 전환이 아주 중요한 전략이 될 수 있습니다.

- **수험생에 적합한 득점 전략 수립**: 만약 듣기와 논술, 설명문과 장문 독해 문제를 모두 정확히 해결하면 총 74점의 점수를 획득하게 됩니다. 따라서 추론 문제 구간에서 추가로 6득점을 할 경우 2등급을 달성하게 되고 16점 이상을 추가하면 1등급에 도달할 수 있습니다. 만약 나의 목표 등급이 정해진다면 난이도와 시간을 고려하면서 자신의 상황에 적합한 나만의 문제 풀이 전략을 수립할 수 있습니다. 미리 전략을 가지고 준비한다면 시간을 관리하면서 보다 안정적으로 목표한 점수(등급)를 달성할 수 있을 것입니다.

④ 수능영어 1등급의 비결

이상의 자료를 바탕으로 수능영어에서 90점 이상을 획득하는 1등급 전략을 수립해보도록 하겠습니다.

1등급 획득의 구체적인 방법은 어떻게 하는 것이 가장 최선일까요?

첫째, 듣기를 만점 수준으로 확보하는 것입니다. 듣기 시험은 독해보다 상대적으로 어휘와 내용이 쉬우므로 기출문제 등을 꾸준히 반복 청취하고 자주 틀리는 문제를 보완한다면 어렵지 않게 37점 만점을 획득할 수 있습니다.

둘째, 18~29번의 논술문과 설명문 구간을 신속, 정확하게 해결하면 추가로 26점 전후의 점수를 확보하게 되고 앞의 듣기 37점과 합산하면 63점으로 4등급을 달성할 수 있습니다. 이 구간에서 시간을 지체하게 되면 뒤의 추론 문제들과 장문 독해를 해결하기 어렵기 때문에 이 구간에서의 신속, 정확한 해결 여부가 1등급의 달성 여부를 좌우한다고 할 수 있습니다.

셋째, 41~45번의 장문 독해 유형으로 이동하여 역시 신속, 정확하게 해결하여 추가적으로 11점을 확보한다면 앞의 63점과 합산하여 74점으로 3등급을 달성하게 됩니다. 이 구간은 추론문보다 상대적으로 수월하므로 순서를 바꾸어 먼저 해결하는 것이 필요합니다. 만일 3등급을 목표로 하는 학생이 이 구간까지의 정답률을 높인다면 30번대의 문제를 풀기 이전에도 목표 등급에 도달할 수 있습니다.

넷째, 이제 마지막으로 30번대 추론 문제들을 해결해야 하는데, 1등급 달성을 위해 반드시 극복할 구간입니다. 이 구간을 세분하여 공략하는 전략을 소개하면 다음과 같습니다.

ⓐ 30번(낱말 부적절), 35번(흐름 무관), 40번(문단 요약)의 세 문제는 6점 전후의 배점으로 시간은 좀 걸리지만 추론 문제 중 비교적 쉬운 문제 유형들이며 앞의 74점과 합산하면 80점으로 2등급 진입에 성공하게 됩니다.

ⓑ 31~34번(빈칸 추론) 네 문제는 10점 정도의 배점으로 가장 어려운 유형에 속하며 이 구간을 완전히 해결하면 앞의 80점과 합산하여 총 90점으로 1등급으로 진입할 수 있습니다.

ⓒ 36~37번(문단 순서) 두 문제는 5점 전후의 배점으로 어려운 유형에 해당하지만 빈칸보다는 비교적 쉬워 보이는 유형으로 추가 득점 시 1등급을 안정적으로 확보하게 됩니다.

ⓓ 38~39번(문장 삽입) 두 문제는 5점 전후의 배점으로 수능영어의 가장 어려운 유형 중 하나로 추가 득점 시 만점으로 1등급을 확정하게 됩니다.

이상의 1등급 확보 방법을 요약하면,

첫째, 듣기를 완벽하게 만점을 맞고(37점),

둘째, 18~29번, 41~45번의 비교적 쉬운 유형의 문제들을 신속, 정확하게 해결하여 시간과 기초 점수를 확보한 후(74점),

셋째, 30번대 추론문들을 나만의 순서로 16점 이상 추가 득점하여 1등급을 확보한다는 것입니다.

2

수능영어 및
모의고사 문제
유형별 풀이 전략

"

　여러분! 앞의 Chapter를 통해서 수능영어가 무엇인지 잘 이해되고 수능영어 1등급 전략이 수립되셨나요? 아! 그랬다니 정말 다행입니다.

　이제 Chapter 2에서는 앞에서 분류한 수능영어 독해의 세 유형들, 즉 논술문, 설명문, 추론문에 대해서 각각의 특성과 그 구체적인 풀이법을 이론과 사례를 통해서 살펴보기로 하겠습니다. 이 세 유형에 속하지 않는 여러 기타 유형의 문제들도 다음 Chapter 3에서 그 풀이법을 이론과 실제 사례를 통해서 자세히 살펴보겠습니다.

　이 Chapter 2, 3을 통해서 모든 수능영어의 문제들을 어떻게 해결할지 확실히 알 수 있게 되기를 기대하면서 Let's get the ball rolling!

"

01 논술문

1 논술문 풀이 전략

❶ 논술문과 논술문 유형의 문제들

논술문이란 의견이나 주장을 논리적으로 조리 있게 서술한 글입니다. 이런 글은 보통 서론, 본론, 결론의 구조를 갖게 되는데, 서론에서 글을 도입한 후(주제의 제시) 본론의 전개(논거 제시)를 통해 결론 부분에서 최종적인 작가의 의견이나 주장으로 마무리하게 됩니다. 18~24번 총 7문항 정도가 이 유형에 속합니다(18, 19번의 경우 논술문이라고 말하기 어렵지만 풀이 방법은 논술문과 동일하게 적용할 수 있기 때문에 논술문으로 분류합니다).

❷ 논술문 풀이 전략

첫째, 이 유형들은 추론문들에 비해 상대적으로 쉬운 문제들로 평가할 수 있는데, 최소의 시간으로 정확한 답을 찾는 방법을 터득해야만 합니다. 이렇게 함으로써 추론 문제 등 고난도 문제를 풀 때 여유를 찾을 수 있는 시간을 확보할 수 있습니다(다만 요즈음에는 이 유형의 문제들도 난이도가 상향되는 듯 보입니다.−준킬러화).

둘째, 이런 유형의 문제는 주로 결론 부분 한두 문장으로도 답을 추론할 수 있습니다. 왜냐하면 의견이나 주장을 논리적으로 전개하는 논술문은 글의 구조상 서론과 본론을 통하여 주장의 타당성에 대한 논거를 제시하고 결론 부분에서 자신의 주장을 밝히는 경우(미괄식 문장)가 많기 때문입니다. 또한 서론에서 자신의 주장이나 의견을 밝히는 경우에도(두괄식 문장) 결론에서 자신의 주장을 다시 한번 강조하는 것이 일반적이기 때문에 논술문 형태의 문장들은 결론으로 문제를 해결할 수 있는 경우가 많습니다. 특히 결론을 시작하면서 so, therefore, in short, consequently 등의 접속사나 부사가 있다면 거의 확실한 결론임을 알 수 있습니다.

마지막으로 만약 결론 부분에서 주장을 알 수 없다면 서론 부분에서 미리 자신의 주장을 밝히는 경우가 많으므로 서론을 참조하면 거의 해결됩니다(아주 간혹 결론이 글의 중간에 있는 중괄식 문제도 있음에 유의해야 합니다).

20. 다음 글에서 필자가 주장하는 바로 가장 적절한 것은?

　You can buy conditions for happiness, but you can't buy happiness. It's like playing tennis. You can't buy the joy of playing tennis at a store. You can buy the ball and the racket, but you can't buy the joy of playing. To experience the joy of tennis, you have to learn to train yourself to play. It's the same with writing calligraphy. You can buy the ink, the rice paper, and the brush, but if you don't cultivate the art of calligraphy, you can't really do calligraphy. So calligraphy requires practice, and you have to train yourself. You are happy as a calligrapher only when you have the capacity to do calligraphy. Happiness is also like that. You have to cultivate happiness; you cannot buy it at a store.

*calligraphy: 서예

① 자기 계발에 도움이 되는 취미를 가져야 한다.
② 경기 시작 전 규칙을 정확히 숙지해야 한다.
③ 행복은 노력을 통해 길러가야 한다.
④ 성공하려면 목표부터 명확히 설정해야 한다.
⑤ 글씨를 예쁘게 쓰려면 연습을 반복해야 한다.

이 문제는 고1 문제인데, 필자의 주장을 묻는 전형적인 논술문 유형의 문제입니다. 만약 처음부터 끝까지 모든 문장을 읽고 해석한 이후에 답지를 읽고 정답을 찾는다면 얼마큼의 시간이 필요한지 측정해보면 적어도 약 2분 정도의 시간은 족히 필요할 것입니다. 그러나 논술문의 경우 결론 부분에서 필자의 주장을 진술한다는 점에 착안하여 마지막 문장만을 읽고 답을 찾아보겠습니다.

You have to cultivate happiness; you can not buy it at a store.
(당신은 행복을 길러야만 한다. 왜냐하면 당신은 그것을 가게에서 살 수 없기 때문이다.)

이제 이것을 바탕으로 답지를 읽으면서 정답을 확인해보기 바랍니다.

정답은 ③번 "행복은 노력을 통해 길러가야 한다."임을 어렵지 않게 확신할 수 있습니다.

만약 이것으로 좀 불안하다면 서론의 첫 문장인 "You can buy conditions for happiness, but you can't buy happiness(당신은 행복의 조건은 살 수 있지만, 행복을 살 수는 없다)."를 읽으면 정답을 재확신할 수 있습니다.

19. 다음 글에 나타난 'I'의 심경 변화로 가장 적절한 것은?

It was two hours before the submission deadline and I still hadn't finished my news article. I sat at the desk, but suddenly the typewriter didn't work. No matter how hard I tapped the keys, the levers wouldn't move to strike the paper. I started to realize that I would not be able to finish the article on time. Desperately, I rested the typewriter on my lap and started hitting each key with as much force as I could manage. Nothing happened. Thinking something might have happened inside of it, I opened the cover, lifted up the keys, and found the problem — a paper clip. The keys had no room to move. After picking it out, I pressed and pulled some parts. The keys moved smoothly again. I breathed deeply and smiled. Now I knew that I could finish my article on time.

① confident → nervous

② frustrated → relieved

③ bored → amazed

④ indifferent → curious

⑤ excited → disappointed

이 문제는 심경 변화를 묻는 고1 문제입니다. 이 글은 그 성격이 논술문이라고 할 순 없지만, 논술문처럼 문제를 해결할 수 있습니다. 우선 'I'의 심경 변화를 묻고 있으므로 서론에서 먼저 심경을 찾고 그것이 결론에서 어떻게 변했는지 찾으면 될 것입니다. 그러나 그럴 필요 없이 논술문처럼 결론 부분에서 'I'의 심경을 바로 확인하고 문제를 해결할 수도 있습니다.

Now I knew that I could finish my article on time.
(이제 나는 제시간에 기사를 마칠 수 있다는 것을 알았다.)

이 마지막 문장에는 그 전에는 기사를 제시간에 끝낼 수 있는지 불확실했다는 것이 함축되어 있습니다. 이제 제시간에 기사를 마무리할 수 있는 마지막 문장을 읽고 'I'의 심경이 어떻게 변화되었는지 확인해볼까요?

① confident → nervous(자신감 있는 → 불안한)

② frustrated → relieved(좌절한 → 안심되는)

③ bored → amazed(지루한 → 놀라운)

④ indifferent → curious(무관심한 → 호기심 있는)

⑤ excited → disappointed(신나는 → 실망한)

정답은 ② frustrated → relieved(좌절한 → 안심되는)임을 확신할 수 있습니다.
그래도 조금 불안하다면 첫 번째 문장을 읽고 어떤 심경이었는지 확인해보면 됩니다.

It was two hours before the submission deadline and I still hadn't finished my news article.
(제출 마감 시간 두 시간 전이었고, 나는 여전히 나의 뉴스 기사를 끝내지 못했다.)

마감 시한 두 시간 전에도 기사를 끝내지 못한 'I'는 절망스러운 심경일 것입니다. 다시 한번 정답을 확인할 수 있습니다.

24. 다음 글의 제목으로 가장 적절한 것은?

There has been a general belief that sport is a way of reducing violence. Anthropologist Richard Sipes tests this notion in a classic study of the relationship between sport and violence. Focusing on what he calls "combative sports," those sports including actual body contact between opponents or simulated warfare, he hypothesizes that if sport is an alternative to violence, then one would expect to find an inverse correlation between the popularity of combative sports and the frequency and intensity of warfare. In other words, the more combative sports (e.g., football, boxing) the less likely warfare. Using the Human Relations Area Files and a sample of 20 societies, Sipes tests the hypothesis and discovers a significant relationship between combative sports and violence, but a direct one, not the inverse correlation of his hypothesis. According to Sipes' analysis, the more pervasive and popular combative sports are in a society, the more likely that society is to engage in war. So, Sipes draws the obvious conclusion that combative sports are not alternatives to war but rather are reflections of the same aggressive impulses in human society.

① Is There a Distinction among Combative Sports?
② Combative Sports Mirror Human Aggressiveness
③ Never Let Your Aggressive Impulses Consume You!
④ International Conflicts: Creating New Military Alliances
⑤ Combative Sports Are More Common among the Oppressed

3 explanation

이 문제는 2019학년도 고2 문제인데, 글의 제목을 묻는 전형적인 논술문 형태로 볼 수 있습니다. 따라서 마지막 결론 부분을 읽으면서 답을 찾도록 하겠습니다.

So, Sipes draws the obvious conclusion that combative sports are not alternatives to war but rather are reflections of the same aggressive impulses in human society.

(그러므로 Sipes는 전투적인 스포츠가 전쟁에 대한 대체물이 아니라 오히려 인간 사회의 똑같은 공격적인 충동의 반영이라는 분명한 결론을 도출해낸다.)

이 문장은 접속사 so(따라서)로 시작하고 있습니다. so는 인과관계를 나타내는 접속사이므로 so의 앞에 있는 문장이 원인이 되고, 'so' 뒷부분이 결과임을 알 수 있습니다. 그래서 여기서는 인과관계를 명확히 알고 답을 찾기 위하여 'so' 앞부분을 먼저 읽어보면 'According to Sipes' analysis, the more pervasive and popular combative sports are in a society, the more likely that society is to engage in war(Sipes의 분석에 따르면, 전투적인 스포츠가 한 사회에서 더 만연하고 더 인기가 많을수록, 그 사회는 전쟁에 더 참여할 것이다).'와 같습니다.

두 문장을 결합해보면 'Sipes의 분석에 따르면 전투적인 스포츠가 한 사회에서 더 만연하고 더 인기가 많을수록, 그 사회는 전쟁에 더 참여할 것이다. 그러므로 Sipes는 전투적인 스포츠가 전쟁에 대한 대체물이 아니라 오히려 인간 사회의 동일한 공격적인 충동의 반영이라는 분명한 결론을 도출해낸다.'와 같고, 요컨대 전투적 스포츠는 인간 사회의 공격적 충동의 반영이라는 것입니다. 이를 바탕으로 정답을 골라보기 바랍니다.

① Is There a Distinction among Combative Sports?
   (전투적 스포츠들 사이에 구별이 있나?)
② Combative Sports Mirror Human Aggressiveness
   (전투적 스포츠는 인간의 공격성을 반영한다.)
③ Never Let Your Aggressive Impulses Consume You!
   (절대 당신의 공격적 충동이 당신을 사로잡지 못하게 하라!)
④ International Conflicts: Creating New Military Alliances
   (국제적 충돌: 새로운 군사동맹의 창조)
⑤ Combative Sports Are More Common among the Oppressed
   (전투적 스포츠는 억압받는 자들 속에서 더 많다.)

이 답지 중에서 필자의 주장과 가장 근접한 것은 바로 ②번임을 알 수 있습니다. 이 문제는 결론 부분의 두 문장을 통해 정답을 찾을 수 있는 사례였습니다.

20. 다음 글에서 필자가 주장하는 바로 가장 적절한 것은?

It's unfortunate that when something goes wrong, people obsess about why it happened, whose fault it was, and "why me?" Honestly, what good is that thinking in most cases? Train your brain to be solution-oriented. Let's take the simplest example on the planet. What happens when a glass of milk spills? Yes, you can obsess and say, how did that fall, who made it fall, will it stain the floor, or think something along the lines of, "Why always me? I'm in a hurry and don't need this." But someone with a solution-oriented thought process would simply get a towel, pick up the glass, and get a new glass of milk. Use your energy wisely; learn from mistakes but then move on fast with solutions.

① 문제가 생기면 주위 사람들에게 조언을 구하라.
② 비판하는 사람보다 격려하는 사람을 가까이하라.
③ 실패의 경험을 분석해서 배우려는 자세를 가져라.
④ 문제 자체에 집착하기보다는 문제 해결에 집중하라.
⑤ 예상치 못한 위험에 대비해 항상 경계를 늦추지 마라.

---

4 **explanation**

이 문제는 필자의 주장을 묻는 고3 문제로, 전형적인 논술문에 해당합니다.

마지막 문장을 읽어보면 "Use your energy wisely; learn from mistakes but then move on fast with solutions(여러분의 에너지를 현명하게 사용하여 실수로부터 배우되 해결책을 가지고 빠르게 넘어가라)."와 같은데 이것만 읽고 정답을 찾아보기 바랍니다.

④번을 정답으로 선택할 수 있습니다. ③번은 매력적 오답으로 선택될 가능성이 있으므로 주의해야 하는데, 접속사 'but(그러나)' 뒤의 문장에 일반적으로 중요성이 더 있는 것으로 볼 때 배우는 자세보다는 그 배운 것을 가지고 문제 해결에 집중하라는 ④번이 더 타당한 것으로 판단할 수 있습니다.

21. 다음 글의 요지로 가장 적절한 것은?

At school, our kids are trained to study diligently and individually so they can do better than others on exams. If they seek help on projects from other students, they are criticized for cheating. They are given multiple hours of homework a night, forcing them to trade time with others for more time working in isolation. Over and over they are reminded that their future success in the workplace depends on individual performance, including their grades and standardized test scores. Statistically it doesn't, but this approach to learning does do one thing: It dramatically raises their stress levels while robbing them of social connection, sleep, attention, happiness, and health. Yet, instead of questioning the system, we judge those who can't keep up with this fierce competition for individual achievement. By the time students finish school they are exhausted, fragile, and lonely, only to find that the success and happiness they had been promised did not lie at the end of that rainbow.

① 통계를 활용한 평가 결과 분석은 신뢰도가 높다.
② 지필 평가와 수행 평가는 각기 다른 장점이 있다.
③ 개인 성취 중심의 교육은 성공과 행복에 기여하지 못한다.
④ 개인의 노력이 사회를 바꾼 사례가 역사적으로 많이 있다.
⑤ 학습 부진 학생을 돕기 위한 별도의 프로그램이 필요하다.

이 문제는 글의 요지를 묻는 고3 문제이며, 논술문 유형의 문제입니다.

마지막 문장을 읽어보면 "By the time students finish school they are exhausted, fragile, and lonely, only to find that the success and happiness they had been promised did not lie at the end of that rainbow(학생이 학업을 마칠 무렵에 그들은 기진맥진하고 연약하고 외로우며, 결국 그들에게 약속되었던 성공과 행복이 저 무지개 끝에 놓여 있지 않다는 것을 알게 될 뿐이다)."와 같습니다.

이것만을 바탕으로 정답을 찾아보기 바랍니다.

③번을 어렵지 않게 정답으로 선택할 수 있을 것입니다.

서론 부분을 읽어보면 "At school, our kids are trained to study diligently and individually so they can do better than others on exams(학교에서 우리의 아이들은 시험에서 남들보다 더 잘하기 위해서 열심히 개인적으로 공부하도록 훈련받는다)."라고 되어 있는데, 작가가 왜 이렇게 서론을 시작하고 결론을 도출했는지 잠시 생각해보면 정답을 재확신할 수 있습니다. 요컨대 우리 학생들이 개인 성공 중심의 교육을 받지만, 그 교육은 학생들의 실질적인 행복에 기여하지 못함을 본론에서 논거를 제시하고 결론 부분에서 글의 요지를 밝히고 있는 것을 글의 흐름을 통해 짐작할 수 있습니다.

22. 다음 글의 요지로 가장 적절한 것은?

Parkinson's Law states that "work expands to fill the time available for its completion," essentially meaning that our tasks will take us more time to complete if we allot more time for their completion. Limiting your time on tasks may sound like it will add more stress to your day, but it will actually have the opposite effect; when you impose deadlines on your tasks, you will be able to better focus on what needs to get done at any given moment, clearly defining your work schedule for the day. Set a challenging time limit to your task and play with it—turn completing the task into a competition against the clock so that you can have a greater sense of accomplishment as you work towards the task at hand. If you complete your challenge, try reducing the amount of time you give yourself the next time you have to do something similar; this internal competition will help motivate you to focus more on your tasks, making you more productive in the long run.

① 업무 처리의 창의성은 충분한 시간이 주어질 때 극대화된다.
② 과업 목표를 동료와 공유하는 것이 일의 효율성을 향상시킨다.
③ 조직에서 신뢰를 쌓으려면 마감 시간을 지키는 것이 필요하다.
④ 타인과 경쟁하는 것이 업무의 완성도를 높이는 데 도움이 된다.
⑤ 마감 시간을 정하면 과업에 더 집중하게 되어 생산성이 높아진다.

이 문제는 글의 요지를 묻는 고3 문제이며 전형적인 눈술문 유형입니다.

마지막 문장을 읽어보면 "If you complete your challenge, try reducing the amount of time you give yourself the next time you have to do something similar; this internal competition will help motivate you to focus more on your tasks, making you more productive in the long run(여러분이 자신의 도전을 완수하면 다음번에 뭔가 비슷한 일을 해야 할 때 여러분이 자신에게 주는 시간의 양을 줄이도록 해봐라. 이 내면의 경쟁이 여러분으로 하여금 자신의 과업에 더욱 집중하도록 동기를 부여하게 도와주고, 결국 여러분을 더 생산적으로 만들어줄 것이다)."와 같습니다.

이 문장을 바탕으로 답을 찾아보기 바랍니다.

정답이 ⑤번임을 확인할 수 있는데, 다른 답지들은 '시간을 한정하면 생산성이 향상된다'는 내용과는 거리가 멀다는 것을 확인할 수 있습니다.

02 설명문

1 설명문 풀이 전략

❶ 설명문과 해당 수능 문항들

설명문은 읽는 이들이 어떠한 사실에 대해 이해할 수 있도록 객관적으로 서술한 글로서 주로 어떤 내용을 열거, 나열하는 방식으로 글이 전개됩니다. 이 문장들은 논설문처럼 논거를 바탕으로 작가의 주장이 있는 것이 아니라 어떤 객관적 사실을 차례대로 기술하는 것으로, 주로 소개글이거나 실용문들이 대부분입니다. 25~28번 등 4문제 정도가 이에 해당합니다.

❷ 설명문의 풀이 전략

ⅰ) 이런 유형의 문제는 사실의 일치, 불일치 여부를 차분히 대조해나가면 됩니다. 이때 본문의 배열과 답의 배열이 일치함에 착안하여 답지를 ⑤번부터 하나씩 반드시 역순으로 읽으면서 본문의 하단 부분부터 관련 정보를 찾으며 차례대로 대조해나가면 어렵지 않게 답을 얻게 됩니다. 반드시 5번부터 역순으로 대조해야 합니다. 이때 답지에서 지명, 인명, 숫자 등 핵심 정보들에 유의하여 확인하고 관련 정보를 본문의 하단부터 찾아나가면서 하나씩 일치, 불일치를 대조하면 됩니다.

ⅱ) 만약 ⅰ)번처럼 하지 않고 본문(도표 포함)을 먼저 읽고 답지를 1번부터 읽어 나가면서 답을 찾는다면 많은 시간이 소요될 것이므로 시간적인 부담이 있고 본문의 내용을 정확히 기억해야만 하므로 내용적으로 정확성이 떨어질 수 있습니다. 반면 ⅰ)의 방법은 시간적으로 효율적이며 답지를 읽고 즉시 관련 내용을 본문에서 확인하므로 정확도가 높습니다.

ⅲ) 출제자는 이런 유형의 문제들에서는 답을 3번 이후에 배치하는 경향이 강하므로 참조하기 바랍니다. 왜냐하면 수험생들에게 답을 숨겨야 하는 입장의 출제의원들은 설명문 유형의 문제들에서 정답을 1~2번에 배치하는 것이 부담스럽기 때문입니다. 정답을 찾으면 다음 문제 풀이를 위한 시간을 확보해야 하므로 더 이상의 정보들을 확인할 필요가 없습니다. 만약 5번이 답이라면 30초 이내에 문제를 풀 수 있을 것입니다.

26. Ellen Church에 관한 다음 글의 내용과 일치하지 <u>않는</u> 것은?

Ellen Church was born in Iowa in 1904. After graduating from Cresco High School, she studied nursing and worked as a nurse in San Francisco. She suggested to Boeing Air Transport that nurses should take care of passengers during flights because most people were frightened of flying. In 1930, she became the first female flight attendant in the U.S. and worked on a Boeing 80A from Oakland, California to Chicago, Illinois. Unfortunately, a car accident injury forced her to end her career after only eighteen months. Church started nursing again at Milwaukee County Hospital after she graduated from the University of Minnesota with a degree in nursing education. During World War II, she served as a captain in the Army Nurse Corps and received an Air Medal. Ellen Church Field Airport in her hometown, Cresco, was named after her.

① San Francisco에서 간호사로 일했다.
② 간호사가 비행 중에 승객을 돌봐야 한다고 제안했다.
③ 미국 최초의 여성 비행기 승무원이 되었다.
④ 자동차 사고로 다쳤지만, 비행기 승무원 생활을 계속했다.
⑤ 고향인 Cresco에 그녀의 이름을 따서 붙인 공항이 있다.

이 문제는 설명문 형태로, 불일치한 내용을 찾는 고1 문제입니다. 우선 답지 지문 ⑤~①번 순서로 읽으면서 본문 하단부터 관련 정보를 찾아 대조하면서 일치, 불일치 여부를 판단해나가면 됩니다. 답지 지문을 읽으면서 숫자, 지명, 인명 등의 핵심 정보를 찾아 대조하면 답을 쉽게 찾을 수 있습니다.

우선 ⑤번 답지를 보면 "⑤ 고향인 Cresco에 그녀의 이름을 따서 붙인 공항이 있다."인데 'Cresco'라는 지명과 '그녀의 이름을 따서 붙인 공항'을 핵심 정보로 잡고 문장의 하단부터 관련 정보를 찾으면 됩니다.

마지막 문장인 "Ellen Church Field Airport in her hometown, Cresco, was named after her(그녀의 고향인 Cresco에 있는 Ellen Church Field 공항은 그녀의 이름을 따서 붙였다)."를 통해 내용이 일치함을 확인할 수 있습니다.

이어서 답지 ④번을 보면 "④ 자동차 사고로 다쳤지만, 비행기 승무원 생활을 계속했다."인데 '자동차 사고', '비행기 승무원 생활을 계속' 등을 핵심 내용으로 보고 본문에서 관련 정보를 찾으면 됩니다. 글 중간에 "Unfortunately, a car accident injury forced her to end her career after only eighteen months(불행하게도, 자동차 사고 부상으로 그녀는 겨우 18개월 후에 일을 그만두어야 했다)."의 내용을 통해 ④가 내용과 불일치함을 알 수 있고, 답을 확신할 수 있습니다.

25. 다음 도표의 내용과 일치하지 <u>않는</u> 것은?

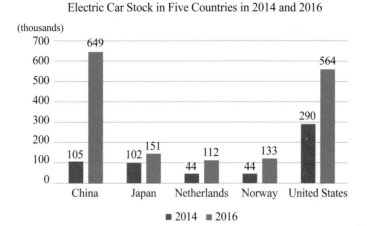

Electric Car Stock in Five Countries in 2014 and 2016

The graph above shows the amount of the electric car stock in five countries in 2014 and 2016. ① All five countries had more electric car stock in 2016 than in 2014. ② In 2014, the electric car stock of the United States ranked first among the five countries, followed by that of China. ③ However, China showed the biggest increase of electric car stock from 2014 to 2016, surpassing the United States in electric car stock in 2016. ④ Between 2014 and 2016, the increase in electric car stock in Japan was less than that in Norway. ⑤ In the Netherlands, the electric car stock was more than three times larger in 2016 than in 2014.

2 explanation

이 문제도 도표의 내용과 불일치한 문장을 찾는 설명문 유형의 고2 문제입니다. 역시 답지 ⑤번부터 차례로 읽으면서 도표와의 일치, 불일치 여부를 확인하면 됩니다.

　우선 답지 ⑤번을 읽고 해석해보겠습니다. "⑤ In the Netherlands, the electric car stock was more than three times larger in 2016 than in 2014(네덜란드에서 전기차의 재고량은 2014년보다 2016년에 3배 이상 많았다)."인데, 도표를 보니 네덜란드는 2014년에는 44(천)이고 2016년에는 112(천)이므로 3배 이상이라는 것은 도표의 내용과 불일치함으로 ⑤번이 바로 정답임을 확인할 수 있습니다.

26. Béla Bartók에 관한 다음 글의 내용과 일치하지 <u>않는</u> 것은?

Born in Nagyszentmiklos, Hungary, Béla Bartók began composing music at the age of nine. At eleven Bartók played in public for the first time. The performance included a composition of his own. He later studied at the Royal Hungarian Academy of Music, following the lead of another eminent Hungarian composer, Ernö Dohnányi. From 1905, he began a long collaboration with fellow Hungarian Zoltán Kodály in trying to popularize Hungarian folk songs and gained a practical knowledge of string writing from both folk and classical musicians. Bartók had a successful career as a pianist, performing throughout Europe and in the United States with musicians such as the jazz clarinetist Benny Goodman. With the rise of fascism, he refused to play in Germany after 1933. In 1940, he left Budapest for the United States and died there in 1945.

① 11세에 처음으로 대중 앞에서 연주했다.
② Royal Hungarian Academy of Music에서 공부했다.
③ 헝가리 민요를 대중화하려고 Zoltán Kodály와 협업했다.
④ 피아노 연주자로서 성공을 거두었다.
⑤ 1933년 이후 주로 독일에서 연주 활동을 했다.

---

3 explanation

이 문제는 2020학년도 7월 전국연합 고3 영어 26번인데, 불일치한 문장을 고르는 전형적인 설명문 유형의 문제입니다.

우선 답지 "⑤ 1933년 이후 주로 독일에서 연주 활동을 했다."를 먼저 읽고 지문 가장 하단에 있는 "With the rise of fascism, he refused to play in Germany after 1933(파시즘의 등장과 함께 그녀는 1933년 이후에는 독일에서 연주하기를 거부하였다)."와 대조해보면 불일치함을 알 수 있고, ⑤번을 정답으로 선택할 수 있습니다.

27. Pottery Painting Event에 관한 다음 안내문의 내용과 일치하지 <u>않는</u> 것은?

Pottery Painting Event

Instructors from O-Paint Pottery Studio will be traveling to our school for a fun family event of pottery painting!

All students and family members are welcome to paint. Please bring the whole family!

Event Information
- Time : 6 p.m.−8 p.m. Friday, October 30, 2020
- Choice of pottery : mug, plate, vase (Choose one.)
- Fee : $10 per person ($2 will be donated to Waine Library.)

*After painting, pottery will be fired and returned within one week.

*All materials/paints are 100% non-toxic.

① O-Paint Pottery Studio의 강사가 학교에 와서 진행한다.
② 금요일 저녁에 2시간 동안 진행된다.
③ 도자기 품목 세 가지 중 하나를 선택할 수 있다.
④ 참가비 중 절반이 Waine 도서관에 기부된다.
⑤ 도자기를 구운 후 참가자에게 돌려준다.

이 문제는 안내문과 불일치한 문장을 찾는 전형적인 설명문 유형의 고3 문제입니다.

이 문제도 역시 우선 답지 "⑤ 도자기를 구운 후 참가자에게 돌려준다."를 먼저 읽고 주어진 문장 하단 부분에서 관련 정보를 탐색하면 "＊After painting, pottery will be fired and returned within one week(구운 도자기는 일주일 이내에 돌려준다)."에서 일치함을 알 수 있습니다.

다시 답지 "④ 참가비 중 절반이 Waine 도서관에 기부된다."를 읽고 관련 정보를 주어진 문장에서 검색하면 "■ Fee : $10 per person($2 will be donated to Waine Library)(참가비가 10달러 이며, 이 중에 2달러는 Waine 도서관에 기부된다)."라는 내용을 확인하고, 참가비 절반이 아니라 1/5이 기부됨을 확인하고 ④번이 정답임을 금방 알 수 있습니다. 만약에 주어진 본문을 모두 읽은 후 답지를 확인하며 정답을 얻는다면 몇 배의 시간이 걸릴 수도 있을 것입니다.

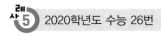

26. The Nuer에 관한 다음 글의 내용과 일치하지 <u>않는</u> 것은?

The Nuer are one of the largest ethnic groups in South Sudan, primarily residing in the Nile River Valley. The Nuer are a cattle-raising people, whose everyday lives revolve around their cattle. They have various terms related to cattle, so they can distinguish between hundreds of types of cows, based on color, markings, and shape of horns. They prefer to be called by the names of the cattle they raise. The commonest daily foods for the Nuer are dairy products, especially milk for the young and soured milk, like yogurt, for adults. And wild fruits and nuts are favorite snacks for the Nuer. The Nuer also have a culture of counting only older members of the family. They believe that counting the number of children one has could result in misfortune and prefer to report fewer children than they have.

① 주로 Nile River Valley에 거주한다.
② 소와 관련된 다양한 용어를 가지고 있다.
③ 자신들이 기르는 소의 이름으로 불리는 것을 선호한다.
④ 가장 일반적인 일상 음식은 유제품이다.
⑤ 어린 자녀의 수를 세는 것이 행운을 가져온다고 믿는다.

5 explanation

이 문제는 2020학년도 대학수능 문제로서 설명문 유형에 속합니다.

우선 답지 "⑤ 어린 자녀의 수를 세는 것이 행운을 가져온다고 믿는다."를 먼저 읽고 주어진 문장 하단에서 관련 정보인 "They believe that counting the number of children one has could result in misfortune and prefer to report fewer children than they have(그들은 어떤 사람이 가진 아이의 수를 세는 것은 불운을 가져온다고 믿으며, 자신이 가진 것보다 적은 수의 아이를 말하기 선호한다)."를 확인하면 ⑤번을 바로 정답으로 확신할 수 있습니다.

03 추론문

어떤 사실이나 논거에 근거하여 논리적인 결론을 끌어내는 능력을 묻는 문제의 유형인 추론문은 30~40번의 11문제에 해당합니다. 1~2등급 진입을 위해 반드시 정복해야 할 유형의 문제들이며, 이는 다시 세 가지로 분류할 수 있는데, 빈칸 추론, 문단 순서, 문장 삽입 등입니다. 30번 낱말 부적절, 35번 흐름 무관과 40번 문단 요약은 별도로 기타의 유형으로 분류하여 다루고, 이 단원에서는 빈칸 추론, 문단 순서, 문장 삽입의 총 8문제만을 다루기로 하겠습니다.

1-1 빈칸 추론 풀이 전략

빈칸 추론은 31~34번까지의 네 문제로, 추론문 유형 중에서 가장 배점이 크고(8~10점) 난이도가 가장 높은 수준입니다. 따라서 이 빈칸 추론을 효과적으로 해결한다는 것은 수능영어 정복에 있어서 핵심이라고 말해도 과언이 아닙니다. 이 빈칸은 단어가 될 수도 있고 구나 절이 오는 경우도 있습니다.

그럼 이 유형을 어떻게 해결할 것인지를 보통의 방법과 대비하여 제안해보겠습니다.

• **문장 전체를 읽고 해결하는 일반적인 방식** : 이것은 빈칸을 해결하기 위하여 제시된 모든 문장을 읽고 전체의 문맥 안에서 주어진 빈칸을 해결하는 방식입니다. 이렇게 하기 위해서는 충분한 시간이 확보되어야 하는데, 앞에 있는 문제들에 투여된 시간이 많거나 뒤에 남겨진 추론 문제들과 장문 독해를 해결할 시간을 염두에 두어야 하므로 시간이 충분한 경우에 가능한 방식입니다. 특히 추론 문제들은 확실한 논거를 바탕으로 논리적인 추론을 해야 하므로 빈칸의 논거가 될 단서를 찾는 것이 핵심인데, 많이 읽는다고 논거를 발견하는 것은 아닙니다.

• 단서를 찾아 논리적 추론을 통해 답을 얻는 방식 : 빈칸은 문장 전체의 핵심 정보를 담고 있는 중요한 곳에 존재한다는 점과 수능에 출제되는 영어 문장은 문장 간에 아주 깊은 상관관계를 가지고 논리정연한 전개를 하며 처음부터 끝까지 전체적인 통일성이 크다는 것을 전제로 하겠습니다.

위 전제가 맞는다는 가정하에 가장 효과적이고 경제적인 방식을 제시하면 다음과 같습니다.
ⓐ 우선 빈칸이 있는 문장만으로 빈칸을 추론합니다. 이때 빈칸의 단서가 될 수 있는 것은 접속사, 대명사, 함축 등이 있을 수 있으며, 콜론이나 세미콜론(:, ;)등도 부연 설명의 의미가 있으므로 아주 신중하게 살펴보아야 합니다(이런 경우 한 문장만으로도 빈칸을 추론할 수 있습니다).
ⓑ 빈칸이 있는 문장만으로 추론이 곤란하다면 그 문장 앞과 뒤의 문장을 통해 빈칸을 추론할 수 있습니다. 역시 접속사, 대명사, 재진술 등의 단서를 철저하게 찾고 활용해야 합니다. 예를 들면 빈칸이 포함된 문장 앞에 therefore(그러므로)라는 접속부사가 왔다면 앞의 문장이 원인일 것임으로 앞의 원인을 바탕으로 결과인 빈칸을 추론하면 되고, 만약 뒤에 for example(예를 들면)이라는 접속부사가 왔다면 뒤의 문장에서 앞의 진술에 대한 예시를 들 것이므로 그 예시를 바탕으로 빈칸의 일반적인 진술을 추론하면 됩니다(이런 경우 두 문장만으로도 빈칸을 추론할 수 있습니다).
ⓒ 만약 ⓐ,ⓑ의 방법으로 빈칸을 추론하기 어렵다면 문장 결론 부분이나 서론 부분을 읽고 추론하면 됩니다. 왜냐하면 빈칸은 문장 전체의 핵심적인 부분이고 결론과 서론 부분에서 작가는 자신의 주장을 밝히는 경우가 대부분이기 때문입니다.

이렇게 빈칸을 해결한다면, 첫째, 시간을 효율적으로 관리할 수 있어 뒤의 다른 추론 문제들을 여유 있게 해결할 시간을 확보하고, 둘째, 단순한 감이 아니라 추론의 근거를 확보하여 답을 얻었으므로 답에 대한 확신을 얻을 수 있고, 셋째, 수능영어 1~2등급을 안정적으로 확보할 수 있는 초석을 확보한 것입니다.

해석문 본문 210쪽

31. 다음 빈칸에 들어갈 말로 가장 적절한 것을 고르시오.

One of the most important aspects of providing good care is making sure that an animal's needs are being met consistently and predictably. Like humans, animals need a sense of control. So an animal who may get enough food but doesn't know when the food will appear and can see no consistent schedule may experience distress. We can provide a sense of control by ensuring that our animal's environment is _____ : there is always water available and always in the same place. There is always food when we get up in the morning and after our evening walk. There will always be a time and place to eliminate, without having to hold things in to the point of discomfort. Human companions can display consistent emotional support, rather than providing love one moment and withholding love the next. When animals know what to expect, they can feel more confident and calm.

* eliminate: 배설하다

① silent   ② natural
③ isolated   ④ dynamic
⑤ predictable

이 문제는 빈칸에 들어갈 단어를 추론하는 고1 빈칸 추론 문제입니다.

우선 빈칸이 포함된 문장을 읽으면서 빈칸을 추론할 단서를 찾아봅시다.

We can provide a sense of control by ensuring that our animal's environment is _____ : there is always water available and always in the same place.

(우리는 우리 동물들의 환경이 _____ 하다고 확실하게 함으로써 통제감을 줄 수 있는데, 즉 항상 마실 물이 있고 항상 같은 곳에 있게 하는 것이다.)

이 글만으로도 혹시 답을 추론할 수 있는 단서가 있는지 문장을 세심하게 살피면서 핵심 단서를 찾아보기 바랍니다.

결정적인 단서는 바로 콜론(:)이 될 수 있습니다. 이 콜론은 다양하게 해석될 수 있는데, 여기서는 '즉', '다시 말해서(in other words)' 정도의 접속부사로서 앞의 내용을 부연 설명하거나 강조한다고 볼 수 있습니다. 그렇다면 빈칸의 내용과 콜론 뒤의 내용은 사실 같은 말임을 알 수 있습니다. 그렇다면 콜론 뒤의 내용, 즉 동물에게 항상 마실 물이 있고, 항상 같은 곳에 있게 하는 것과 가장 유사한 것은 선택지 중 무엇일까 추론하여 보기 바랍니다.

① silent(고요한)

② natural(자연스러운)

③ isolated(고립된)

④ dynamic(역동적인)

⑤ predictable(예측 가능한)

아마 ⑤번 predictable(예측 가능한)로 추론될 것입니다.

만약 이것만으로는 확신하기 힘들다면 마지막 결론 부분인 "When animals know what to expect, they can feel more confident and calm(기대할 수 있는 것이 무엇인지 알 때 동물들은 더 큰 자신감과 침착함을 느낀다)."을 읽고 해석해보면 확신할 수 있습니다. 만약 이것도 부족하다면 서론 부분을 추가로 읽어보면 될 것입니다.

31. 다음 빈칸에 들어갈 말로 가장 적절한 것을 고르시오.

When he was dying, the contemporary Buddhist teacher Dainin Katagiri wrote remarkable book called Returning to Silence. Life, he wrote, "is a dangerous situation." It is the weakness of life that makes it precious; his words are filled with the very fact of his own life passing away. "The china bowl is beautiful because sooner or later it will break.... The life of the bowl is always existing in a dangerous situation." Such is our struggle : this unstable beauty. This inevitable wound. We forget–how easily we forget–that love and loss are intimate companions, that we love the real flower so much more than the plastic one and love the cast of twilight across a mountainside lasting only a moment. It is this very _____ that opens our hearts. [3점]

① fragility   ② stability

③ harmony   ④ satisfaction

⑤ diversity

이 문제는 역시 빈칸에 들어갈 단어를 추론하는 고2 빈칸 추론 문제입니다.

마침 결론 부분에 빈칸이 등장하고 있습니다. 우선 빈칸이 있는 마지막 문장을 해석해보면서 빈칸을 추론할 수 있는 단서를 찾아보기 바랍니다.

It is this very _____ that opens our hearts.

(우리의 마음을 여는 것은 바로 이 _____이다.)

*it ~that 강조 구문임에 유의

여기서 빈칸의 내용을 추론할 수 있는 단서는 과연 무엇일까 생각해보세요.

단서는 다름 아닌 바로 'this(이)'라는 지시형용사입니다. 왜냐하면 이 지시형용사 'this(이)'는 바로 앞에 나온 말을 지칭하는 역할을 하는 형용사이기 때문입니다. 따라서 바로 앞에 있는 문장을 해석하면 빈칸에 대한 단서를 얻을 수 있을 것입니다.

그럼 앞에 등장하는 문장을 읽고 해석하면서 빈칸의 내용을 추론해보겠습니다.

앞의 문장을 해석하면 "We forget–how easily we forget–that love and loss are intimate companions, that we love the real flower so much more than the plastic one and love the cast of twilight across a mountainside lasting only a moment(우리는 사랑과 상실이 친한 동반자라는 것, 우리가 진짜 꽃을 플라스틱 꽃보다 훨씬 더 많이 사랑하고 산 중턱을 가로지르는 단지 아주 짧은 순간을 지속하는 황혼의 빛을 사랑한다는 것을 너무 쉽게 잊어버린다)."입니다. 이 문장이 함축하고 있는 것은 아마도 우리가 연약하고 순간적인 것을 사랑한다는 것임을 알 수 있습니다.

이제 이 문장과 부합되는 것을 답지 중에서 선택하면 됩니다.

① fragility(연약함)　　② stability(안정성)　　③ harmony(조화)

④ satisfaction(만족)　　⑤ diversity(다양성)

의문의 여지 없이 ①번 fragility(연약함)를 선택하였을 것입니다.

34. 다음 빈칸에 들어갈 말로 가장 적절한 것을 고르시오.

Modern psychological theory states that the process of understanding is a matter of construction, not reproduction, which means that the process of understanding takes the form of the interpretation of data coming from the outside and generated by our mind. For example, the perception of a moving object as a car is based on an interpretation of incoming data within the framework of our knowledge of the world. While the interpretation of simple objects is usually an uncontrolled process, the interpretation of more complex phenomena, such as interpersonal situations, usually requires active attention and thought. Psychological studies indicate that it is knowledge possessed by the individual that determines which stimuli become the focus of that individual's attention, what significance he or she assigns to these stimuli, and how they are combined into a larger whole. This subjective world, interpreted in a particular way, is for us the "objective" world; we cannot know any world other than _____ . [3점]

① the reality placed upon us through social conventions

② the one we know as a result of our own interpretations

③ the world of images not filtered by our perceptual frame

④ the external world independent of our own interpretations

⑤ the physical universe our own interpretations fail to explain

3 explanation

이 문제는 2019학년도 9월 고3 빈칸 추론 유형이며, 단순한 단어가 아니라 비교적 긴 형용사의 수식을 받는 명사를 선택하는 문제입니다.

빈칸이 포함된 주어진 문장을 해석하면서 빈칸을 추론할 단서를 찾아보세요.

This subjective world, interpreted in a particular way, is for us the "objective" world; we cannot know any world other than _____.

(특정한 방식으로 해석되는 이 주관적인 세계는 우리에게는 객관적인 세계인데, 우리는 _____ 이외의 다른 세계를 알 수 없다.)

과연 무엇이 단서인지 찾아보기 바랍니다

단서는 바로 이 문장의 첫 세 단어인 'This subjective world(이 주관적인 세계)'입니다. 이 글 앞에는 주관적인 세계에 대한 내용이 나온다는 것을 알 수 있습니다. 특히 삽입된, 'interpreted in a particular way(특정 방식으로 해석되는)'라는 구절을 통해서 그 주관적인 세계가 자신만의 특별한 방식으로 해석한 결과로 만들어진 세계임을 알 수 있습니다. "is for us the 'objective' world(우리에게는 객관적인 세계이다)"라는 말을 통해 그 주관적인 세계가 그 자신에게는 객관적인 세계라는 것을 알 수 있습니다. 세미콜론(;)은 '즉', '다시 말해서' 등 부연의 의미라고 볼 때 앞의 문장과 콜론 뒤의 문장은 동일한 내용임을 추론할 수 있습니다. 그래서 "we cannot know any world other than _____"은 "_____ 세계 외에는 우리가 알 수 없다."라고 해석됩니다. 따라서 '_____'는 자신이 특별한 방식으로 해석한 주관적인 세계임을 알 수 있습니다.

이런 추론을 바탕으로 답지를 검토하여 정답을 추론하여 보기 바랍니다.

① the reality placed upon us through social conventions
   (사회적 관습을 통해 우리에게 놓인 현실)

② the one we know as a result of our own interpretations
   (우리 자기 해석의 결과로 우리가 알고 있는 세계)

③ the world of images not filtered by our perceptual frame
   (우리의 인지적인 틀을 통해 걸러지지 않은 이미지들의 세계)

④ the external world independent of our own interpretations
   (우리 자신만의 해석과는 독립적인 외부 세계)

⑤ the physical universe our own interpretations fail to explain
   (우리 자신의 해석으로 설명할 수 없는 물리적인 우주)

아마도 쉽게 ②번을 정답으로 확신할 수 있을 것입니다.

34. 다음 빈칸에 들어갈 말로 가장 적절한 것을 고르시오.

At the heart of individualism lies the belief that each individual person constitutes the center of one's universe. At first glance, this seems to be a view that most people would not openly embrace. We are, after all, frequently told to look out for and care about others. Moreover, no one really likes a person who is obviously self-centered. However, we all have to admit that the tug toward a self-centered ife is strong, and this tempts us to hide selfish intentions by using the language of unselfishness. If we are honest, we will admit that many things we claim to do sacrificially or just because they are right are exactly the same actions that bring us personal benefit. With a bit of unbiased examination of our motives, it is hard to deny that we have a strong bias toward our individual interests. Thus, despite what we may say to the contrary, it is not hard to make the case that _____. [3점]

* tug: 이끌림

① our interests stem from what we see everyday

② there are more ways to serve others than we think

③ the boundary between reason and instinct is unclear

④ we are more self-centered than we are willing to admit

⑤ we are strongly governed by socially-oriented motivation

이 문제는 고3 문제이며, 문장을 찾아내는 빈칸 추론 유형입니다.

우선 빈칸이 포함된 문장을 해석해보면 "Thus, despite what we may say to the contrary, it is not hard to make the case that(그러므로 우리가 반대로 말할 수도 있지만 _____라는 주장을 하기는 어렵지 않다)." 입니다.

이 문제를 해결할 핵심 단서는 과연 무엇일까요? 자세히 살펴보며 찾아보기 바랍니다.

이 문제의 핵심 단서는 다름 아닌 접속부사 'thus(그러므로)'입니다. 이 'thus(그러므로)'라는 접속부사는 앞에는 원인이 나오고, 뒤에는 그 원인에 상응하는 결과가 있음을 뜻하는 인과관계를 나타내는 접속사입니다. 따라서 앞에 나오는 글에서 원인을 찾아 뒤의 결론을 추론하면 될 것입니다.

그러므로 먼저 바로 앞에 등장하는 문장을 해석하면 다음과 같습니다.

With a bit of unbiased examination of our motives, it is hard to deny that we have a strong bias toward our individual interests.

(우리의 동기를 편견 없이 약간만 살펴보면 우리에게 개인적인 이익을 향한 편향이 강하다는 것을 부인하기 힘들다.)

이 글은 요컨대 '우리가 이기적인 편향이 있다'는 것이고, 이것이 빈칸의 원인임을 알 수 있습니다.

이 문장을 원인으로 하여 빈칸을 추론하면서 정답을 찾아보세요.

① our interests stem from what we see everyday

(우리의 관심은 우리가 매일 보는 것에서 유래한다.)

② there are more ways to serve others than we think

(우리가 생각하는 것보다 남들을 도울 방법이 더 많다.)

③ the boundary between reason and instinct is unclear

(이성과 본능 사이의 경계선은 분명하지 않다.)

④ we are more self-centered than we are willing to admit

(우리는 우리 자신이 인정하려는 것보다 더 자기중심적이다.)

⑤ we are strongly governed by socially-oriented motivation

(우리는 사회중심 동기에 의해 강력하게 지배된다.)

어렵지 않게 ④번을 정답으로 선택할 수 있을 것입니다.

31. 다음 빈칸에 들어갈 말로 가장 적절한 것을 고르시오.

The skeletons found in early farming villages in the Fertile Crescent are usually shorter than those of neighboring foragers, which suggests that their diets were less varied. Though farmers could produce more food, they were also more likely to starve, because, unlike foragers, they relied on a small number of crops, and if those crops failed, they were in serious trouble. The bones of early farmers show evidence of vitamin deficiencies, probably caused by regular periods of starvation between harvests. They also show signs of stress, associated, perhaps, with the intensive labor required for plowing, harvesting crops, felling trees, maintaining buildings and fences, and grinding grains. Villages also produced refuse, which attracted vermin, and their populations were large enough to spread diseases that could not have survived in smaller, more nomadic foraging communities. All this evidence of _____ suggests that the first farmers were pushed into the complex and increasingly interconnected farming lifeway rather than pulled by its advantages.

* forager: 수렵채집인 ** refuse: 쓰레기 *** vermin: 해충

① declining health   ② fading authority

③ weakening kinship   ④ expanding hierarchy

⑤ prevailing immorality

이 문제는 고3 문제이며, 두 단어를 선택하는 빈칸 추론의 유형입니다.

과연 이 문제에도 빈칸의 정답을 해결할 수 있는 핵심적인 단서가 있는지 빈칸이 포함된 문장을 읽어보기 바랍니다.

All this evidence of _____ suggests that the first farmers were pushed into the complex and increasingly interconnected farming lifeway rather than pulled by its advantages.

(_____에 대한 이 모든 증거는 최초의 농경인들이 농경의 장점에 끌렸다기보다는 복잡하고 점점 더 상호 연결되는 생활 방식으로 떠밀려갔음을 말해준다.)

과연 단서가 무엇인지 찾아보세요.

단서는 바로 'this(이)'라는 지시형용사입니다. 그런데 이 문제는 조금 특이하게 해결할 수 있습니다. 왜냐하면 여기에서 전치사 'of'가 바로 동격의 의미를 가진 전치사이기 때문입니다. 따라서 'of' 뒤의 빈칸은 앞의 'All this evidence(이 모든 증거)'와 일치하는 것을 알 수 있습니다. 그러므로 앞에 어떤 증거가 제시되고 있는데, 그것이 바로 빈칸과 일치한다는 것을 알 수 있습니다.

그렇다면 이 빈칸은 뒤의 글과는 상관없고 오직 앞부분에 나온 증거를 통해 추론하면 된다는 것을 알 수 있습니다. 따라서 이 글의 앞부분, "Villages also produced refuse, which attracted vermin, and their populations were large enough to spread diseases that could not have survived in smaller, more nomadic foraging communities(마을은 또한 쓰레기를 만들었는데 이는 해충을 끌어들였고, 마을의 인구가 많아서 더 작고 더 유목생활을 하는 수렵 채집 집단에서는 지속되지 못했을 병을 퍼뜨리기에 충분했다)."의 내용만을 통해 정답을 추론해보세요. 이 글은 요컨대 마을들에 쓰레기가 모이고 인구가 증가하면서 병이 퍼진다는 내용입니다.

이 글을 바탕으로 답지에서 정답을 선택해보기 바랍니다.

① declining health(쇠약해지는 건강)

② fading authority(약해지는 권위)

③ weakening kinship(약해지는 친족 관계)

④ expanding hierarchy(확장되는 위계질서)

⑤ prevailing immorality(만연하는 부도덕성)

확신을 가지고 ① declining health(쇠약해지는 건강)를 답으로 선택할 수 있을 것입니다.

32. 다음 빈칸에 들어갈 말로 가장 적절한 것을 고르시오.

One study showed that a certain word (e.g., boat) seemed more pleasant when presented after related words (e.g., sea, sail). That result occurred because of conceptual fluency, a type of processing fluency related to how easily information comes to our mind. Because "sea" primed the context, the heightened predictability caused the concept of "boat" to enter people's minds more easily, and that ease of processing produced a pleasant feeling that became misattributed to the word "boat." Marketers can take advantage of conceptual fluency and enhance the effectiveness of their advertisements by strategically ＿＿＿＿＿＿＿＿＿＿ . For example, an experiment showed that consumers found a ketchup ad more favorable when the ad was presented after an ad for mayonnaise. The mayonnaise ad primed consumers' schema for condiments, and when the ad for ketchup was presented afterward, the idea of ketchup came to their minds more easily. As a result of that heightened conceptual fluency, consumers developed a more positive attitude toward the ketchup advertisement.

* prime: 준비시키다　** condiment: 양념

① breaking the fixed pattern of typical commercials
② expressing their genuine concern for consumers
③ exposing consumers to related scientific data
④ providing a full description of their products
⑤ positioning their ads in predictive contexts

---

6 explanation

이 문제는 2019학년도 4월 전국연합 고3 영어 32번 문제인데, 비교적 긴 동명사구를 고르는 빈칸 추론 문제입니다.

　우선 빈칸이 포함된 문장을 읽으면서 빈칸의 정답을 알 수 있는 핵심 단서를 찾아보세요.

Marketers can take advantage of conceptual fluency and enhance the effectiveness of their advertisements by strategically _____ .

(마케터들은 전략적으로 _____함으로써 개념적인 능숙함을 이용하여 자신들의 광고의 효과를 강화할 수 있다.)

과연 빈칸의 단서는 무엇일까요? 이번 문제의 특이점은 빈칸 뒤에 등장하는 'for example(예를 들면)'이라는 접속부사가 핵심 단서로 작용하는 것입니다. 왜냐하면 'for example(예를 들면)'이라는 접속부사 앞에는 일반적인 사실이 나오고 그 뒤에는 구체적인 사실, 사례가 등장하기 때문입니다. 따라서 'for example(예를 들면)' 뒤에 나오는 구체적인 사실을 바탕으로 앞의 일반적인 내용을 충분히 짐작할 수 있을 것입니다.

이제 'for example(예를 들면)' 뒷부분을 살펴보면 "For example, an experiment showed that consumers found a ketchup ad more favorable when the ad was presented after an ad for mayonnaise(예를 들면, 한 실험에 따르면 케첩 광고가 마요네즈 광고 이후에 제시될 때 소비자들은 케첩 광고를 더 우호적으로 느낀다는 것을 보여준다)."입니다.

이 내용은 유사한 제품 뒤에 광고가 효과적임을 보여준다는 것이며, 따라서 이 사례를 바탕으로 앞의 일반적 진술에 해당할 내용을 추론해보세요.

① breaking the fixed pattern of typical commercials

   (전형적인 광고의 고정된 패턴을 깸으로써)

② expressing their genuine concern for consumers

   (소비자들에 대한 그들의 진심 어린 관심을 표현함으로써)

③ exposing consumers to related scientific data

   (관련된 과학적 데이터들을 소비자들에게 노출시킴으로써)

④ providing a full description of their products

   (그들의 제품에 대한 완벽한 묘사를 제공함으로써)

⑤ positioning their ads in predictive contexts

   (예상 가능한 상황에서 그들의 광고를 위치시킴으로써)

케첩 광고가 마요네즈 광고 이후에 제시될 때 더 우호적으로 느낀다는 사례를 통해 정답이 ⑤번임을 확인할 수 있을 것입니다.

2-1 문단 순서 풀이 전략

❶ 문단 순서 문제의 풀이 전략

문단 순서(36~37번) 두 문제는 주어진 글에 이어질 세 개의 문단 간의 순서를 맞추는 문제로, 글의 흐름을 파악하는 능력이 필수적입니다. 어떤 글이든 그것이 어느 정도의 수준에 도달했다면 문단 상호 간에 반드시 논리 필연적인 선후 관계가 있다는 것을 전제로 출제되는 문제입니다. 만약 이런 전제가 없다면 이런 유형의 문제는 출제할 수가 없을 것입니다. 따라서 평소에 문단 간의 글의 흐름, 문단과 문단의 관계를 나타내는 단서들을 주의 깊게 살펴볼 필요가 있습니다.

추론 문제 중에서는 빈칸 추론, 문장 삽입보다는 상대적으로 수월하지만 결코 만만한 유형이 아니며, 배점이 주로 4점으로 1~2등급을 목표로 한다면 반드시 정복해야 할 유형입니다.

❷ 이 유형의 문제 풀이가 어려운 점

주어진 문단과 세 개의 모든 문단을 읽어야 하고 단순히 해석하는 것을 넘어 문단 간의 순서를 결정해야 하므로 논리적인 판단을 위한 시간도 적지 않게 필요합니다.

글의 흐름을 파악하는 정확한 근거가 없다면 문단을 배열하고도 확신이 들지 않을 수도 있습니다.

❸ 문단 순서(36~37번) 풀이법 제안

우선 주어진 글을 모두 읽어보되 특히 끝부분을 유의하여 읽고 이어질 다음 문장을 글의 흐름상 예측하여 봅니다. 혹시 예측이 틀리더라도 이렇게 이어질 다음 부분을 추론하는 것은 아주 중요한 독서의 능력이라고 생각합니다. 대개 수험생들은 수동적이고 소극적인 독자적 자세로 글을 대하는 경우가 많은데, 문단 순서처럼 글의 흐름을 묻는 유형의 문제들은 마치 내가 작가인 것처럼 글을 예측하고 구상하는 것과 같은 능동적이고 적극적인 자세로 평소에 글을 읽는 습관이 중요합니다. 저는 이것을 '작가적 관점'이라 부르고 싶고 수험생들에게 강력히 추천합니다.

그리고 글 (A), (B), (C)의 처음 부분을 아주 주의 깊게 읽으면서 주어진 문장의 뒤에 이어질 것으로 추론한 것과 비교합니다. 이 과정이 문단 순서 풀이의 핵심 과정으로 이것에 대한 답을 얻는다면 50%는 문제를 해결한 것입니다. 이때 접속사, 대명사, 관사, 부사 등이 아주 중요한 단서로 작용할 수 있으니 면밀히 모든 정보를 살펴보아야 합니다.

　주어진 문장에 이어질 첫 번째 문단을 찾았다면 이제 그 첫 번째 문단을 읽되 주어진 문장처럼 특히 끝부분을 유의하여 읽고 이어질 다음 문장을 글의 흐름상 예측하여 봅니다.

　이제 이미 읽었던 나머지 두 문단의 첫 번째 부분을 다시 읽고 첫 번째 문단의 뒷부분과 가장 잘 연결되는 문단을 찾습니다.

　시간의 여유가 있다면 두 번째 이어질 문단과 나머지 남은 문단의 첫 번째 부분을 연결해 읽어보고 글의 전개가 매끄러운지 점검하고 자연스럽게 연결된다면 최종적인 답을 결정합니다.

2-2 문단 순서 문제의 풀이 사례

36. 주어진 글 다음에 이어질 글의 순서로 가장 적절한 것을 고르시오.

A god called Moinee was defeated by a rival god called Dromerdeener in a terrible battle up in the stars. Moinee fell out of the stars down to Tasmania to die.

(A) He took pity on the people, gave them bendable knees and cut off their inconvenient kangaroo tails so they could all sit down at last. Then they lived happily ever after.

(B) Then he died. The people hated having kangaroo tails and no knees, and they cried out to the heavens for help. Dromerdeener heard their cry and came down to Tasmania to see what the matter was.

(C) Before he died, he wanted to give a last blessing to his final resting place, so he decided to create humans. But he was in such a hurry, knowing he was dying, that he forgot to give them knees; and he absent-mindedly gave them big tails like kangaroos, which meant they couldn't sit down.

① (A) − (C) − (B)   ② (B) − (A) − (C)

③ (B) − (C) − (A)   ④ (C) − (A) − (B)

⑤ (C) − (B) − (A)

이 문제는 고1 문단 순서 문제입니다.

우선 주어진 글을 읽고 이 글 다음에 이어질 내용을 추론해보세요.

A god called Moinee was defeated by a rival god called Dromerdeener in a terrible battle up in the stars. Moinee fell out of the stars down to Tasmania to die.

(Moinee라는 신이 하늘 위 별에서 벌어진 끔찍한 전투에서 경쟁하는 신 Dromerdeener에게 패배했다. Moinee는 별에서 Tasmania로 떨어져 죽게 되었다.)

이 글을 읽고 다음에 이어질 글을 추측해보는데, 맨 끝의 문장인 "Moinee는 별에서 Tasmania로 떨어져 죽게 되었다."에 특히 유의하여 추측해보세요. 아마 Moinee의 죽음과 관련된 내용일 것으로 추측됩니다.

이어서 (A), (B), (C)의 첫 문장을 읽고 주어진 문장과 가장 자연스럽게 이어질 글을 찾아보기 바랍니다.

우선 (A)의 첫 문장인 "He took pity on the people, gave them bendable knees and cut off their inconvenient kangaroo tails so they could all sit down at last(그는 사람들을 불쌍히 여겨서 그들에게 구부러지는 무릎을 만들어주고, 불편한 캥거루 같은 꼬리를 잘라내서 마침내 그들은 모두 앉을 수 있었다)."를 살펴보면 'He(그)'가 'took pity on the people(그 사람들을 불쌍히 여겼다)'이라고 시작됩니다. 이 문장 앞에는 불쌍히 여길 만한 그 사람들이 반드시 등장해야 하는데, 주어진 문장에는 이런 내용이 없습니다. 따라서 글 (A)는 주어진 글과 이어지는 것이 아님을 알 수 있습니다.

이어서 글 (B)의 첫 문장을 살펴보면 "Then he died(그리고 나서 그는 죽었다)."라고 시작됩니다. 만약 그가 'Moinee'라면 분명히 '죽게 되었다'는 표현을 했으므로 이 문장이 주어진 문장과 이어질 수 없습니다. 'Then(그리고 나서)'이라는 표현에 비추어 죽기 전에 그는 무엇을 했다는 내용이 반드시 선행되어야만 할 것입니다. 따라서 글(B)도 주어진 글과 이어지는 것이 아님을 알 수 있습니다.

다음으로 글 (C)의 첫 문장을 읽어보면 "Before he died, he wanted to give a last blessing to his final resting place, so he decided to create humans(죽기 전에 그는 최후의 안식처에 마지막 축복을 해주고 싶어서 인간을 창조하기로 결심했다)."와 같습니다. 이 글은 주어진 글의 마지막에서 Moinee가 죽었다는 내용과 잘 어울림을 알 수 있습니다.

따라서 주어진 글과 이어지는 것은 글 (C)임을 확인할 수 있습니다.

이제는 글 (C)의 뒷부분을 읽고 (C) 뒤에 이어질 것을 찾으면 됩니다. (C) 글의 후반부를 읽어보면 "But he was in such a hurry, knowing he was dying, that he forgot to give them knees; and he absent-mindedly gave them big tails like kangaroos, which meant they couldn't sit down(그러나 그는 자신이 죽어가고 있다는 것을 알고 매우 서두른 나머지 그들에게 무릎을 만들어주는 것을 잊었고, 아무 생각 없이 캥거루처럼 큰 꼬리를 만들어주었는데, 그것은 그들이 앉을 수 없다는 것을 의미했다)."과 같습니다. 요컨대 Moinee가 인간을 창조했는데 너무 서두르다가 불량품을 만들었다는 이야기입니다.

그럼 이제 이미 읽은 글 (A)의 첫 문장과 글 (B)의 첫 문장을 살펴보고, 무엇이 글 (C)의 후반부와 잘 연결되는지 알아보겠습니다.

글 (A)는 "He took pity on the people, gave them bendable knees and cut off their inconvenient kangaroo tails so they could all sit down at last(그는 사람들을 불쌍히 여겨서 그들에게 구부러지는 무릎을 만들어주고, 불편한 캥거루 같은 꼬리를 잘라내서 마침내 그들은 모두 앉을 수 있었다)."로 시작되는데, 'He(그)'가 만약 Moinee라면 이미 불량품 인간을 창조하고 죽은 상태이므로 이 문장은 이상합니다.

글 (B)는 "Then he died(그리고 나서 그는 죽었다)."로 시작되는데, 'he(그)'가 Moinee라면 'Then(그리고 나서)'은 '다름 아닌 인간을 창조하고 나서'로 해석되며, (C) 글의 내용과 잘 이어짐을 알 수 있습니다.

종합하면 주어진 문장 뒤에는 (C) - (B) - (A) 순으로 연결되는 것을 확인하고 정답이 ⑤번임을 알 수 있습니다. 이렇게 모든 과정을 끝내도 무방하지만, 좀 더 확신을 갖고 싶다면 글 (B)의 뒷부분과 글 (A)가 연결되는지 추가로 확인해도 됩니다.

글 (B)의 후반부는 "Dromerdeener heard their cry and came down to Tasmania to see what the matter was(Dromerdeener는 그들의 외침을 듣고 무엇이 문제인지 보려고 Tasmania로 내려왔다)."인데 불량품 사람들의 고통의 소리를 듣고 Dromerdeener가 문제를 확인하러 온다는 내용이므로 글 (A)의 전반부와 잘 어울림을 알 수 있고 정답을 재확인할 수 있습니다.

36. 주어진 글 다음에 이어질 글의 순서로 가장 적절한 것을 고르시오.

Once we recognize the false-cause issue, we see it everywhere. For example, a recent long-term study of University of Toronto medical students concluded that medical school class presidents lived an average of 2.4 years less than other medical school graduates.

(A) Perhaps this extra stress, and the corresponding lack of social and relaxation time — rather than being class president per se — contributes to lower life expectancy. If so, the real lesson of the study is that we should all relax a little and not let our work take over our lives.

(B) Probably not. Just because being class president is correlated with shorter life expectancy does not mean that it causes shorter life expectancy. In fact, it seems likely that the sort of person who becomes medical school class president is, on average, extremely hard-working, serious, and ambitious.

(C) At first glance, this seemed to imply that being a medical school class president is bad for you. Does this mean that you should avoid being medical school class president at all costs? [3점]

* per se: 그 자체로

① (A) − (C) − (B)   ② (B) − (A) − (C)
③ (B) − (C) − (A)   ④ (C) − (A) − (B)
⑤ (C) − (B) − (A)

이 문제는 고2 문단 순서 문제입니다.

역시 주어진 문장을 읽고 해석하면서 이 글 뒤에 이어질 글의 내용을 추정해보기 바랍니다.

Once we recognize the false-cause issue, we see it everywhere. For example, a recent long-term study of University of Toronto medical students concluded that medical school class presidents lived an average of 2.4 years less than other medical school graduates.

(일단 잘못 파악한 원인 문제를 우리가 인식하면 우리는 그것을 어디에서나 보게 된다. 예를 들면 토론토 대학의 의대 생들에 대한 최근 장기간의 연구는 의대 학년 대표들이 다른 의대 졸업생들보다 평균 2.4년 더 적게 살았다는 결론을 내렸다.)

요컨대 토론토 의과 대학 학년 대표들이 2.4년 덜 살았다는 것은 잘못된 문제의식의 사례라는 것입니다. 이 글 뒤에 어떤 내용이 연결될 것인지 생각해보세요. 아마도 이 연구 결과가 왜 잘못된 것인지 설명할 것으로 추정됩니다.

이제 (A), (B), (C)의 각 앞 문장을 읽고 해석하면서 어떤 것이 주어진 글과 가장 잘 연결될 것인지 알아보기로 할까요?

우선 글(A)의 첫 번째 문장을 살펴보고 해석해보면 다음과 같습니다.

(A) Perhaps this extra stress, and the corresponding lack of social and relaxation time — rather than being class president per se — contributes to lower life expectancy.

(의대 학년 대표인 것 그 자체라기보다 아마 이러한 가중된 스트레스와 그에 상응하는 사교와 휴식 시간의 부족이 더 짧은 평균 수명에 기여한 것으로 보인다.)

이 글은 "Perhaps this extra stress(아마도 이런 가중된 스트레스)"로 문장이 시작되는데, 이 글 앞에는 반드시 'extra stress(가중된 스트레스)'에 대한 내용이 등장해야만 합니다. 왜냐하면 지시형용사인 'this(이)'는 앞의 내용을 가리키기 때문입니다. 그러나 주어진 글에서는 'extra stress(가중된 스트레스)'에 대한 언급이 없으므로 글 (A)는 주어진 문장과 연결되지 않는다는 것을 알 수 있습니다.

이어서 글 (B)의 첫 번째 문장을 살펴보고 해석해보면 "(B) Probably not(아마도 그렇지는 않을 것이다)"라는 아주 짧은 문장입니다. 이것은 앞에 나온 내용을 부정하는 것으로 보입니다. 주어진 문장을 보면 토론토 대학의 연구 결과를 제시하고 있는데, 'Probably not(아마도 그렇지는 않을 것이다)'과 같이 반응하는 것은 좀 어색합니다. 그러나 전혀 불가능한 것은 아니므로 쉽게 주어진 문장과 연결되지 않는다고 속단하기는 이릅니다.

마지막으로 (C) 글의 첫 문장을 읽어보면 "(C) At first glance, this seemed to imply that being a medical school class president is bad for you(처음 봐서는, 이것은 의대 학년 대표인 것이 여러분에게 해롭다는 것을 의미하는 것처럼 보였다)."라고 해석이 됩니다.

여기서 지시대명사 'this(이것)'가 주어진 문장이라고 생각해보면 학년 대표들의 수명이 짧다는 연구 결과라면 (C) 글과 잘 연결된다는 것을 확인할 수 있습니다.

그럼 이제 (C) 글의 후반부를 읽고 (C) 글 뒤에 이어질 글을 선택하면 됩니다.

(C) 글의 후반부는 "Does this mean that you should avoid being medical school class president at all costs(이것은 여러분이 무슨 수를 써서라도 의대 학년 대표가 되는 것을 피해야 한다는 것을 의미하는가)?"로 해석되는데, 의문문으로 끝나고 있음에 유의해야 합니다. 왜냐하면 대개 의문문 뒤에는 그것의 답이 제시되는 것이 일반적이기 때문입니다.

이제 다시 글 (A)와 글 (B)의 앞부분을 살펴보면 글 (A)는 "Perhaps this extra stress(아마도 이런 가중된 스트레스)"로 문장이 시작됩니다. 따라서 글 (A) 앞에는 반드시 가중된 스트레스에 대한 내용이 나와야 하는데, 글 (C)에는 그런 내용이 없으므로 글 (A)가 (C) 뒤에 연결되는 것이 아님을 알 수 있습니다. 반면 글 (B)는 "Probably not(아마도 그렇지는 않을 것이다)"으로 시작하는데, 글 (C)의 후반부에 의문문으로 끝나고 있는 점에 비추어 그 내용을 부정하는 것으로 연결이 자연스럽습니다.

따라서 주어진 글에 이어질 글의 순서는 (C) – (B) – (A)로 ⑤번이 정답임을 알 수 있습니다.

추가로 글 (B)의 후반부인 "In fact, it seems likely that the sort of person who becomes medical school class president is, on average, extremely hard-working, serious, and ambitious(사실, 아마도 의대 학년 대표가 되는 그런 부류의 사람은 평균적으로 몹시 열심히 공부하고, 진지하며, 야망이 있는 것 같다)."의 내용이 글 (A)의 첫 부분에 등장하는 'this extra stress(이런 가중된 스트레스)'와 연결됨을 확인하며 정답을 재확인할 수 있습니다.

36. 주어진 글 다음에 이어질 글의 순서로 가장 적절한 것을 고르시오.

> Many people cannot understand what there is about birds to become obsessed about. What are bird-watchers actually doing out there in the woods, swamps, and fields?

(A) And because birders are human, these birding memories — like most human memories — improve over time. The colors of the plumages become richer, the songs sweeter, and those elusive field marks more vivid and distinct in retrospect.

(B) The key to comprehending the passion of birding is to realize that bird-watching is really a hunt. But unlike hunting, the trophies you accumulate are in your mind.

(C) Of course, your mind is a great place to populate with them because you carry them around with you wherever you go. You don't leave them to gather dust on a wall or up in the attic. Your birding experiences become part of your life, part of who you are.

* plumage: 깃털 ** in retrospect: 돌이켜 생각해 보면

① (A) − (C) − (B)   ② (B) − (A) − (C)
③ (B) − (C) − (A)   ④ (C) − (A) − (B)
⑤ (C) − (B) − (A)

이 문제는 고3 영어 문단 순서 문제입니다.

우선 주어진 문장을 해석해보면 "Many people cannot understand what there is about birds to become obsessed about. What are bird-watchers actually doing out there in the woods, swamps, and fields(많은 사람들은 도대체 새에게 집착하게 될 무엇이 있는지 이해할 수 없다. 새 관찰자들은 숲, 늪 또는 들판에서 실제로 무엇을 하고 있을까)?"입니다.

이 주어진 문장을 통해 이 글 뒤에 이어질 내용을 짐작해보길 바랍니다. 아마도 "새 관찰자들은 숲, 늪 또는 들판에서 실제로 무엇을 하고 있을까?"라는 문장을 통해서 새 관찰자들의 행동에 대한 기술이 예상됩니다.

이러한 추론을 가지고 글 (A), (B), (C)의 앞부분을 읽고 어떤 글이 주어진 글과 가장 자연스럽게 연결되는지 확인해보도록 하겠습니다.

우선 (A)의 첫 문장인 "(A) And because birders are human, these birding memories — like most human memories — improve over time(그리고 새 관찰자들은 인간이므로 이 새 관찰 기억들은 대부분의 인간 기억들처럼 시간이 흐르며 향상된다)."을 보면 특별한 단서가 있는데, 바로 "these birding memories(이 새 관찰 기억들)"입니다. 왜냐하면 지시형용사인 'these'는 앞에 언급된 것을 가리키는 말이므로 이 앞에는 반드시 'birding memories(새 관찰 기억들)'가 언급되어야만 합니다. 그러나 주어진 문장에서는 'birding memories(새 관찰 기억들)'에 대한 언급이 없습니다. 따라서 글 (A)는 적어도 주어진 문장에 바로 이어질 문장은 아닌 것을 알 수 있습니다. 참고로 글 (C)의 뒷부분에는 "Your birding experiences(너의 새 보기 기억들)"라는 말이 등장하는 것을 볼 수 있는데, 아마도 글 (C)의 뒤에 (A)가 이어지는 것이 자연스럽지 않을까 추측할 수 있습니다.

이어서 글 (B)의 첫 문장인 "The key to comprehending the passion of birding is to realize that bird-watching is really a hunt(새 관찰에 대한 열정을 이해하는 핵심은 새 관찰이 사실은 사냥이라는 것을 깨달아야 한다)."를 보면 새 관찰에 대한 열정의 핵심이 사냥임을 설명하고 있습니다. 주어진 문장이 "새 관찰에 집착하는 이유가 무엇일까?"를 질문하고 있는 점에 비추어보면 (B) 문장이 주어진 문장 다음에 이어지는 것은 비교적 자연스럽다고 할 수 있습니다.

이어서 (C) 문장의 첫 부분을 보면 "Of course, your mind is a great place to populate with them because you carry them around with you wherever you go(물론 너의 마음은 네가 어디에 가든지 그것들을 네가 갖고 다닐 수 있으므로 그것들을 가득 채우기에 좋은 장소이다)."와 같습니다. 이곳에서 중요한 단서는 'them(그것들)'이라는 대명사인데, 대명사 'them(그것들)' 앞에 마음속에 채워야 할 복수의 명사가 있음을 나타내고 있기 때문입니다(대명사의 경우 단수, 복수가 중요한 속성입니다). 주어진 문장에는 마음에 채울 만한 복수의 명사가 없음에 비추어 (C)가 주어진 문장과 이어진다는 것은 부자연스럽다는 것을 알 수 있습니다.

위의 모든 사실을 종합 검토해보겠습니다.

글 (A)와 글 (C)는 주어진 문장과 자연스럽게 이어지지 않고, (B)는 비교적 무난한 연결성을 보입니다. 따라서 주어진 문장과 이어질 첫 번째 글은 (B)임을 알 수 있습니다.

이어서 글 (B)의 뒷부분을 보면 "But unlike hunting, the trophies you accumulate are in your mind(그러나 사냥과는 다르게 당신이 쌓는 트로피들은 당신의 마음속에 있다)."라고 되어 있는데, 글 (A)에는 있는 "these birding memories(이 새 관찰 기억들)"에 비추어보면 글 (B)에서 "새 관찰 기억들"과 관련된 언급이 없으므로 글 (B) 뒤에 글 (A)가 이어진다고 보기 어렵습니다. 반면 글 (C)를 보면 "물론 너의 마음은 네가 어디에 가든지 그것들을 네가 갖고 다닐 수 있으므로 그것들을 가득 채우기에 좋은 장소이다."라고 시작되면서 (B) 글 뒤의 내용과 잘 연결되고 (C)에 나타나는 'them(그것들)'이 'the trophies you accumulate(당신이 쌓는 트로피들)'임을 알 수 있습니다. 따라서 글 (B) 뒤에는 글 (C)가 자연스럽게 이어진다는 것을 알 수 있습니다. 이렇게 해서 '③ (B) – (C) – (A)'를 정답으로 확신할 수 있습니다.

추가적으로 (C)의 뒷부분에 나오는 "Your birding experiences become part of your life, part of who you are(당신의 새 관찰 경험이 당신의 삶의 일부, 즉 여러분의 일부가 된다)."라는 말을 통해 (A)에 등장하는 "these birding memories(이 새 관찰 기억들)"가 다름 아닌 글 (C)에 나오는 "Your birding experiences"를 지칭함을 알 수 있고, 정답을 재확인할 수 있습니다.

37. 주어진 글 다음에 이어질 글의 순서로 가장 적절한 것을 고르시오.

Distinct from the timing of interaction is the way in which time is compressed on television. Specifically, the pauses and delays that characterize everyday life are removed through editing, and new accents are added —namely, a laugh track.

(A) It is the statement that is in bold print or the boxed insert in newspaper and magazine articles. As such, compression techniques accentuate another important temporal dimension of television — rhythm and tempo.

(B) More important, television performers, or people who depend on television, such as politicians, are evaluated by viewers (voters) on their ability to meet time compression requirements, such as the one sentence graphic statement or metaphor to capture the moment.

(C) The familiar result is a compressed event in which action flows with rapid ease, compacting hours or even days into minutes, and minutes into seconds. Audiences are spared the waiting common to everyday life. Although this use of time may appear unnatural in the abstract, the television audience has come to expect it, and critics demand it. [3점]

* accentuate: 강조하다

① (A) − (C) − (B)   ② (B) − (A) − (C)

③ (B) − (C) − (A)   ④ (C) − (A) − (B)

⑤ (C) − (B) − (A)

이 문제는 고3 영어 37번 문단 순서 문제입니다.

우선 주어진 예문을 해석해보면 "Distinct from the timing of interaction is the way in which time is compressed on television. Specifically, the pauses and delays that characterize everyday life are removed through editing, and new accents are added —namely, a laugh track(텔레비전에서 시간이 압축되는 방식은 상호작용의 타이밍과는 다르다. 구체적으로 말하자면, 일상을 특징짓는 짧은 멈춤과 지연은 편집을 통해 제거되고, 새로운 특색, 즉 웃음 트랙이 더해진다)."과 같습니다. 요컨대 텔레비전에서의 시간이 압축되는 방식이 일상의 상호작용 타이밍과는 완전히 다르며 웃음 트랙이 첨가된다는 내용입니다.

그렇다면 이 글 뒤에는 무슨 내용이 나올지 생각해볼까요? 아마도 이러한 텔레비전의 시간 압축이 무슨 효과가 있는지 나올 것으로 추정할 수 있습니다. 이제 글(A), (B), (C)의 첫 문장을 읽으면서 주어진 글과 이어질 첫 번째 글을 찾도록 하겠습니다.

먼저 (A) 글의 첫 번째 문장을 읽어보면 "(A) It is the statement that is in bold print or the boxed insert in newspaper and magazine articles(신문과 잡지 기사에서 굵은 활자로 인쇄되거나 네모 표시된 삽입란에 들어가는 것이 그러한 말이다)."와 같습니다. 여기서 "바로 그런 말(the statement)이 신문이나 잡지 기사에서 굵게 인쇄되거나 박스에 삽입된다"는 말이 나옵니다. 정관사 'the(그)'에 수식받는 'statement'가 앞에 반드시 언급되어야 하는데, 주어진 글에서 'statement'를 찾아볼 수 없으므로 글 (A)가 주어진 글과 연결된다고 할 수 없습니다.

이제 (B) 글을 읽어보면 "More important, television performers, or people who depend on television, such as politicians, are evaluated by viewers (voters) on their ability to meet time compression requirements, such as the one sentence graphic statement or metaphor to capture the moment[더 중요하게는, 텔레비전 연기자들, 혹은 정치가들처럼 텔레비전에 의존하는 사람들은 순간을 포착하는 한 문장으로 생생하게 표현된 말, 혹은 비유적 표현과 같은 시간 압축 요건을 충족할 수 있는 그들의 능력으로 시청자(유권자)들에 의해 평가를 받는다]."라는 한 문장으로 되어 있습니다. 첫 문장에 'More important(더 중요하게는)'가 나오는데, 이것은 비교급으로 앞에 반드시 '시청자들이' 중요하게 보는 것이 등장해야 합니다. 예문에는 중요성에 대한 언급이 없으므로 (B)가 주어진 예문에 이어진다고 볼 수 없을 것입니다.

마지막으로 (C)의 첫 구절을 읽어보면 "The familiar result is a compressed event in which action flows with rapid ease, compacting hours or even days into minutes, and minutes into seconds[수 시간, 심지어 수 일(日)을 수 분(分)으로, 그리고 수 분(分)을 수 초(秒)로 압축시키면서 행동이 빠르고 수월하게 흘러가는 압축된 사건이 그것의 익숙한 결과이다]."라고 되어 있습니다.

"The familiar result(그 익숙한 결과는)"라고 글이 시작되는데, 이 말은 이 앞에 원인이나 이유가 등장하여야만 한다는 것을 알 수 있습니다. 예문에서 텔레비전에서의 시간이 압축되는 방식을 설명하였으므로 그 결과가 (C)의 앞 문장과 자연스럽게 이어진다고 볼 수 있어 첫 문단은 (C)로 결정할 수 있습니다.

이제 (C) 글의 뒷부분을 읽으면서 (C) 글 다음에 이어질 글을 찾아내면 되는데, (C) 글의 후반부를 보면 "Audiences are spared the waiting common to everyday life. Although this use of time may appear unnatural in the abstract, the television audience has come to expect it, and critics demand it(일상에서는 흔한 기다림을 시청자들이 경험하지 않아도 된다. 이러한 시간의 사용은 일반적인 의미로는 부자연스럽게 보일 수 있으나 텔레비전 시청자들은 그것을 기대하게 되었고, 비평가들은 그것을 요구한다)."과 같습니다.

TV 시청자들이 시간의 압축을 기대하고 비평가들이 그것을 요구한다는 말에 비추어 (C)의 뒷부분에는 그것보다 더 중한 것을 언급한 (B)가 오는 것이 타당해 보입니다.

따라서 주어진 문장에 이어질 글의 순서는 (C) – (B) – (A)이고, 정답이 ⑤번임을 확신할 수 있습니다.

추가로 (B) 문장의 후반부에서 'graphic statement'란 단어를 볼 수 있고, 그러므로 그것을 'the statement'로 글 (A)에서 이어받고 있는 점을 확인하고 글 (B) 뒤에 글 (A)가 이어지는 문장이라는 것을 확인하며 정답을 재확인할 수 있습니다.

문장 삽입 두 문제(38~39번 문제)는 제 견해로는 빈칸 추론과 더불어 수능의 최고난도 문제로, 수능의 하이라이트라고 생각합니다. 이 두 문제를 해결할 수 있는 능력이 있는 수험생은 고득점이 가능할 것이라고 생각합니다. 왜냐하면 이 문장 삽입 문제는 글의 흐름을 정확히 간파하고 제시된 문장을 정확한 위치에 삽입하여야 하는데, 어휘력, 문장력은 물론이고 글 전체의 흐름을 읽고 문장이 삽입될 위치에 대한 정확한 추론과 판단이 필요하기 때문입니다. 요즈음에 출제되는 문제들은 두 개의 빈칸에 동시에 삽입될 수 있는 문장을 제시하는 경우도 있으므로 더 정밀한 판단 능력이 요구되며 좀 더 까다로워졌다고 할 수 있습니다.

일반적인 방법과 대비하여 풀이법을 제시하면 다음과 같습니다.

❶ 일반적인 풀이 방법

우선 삽입될 문장을 읽고, 본문을 읽어나가면서 (1)~(5)번의 빈칸 중에 그 문장이 삽입될 수 있는 곳을 찾아갑니다. 갑자기 흐름이 이상하게 바뀌었다든지 뭔가 연결이 부자연스럽다면 그곳에 문장을 삽입합니다. 삽입된 문장이 앞뒤의 글과 문맥상 자연스러운지 확인하고 자연스럽다면 그것을 답으로 선택합니다.

이 방법으로 문제를 해결할 수 있는데, 아마도 선택한 답에 큰 확신이 들지 않는 경우가 대부분일 것입니다. 왜냐하면 명확한 근거에 기반하여 추론한 것이 아니라 느낌이나 감에 의존하여 문제를 해결했기 때문입니다.

❷ 문장 삽입 풀이법 제안

ⅰ) 우선 주어진 삽입될 문장의 모든 것이 단서라고 생각하고 철저하게 분석적으로 문장을 읽되, 특히 주어진 문장의 앞에 나올 내용을 시사하는 단서에 유의합니다. 접속사, 지시사, 관사, 함축 등에 유념하면서 글의 흐름상 앞에 나올 내용을 추론합니다. 이 과정은 문장 삽입 문제 풀이의 핵심 과정이므로 여기에 시간과 노력을 최대한 기울여야 합니다.

ⅱ) 주어진 문장의 앞에 나올 내용이 예측되었다면 주어진 문장을 기초로 글의 흐름상(문

맥상) 뒤에 이어질 내용도 추론해봅니다.

ⅲ) 앞에서 추론한, 앞뒤에 올 정보를 바탕으로 각 빈칸의 앞뒤를 읽으면서 추론된 내용과 일치하는 빈칸을 본문을 신중하게 읽으면서 차례로 확인해나갑니다.

ⅳ) 추론한 내용과 일치되는 빈칸을 확인했다면 주어진 문장을 넣고 다시 한번 읽으면서 매끄럽게 이어지는지 확인하고 자연스럽다면 그것을 답으로 선택하면 됩니다.

이 방법은 앞의 감으로 답을 얻는 일반적인 방법과는 달리, 삽입될 문장의 앞뒤에 올 내용들을 주어진 문장을 철저히 분석하여 정확한 단서를 통해 근거를 가지고 합리적으로 추론하였고, 그 추론을 바탕으로 본문을 읽으면서 정확히 확인하고 답을 얻었으므로 확신이 서게됩니다.

다만 이 두 문제는 분석과 추론뿐만 아니라 거의 주어진 모든 문장을 철저히 읽어야 하므로 시간이 많이 소요될 수 있습니다. 따라서 이러한 추론 문제들을 풀기 위해서는 비교적 평이한 18~30번과 41~45번 문제들을 신속, 정확하게 해결하여 충분한 시간을 확보하는 것이 필수적입니다.

문장 삽입에 참고할 이야기

만약 서울에서 홍길동이라는 사람을 찾으라는 미션이 주어진다면 어떻게 해야 할까요? 무작정 서울로 상경하여 홍길동을 찾으려 한다면 큰 낭패를 볼 것입니다. 왜냐하면 홍길동이라는 사람에 대한 정보가 전혀 없기 때문입니다.

그렇다면 어떻게 해야 할까요? 우선 홍길동이라는 사람에 대한 정보를 가능하면 충분히 확보해야만 합니다. 나이, 주소, 직장, 가족 관계, 친구들, 취미 등 홍길동을 찾는 데 필요한 모든 정보를 더 많이 가지고 있을수록 좀 더 수월하고 정확하게 그 사람을 찾을 수 있을 것입니다.

이처럼 문장을 삽입하는 문제의 경우 그 주어진 문장을 통해 그 앞과 뒤에 무슨 내용이 올 것인지에 대한 충분한 정보를 확보하는 것이 문제 풀이의 핵심 능력이 됩니다.

그렇다면 어떤 것이 정보를 주는 것일까요? 사실 모든 것이 힌트를 준다고 볼 수 있지만, 핵심적인 단서는 접속사(접속부사), 대명사, 관사, 글의 흐름, 함축 등이 있습니다. 무조건 문제를 읽어나가기보다는 먼저 침착하게 주어진 문장을 통해 모든 단서를 찾아내는 방식으로 접근한다면 의외로 쉽게 답을 찾아낼 수 있을 것입니다.

1 2019학년도 6월 전국연합 고1 38번　　　　　　　　　　해석문 본문 214쪽

38. 글의 흐름으로 보아, 주어진 문장이 들어가기에 가장 적절한 곳을 고르시오.

> When the boy learned that he had misspelled the word, he went to the judges and told them.

　　Some years ago at the national spelling bee in Washington, D.C., a thirteen-year-old boy was asked to spell *echolalia*, a word that means a tendency to repeat whatever one hears. (①) Although he misspelled the word, the judges misheard him, told him he had spelled the word right, and allowed him to advance. (②) So he was eliminated from the competition after all. (③) Newspaper headlines the next day called the honest young man a "spelling bee hero," and his photo appeared in The *New York Times*. (④) "The judges said I had a lot of honesty," the boy told reporters. (⑤) He added that part of his motive was, "I didn't want to feel like a liar."

　　　　　　　　　　　　　　　　　　　　　　　　　　　　* spelling bee: 단어 철자 맞히기 대회

1 explanation

이 문제는 주어진 문장이 들어갈 곳을 ①~⑤번의 빈칸 중에 선택하는 고1 문장 삽입 문제입니다.

　　이 문장 삽입 문제를 해결하기 위해서는 우선 주어진 문장에서 그 문장 앞뒤에 등장할 내용에 대한 단서를 최대한 확보해야 합니다.

주어진 문장을 먼저 읽고 해석하면 "When the boy learned that he had misspelled the word, he went to the judges and told them(그 소년은 자신이 단어 철자를 잘못 말했다는 것을 알았을 때, 심판에게 가서 말했다)."과 같습니다.

과연 이 주어진 문장에서 어떤 것이 앞에 나올 내용에 대한 단서가 될까요? 또 어떤 것이 뒤에 나올 것에 대한 단서가 될까요? 깊게 생각하면서 핵심 단서를 찾아보기 바랍니다.

앞에 나올 내용에 대한 단서는 다름 아닌 주어진 문장의 앞부분인 "When the boy learned that he had misspelled the word(그 소년은 자신이 단어 철자를 잘못 말했다는 것을 알았을 때),"이며, 이 글의 뒷부분에 대한 정보는 다름 아닌 글의 후반부인 "he went to the judges and told them(그는 심판에게 가서 말했다)."입니다. 왜냐하면 앞부분은 이미 일어난 사건(자신이 단어 철자를 잘못 말했다는 것을 안 것)에 대한 재진술의 의미가 있고, 이 사실에 기반하여 그 소년이 후반부의 행위(심판에게 가서 말했다)를 했고, 이 행위 뒤에 일어날 일이 이 글 뒤에 기술될 것으로 추론할 수 있기 때문입니다.

즉, 주어진 글의 앞에는 소년이 자신이 단어 철자를 잘못 말했다는 것을 발견하는 내용이 나오고, 이 글 뒤에는 그 소년이 그 사실을 심판들에게 말한 이후의 결과가 나올 것을 예측할 수 있습니다.

자, 그럼 이제 위의 추론을 바탕으로 본문을 읽으면서 빈칸 ①~⑤ 중에 위 조건을 충족하는 빈칸을 찾아보기 바랍니다.

본문 모두를 해석하면 다음과 같습니다.

몇 년 전 Washington D.C.에서 있었던 전국 단어 철자 맞히기 대회에서, 한 13세 소년이 '들은 것은 무엇이든 반복하는 경향'을 의미하는 단어인 *echolalia*의 철자를 말하도록 요구받았다. (①) 그가 철자를 잘못 말했음에도 불구하고 심판은 잘못 듣고 철자를 맞혔다고 말했고, 그가 (다음 단계로) 진출하도록 허락했다. (②) 그래서 그는 결국 대회에서 탈락했다. (③) 다음 날 신문기사 헤드라인이 그 정직한 소년을 "단어 철자 맞히기 대회 영웅"으로 불렀고, 그의 사진이 The New York Times에 실렸다. (④) "심판은 내가 아주 정직하다고 말했어요."라고 그 소년은 기자들에게 말했다. (⑤)그는 그렇게 했던 이유 중 하나를 덧붙여 말했다. "저는 거짓말쟁이처럼 느껴지는 게 싫었어요."

답은 ②번임을 알 수 있습니다. 왜냐하면 (②) 앞의 내용을 살펴보면 "그는 철자를 잘못 말했지만 심판은 잘못 듣고 철자를 맞혔다고 말했고, 그가 (다음 단계로) 진출하도록 허락했다."로, 소년이 자신이 단어 철자를 잘못 말했다는 내용이 등장하고 (②) 뒤에는 "그래서 그는 결국 대회에서 탈락했다."라고 되어 있어 심판에게 사실을 말한 결과가 나오고 있기 때문입니다.

38. 글의 흐름으로 보아, 주어진 문장이 들어가기에 가장 적절한 곳을 고르시오.

Only after everyone had finished lunch would the hostess inform her guests that what they had just eaten was neither tuna salad nor chicken salad but rather rattlesnake salad.

A dramatic example of how culture can influence our biological processes was provided by anthropologist Clyde Kluckhohn, who spent much of his career in the American Southwest studying the Navajo culture. (①) Kluckhohn tells of a non-Navajo woman he knew in Arizona who took a somewhat perverse pleasure in causing a cultural response to food. (②) At luncheon parties she often served sandwiches filled with a light meat that resembled tuna or chicken but had a distinctive taste. (③) Invariably, someone would vomit upon learning what they had eaten. (④) Here, then,is an excellent example of how the biological process of digestion was influenced by a cultural idea. (⑤) Not only was the process influenced, it was reversed : the culturally based idea that rattlesnake meat is a disgusting thing to eat triggered a violent reversal of the normal digestive process.

* perverse: 심술궂은

---

2   explanation

이 문제는 역시 주어진 문장을 ①~⑤ 중의 빈칸에 삽입하는 고2 문장 삽입 문제입니다.

   우선 주어진 문장을 읽고 해석하면서 관련된 단서를 최대한 찾아서 앞뒤에 위치할 내용을 추론해보겠습니다. 주어진 문장을 해석하면 다음과 같습니다.

Only after everyone had finished lunch would the hostess inform her guests that what they had just eaten was neither tuna salad nor chicken salad but rather rattlesnake salad.

(그 여주인은 모든 사람이 점심 식사를 마친 후에야 비로소 손님들에게 그들이 방금 먹은 것은 참치 샐러드나 닭고기 샐러드가 아니라 방울뱀 고기 샐러드였다고 알려주곤 했다.)

자, 그렇다면 이 문장의 어떤 단서가 이 글의 앞과 뒤에 나올 내용을 시사하는가 찾아보기 바랍니다.

이 글의 앞에 나올 내용에 대한 단서는 다름 아닌 "Only after everyone had finished lunch(모든 사람이 점심 식사를 마친 후에야)"까지의 부사절입니다. 왜냐하면 이 내용은 이 글 바로 앞에 등장하는 사건을 재진술하는 부분이기 때문입니다. 이 글 뒤에 등장할 내용에 대한 단서는 "would the hostess inform her guests that what they had just eaten was neither tuna salad nor chicken salad but rather rattlesnake salad(비로소 손님들에게 그들이 방금 먹은 것은 참치 샐러드나 닭고기 샐러드가 아니라 방울뱀 고기 샐러드였다고 알려주곤 했다)."입니다. 왜냐하면 앞의 사건(모든 사람이 점심 식사를 마친 후)이 일어난 후에 여주인이 이 말(손님들에게 그들이 방금 먹은 것은 참치 샐러드나 닭고기 샐러드가 아니라 방울뱀 고기 샐러드였다)을 하고, 이 글 뒤에는 이 여주인의 말에 대한 손님들의 반응이 나올 것이 예측되기 때문입니다.

즉, 주어진 글 앞에는 손님들이 점심 식사를 하는 내용이 나오고, 이 글 뒤에는 자신들이 먹은 것이 방울뱀 고기 샐러드라는 말을 들은 손님들의 반응이 나올 것입니다.

이제 이러한 정보를 바탕으로 빈칸이 있는 본문을 읽어나가면서 위 추론의 조건을 충족시키는 빈칸을 찾으면 됩니다. 다음의 해석지를 보면서 답을 찾아보기 바랍니다.

문화가 어떻게 우리의 생물학적인 과정에 영향을 미칠 수 있는지에 대한 한 극적인 예는 인류학자인 Clyde Kluckhohn에 의해 제시되었는데, 그는 자신의 생애의 많은 부분을 American Southwest에서 Navajo 문화를 연구하며 보냈다. (①) Kluckhohn는 Arizona에 사는 자신이 아는, 음식에 대한 문화적 반응을 끌어내는 것에서 다소 심술궂은 기쁨을 얻었던, Navajo인이 아닌 한 여인에 대한 이야기를 들려준다. (②) 오찬 파티에서 그녀는 참치나 닭고기와 비슷하지만 독특한 맛이 나는 흰 살코기로 채워진 샌드위치를 자주 대접했다. (③) 어김없이, 그들이 방금 무엇을 먹었는지 알게 되면 바로 누군가는 먹은 것을 토하곤 했다. (④) 그렇다면, 이것은 소화의 생물학적인 과정이 어떻게 문화적인 관념에 의해 영향을 받았는지에 대한 훌륭한 사례이다. (⑤) 그 과정은 영향을 받았을 뿐만 아니라 완전히 뒤집혔다. 즉 방울뱀 고기는 먹기에 혐오스러운 음식이라는 문화에 기초한 '관념'이 정상적인 소화의 과정에 극단적인 반전을 일으켰다.

답은 ③번임을 알 수 있습니다. 왜냐하면 (③) 앞에는 "오찬 파티에서 그녀는 참치나 닭고기와 비슷하지만 독특한 맛이 나는 흰 살코기로 채워진 샌드위치를 자주 대접했다."라고 되어 있어 점심 식사하는 내용이 나오고, (③) 뒤에는 "어김없이, 그들이 방금 무엇을 먹었는지 알게 되면 바로 누군가는 먹은 것을 토하곤 했다."로써 자신들이 먹은 것이 방울뱀 고기 샐러드라는 말을 들은 손님들의 충격적인 반응이 등장하기 때문입니다.

38. 글의 흐름으로 보아, 주어진 문장이 들어가기에 가장 적절한 곳을 고르시오.

The field of international politics is, however, dominated by states and other powerful actors (such as multinational corporations) that have priorities other than human rights.

There is obviously a wide gap between the promises of the Universal Declaration of Human Rights in 1948 and the real world of human-rights violations. In so far as we sympathize with the victims, we may criticize the UN and its member governments for failing to keep their promises. (①) However, we cannot understand the gap between human-rights ideals and the real world of human-rights violations by sympathy or by legal analysis. (②) Rather, it requires investigation by the various social sciences of the causes of social conflict and political oppression, and of the interaction between national and international politics. (③) The UN introduced the concept of human rights into international law and politics. (④) It is a leading feature of the human-rights field that the governments of the world proclaim human rights but have a highly variable record of implementing them. (⑤) We must understand why this is so.

* oppression: 억압

3 explanation

이 문제는 빈칸 추론 고3 문제입니다.

우선 주어진 문장을 해석하면 다음과 같습니다.

The field of international politics is, however, dominated by states and other powerful actors (such as multinational corporations) that have priorities other than human rights.

[그러나 국제정치 분야는 인권 외에 다른 우선순위를 가진 국가 및 (다국적 기업과 같은) 기타 강력한 행위자들에 의해 지배되고 있다.]

과연 이 문장에서 글의 전후를 예측할 수 있는 단서는 무엇일까요?

여기에서 이 문장 앞에 올 내용에 대한 핵심적인 단서는 접속사인 'however(그러나)'입니다. 'however(그러나)'라는 접속사는 앞의 내용과 뒤의 내용이 역접의 관계, 즉 앞의 글에서 서술한 사실과 서로 반대되는 사실이 뒤의 글에 나타나는 성질이 있습니다. 따라서 주어진 문장의 앞에는 국제정치 분야에서 인권을 추진하려고 한다는 내용이 나와야 할 것입니다.

그리고 이 글의 뒤에는 주어진 문장, 즉 '그러나(however) 국제정치 분야는 인권 외에 다른 우선순위를 가진 국가 및 (다국적 기업과 같은) 기타 강력한 행위자들에 의해 지배되고 있다.'에 의해서 결과적으로 국제정치에서는 인권이 실행되기 어렵다는 결과가 언급될 가능성이 클 것입니다.

뒤의 글은 추정이지만 앞에 나올 내용은 'however'이라는 단서에 의해 확실하게 추론할 수 있습니다. 따라서 주어진 문장을 읽으면서 국제정치 분야에서 인권을 추진하려고 한다는 내용이 나오는지 확인하면 됩니다.

그럼 이제 본문을 읽고 해석하면서 주어진 문장이 들어갈 적절한 곳을 찾아보기 바랍니다.

1948년 세계인권선언의 약속과 인권침해의 현실 세계 사이에는 큰 격차가 있다. 우리가 피해자와 공감하는 한, 우리는 유엔과 그 회원국 정부들과 그들이 약속을 지키지 못하는 것을 비난할 수 있다. (①) 그러나 우리는 공감이나 법률적 분석을 통해 인권의 이상과 인권침해의 현실 사이의 차이를 이해할 수 없다. (②) 오히려 그것은 사회 갈등과 정치 억압의 원인과 국내와 국제정치의 상호작용에 대한 다양한 사회과학적 연구가 필요하다. (③) 유엔은 국제법과 국제정치에 인권이라는 개념을 도입하였다. (④) 세계 각국 정부가 인권을 선언하고 있지만, 그것을 시행하는데 매우 다양한 기록들을 갖는 것이 인권 분야의 주된 특성이다. (⑤) 우리는 이것이 왜 그러한지를 이해하여야만 한다.

주어진 문장은 어디에 들어가야 할까요?

④번 앞의 문장은 "유엔은 국제법과 국제정치에 인권이라는 개념을 도입했다."로 인권을 실천하려는 노력이 언급되고 있고, ④번 뒤의 문장은 "세계 각국 정부가 인권을 선언하고 있지만, 그것을 시행하는데 매우 가변적인 기록을 갖고 있다는 것이 인권 분야의 주된 특징이다."로 주어진 문장 뒤에 나올 국제정치에서는 인권이 실행되기 어렵다는 결과가 언급되었으므로 ④번을 정답으로 확신할 수 있습니다.

39. 글의 흐름으로 보아, 주어진 문장이 들어가기에 가장 적절한 곳을 고르시오.

> Grazing animals have different kinds of adaptations that overcome these deterrents.

Coevolution is the concept that two or more species of organisms can reciprocally influence the evolutionary direction of the other. In ther words, organisms affect the evolution of other organisms. Since all organisms are influenced by other organisms, this is a common pattern.(①) For example, grazing animals and the grasses they consume have coevolved. (②) Grasses that are eaten by grazing animals grow from the base of the plant near the ground rather than from the tips of the branches as many plants do. (③) Furthermore, grasses have hard materials in their cell walls that make it difficult for animals to crush the cell walls and digest them. (④) Many grazers have teeth that are very long or grow continuously to compensate for the wear ssociated with grinding hard cell walls. (⑤) Others, such as cattle, have complicated digestive tracts that allow microorganisms to do most of the work of digestion. [3점]

*digestive tract: 소화관

---

4 explanation

이 문제는 고3 문제로, 역시 주어진 문장을 삽입하는 유형의 문제입니다.

　우선 주어진 문장을 읽고 해석하면서 단서를 통해 주어진 문장의 앞과 뒤에 올 내용을 추론해보기 바랍니다.

Grazing animals have different kinds of adaptations that overcome these deterrents.

(풀을 뜯어 먹는 동물들은 이러한 방해물들을 극복할 수 있는 다른 종류의 적응 방식들을 가지고 있다.)

과연 이 문장에서 핵심적인 단서는 무엇일까요?

여기서 핵심 단서는 바로 "these deterrents(이러한 방해물들)"입니다. 왜냐하면 지시형용사 'these'는 앞에 나오는 것을 지칭하는 형용사이고, 'deterrents'가 복수임에 비추어 방해물들이 두 개 이상임을 알 수 있습니다. 따라서 이 주어진 문장의 앞에는 초식동물들이 겪는 복수의 방해물들이 등장할 것이 틀림없습니다.

이 글이 가진 함축을 살펴보면 주어진 글 다음에는 초식동물들이 가진 방해물들을 극복하는 'different kinds of adaptations(다양한 종류의 적응 방식들)'에 대한 구체적인 부연 설명이 등장할 것이 예상됩니다.

이렇게 주어진 문장의 앞과 뒤에 위치할 내용을 주어진 단서를 활용하여 추론, 예측하고 다음 본문을 읽어나가면서 적절한 빈칸을 찾아보기 바랍니다.

공진화는 둘 또는 그 이상의 생물종이 다른 종의 진화 방향에 상호간에 영향을 미칠 수 있다는 개념이다. 다시 말하면 유기체는 다른 유기체의 진화에 영향을 미친다. 모든 유기체는 다른 유기체에 의해 영향을 받기 때문에, 이것은 흔한 패턴이다. (①) 예를 들어 풀을 뜯는 동물과 그들이 섭취하는 풀은 함께 진화해왔다. (②) 풀을 뜯는 동물이 먹는 풀은 많은 식물이 그러하듯 나뭇가지의 끝에서부터 자라기보다 땅 근처에 있는 식물의 기저부에서 자란다. (③) 그뿐만 아니라, 풀은 자신의 세포벽 안에 동물이 그 세포벽을 부수고 소화시키는 것을 어렵게 만드는 단단한 물질을 가지고 있다. (④) 풀을 뜯는 많은 동물은 단단한 세포벽을 분쇄하는 것과 관련이 있는 마모를 보완하기 위해 매우 길거나 계속 자라는 이빨을 가지고 있다. (⑤) 소와 같은 다른 동물은 미생물이 대부분의 소화 작용을 하게 하는 복잡한 소화관을 가지고 있다.

②~③번의 글을 각각 요약하면 "초식동물들이 먹는 풀은 식물 기저 부분에서 자랄 뿐만 아니라 동물들이 소화하는 것을 어렵게 하는 딱딱한 물질이 있다."라고 되어 있어 이것이 주어진 문장에 나오는 바로 'these deterrents(이러한 방해물들)'이고, ④번 뒤의 문장을 해석해보면 "많은 초식동물은 딱딱한 세포벽을 부수는 것과 관련이 있는 마모를 보충할 수 있는 매우 길거나 계속 자라는 이빨을 가지고 있다."라고 되어 있는데, 이것이 초식동물들이 가진 방해물들을 극복하는 'different kinds of adaptations(다양한 종류의 적응 방식들)'에 대한 구체적인 부연 설명 중의 하나임을 알 수 있습니다. ⑤번 뒤의 문장도 역시 마찬가지입니다.

따라서 앞의 내용을 종합적으로 검토해보면 주어진 문장이 들어가기에 가장 적합한 곳은 ④번임을 확신할 수 있습니다.

3

기타 유형들에 대한
풀이 전략과 사례

"

　여기에서는 앞에서 다룬 수능 영어의 세 유형인 논술문, 설명문, 추론문에 속하지 않는 유형의 문제들을 기타 유형으로 분류하여 다루고자 합니다.

　우선 기타 유형의 종류로는 밑줄 추론(21번), 어법(29번), 낱말 부적절(30번), 흐름 무관(35번), 문단 요약(40번), 장문 독해(41~45번) 등 총 6개 유형이 있고 11문제가 이에 해당합니다.

　이번 Chapter를 통하여 수능의 모든 유형에 대한 풀이 전략을 갖춘 수험생으로 거듭나실 준비가 되었다면 Let's put it in motion!

"

밑줄 추론

1 밑줄 추론의 풀이 전략

이 밑줄 추론 문제는 비교적 신유형으로 일종의 빈칸 추론 변형 문제라고 볼 수 있습니다. 빈칸 추론 문제가 비어 있는 빈칸을 주위의 단서를 활용하여 추론하는 것이라면 이 밑줄 추론은 이미 채워져 있는 빈칸의 내용을 주위의 단서를 통해서 유추하는 추론 문제입니다. 빈칸 추론 문제보다는 비교적 수월하다고 할 수 있으며, 빈칸 추론에 사용한 방법을 준용하면 될 것입니다. 밑줄은 다양하게 문장 전체에도 해당할 수 있고 일부의 절이나 구에도 해당하며 짧은 단어일 수도 있는데, 주로 비유적 표현이 많이 출제됩니다.

빈칸처럼 밑줄은 주어진 글의 핵심 내용을 반영한다는 것을 전제로 풀이 방법을 제시하면 다음과 같습니다.

첫째, 우선 밑줄이 포함된 전체 문장을 통해 밑줄이 쳐진 부분의 의미를 추론해봅니다. 이때 접속사, 대명사, 부사 등 단서가 될 수 있는 모든 정보를 아주 면밀히 살피면서 철저히 읽어야 합니다. 경우에 따라 이 한 문장으로 답을 추론할 수도 있습니다.

둘째, 밑줄이 포함된 전체 문장만으로 해결이 곤란하다면 그 앞에 있는 문장 또는 바로 뒤의 문장을 통해 밑줄이 쳐진 내용을 추론합니다. 왜냐하면 어떤 글은 전후 문장을 읽으면 그 맥락을 통해 밑줄을 추론할 수 있기 때문입니다. 이때도 접속사, 대명사, 부사 등 단서를 살피면서 아주 세밀하게 읽어나가야 합니다.

셋째, 위 방법을 통해서도 밑줄에 대한 추론이 곤란하다면 결론 부분, 서론 부분의 순으로 핵심 문장을 읽고 그것을 통해 답을 유추할 수 있습니다. 왜냐하면 빈칸처럼 밑줄도 주어진 글 전체의 핵심일 가능성이 크고 글의 결론과 서론에서 핵심적인 내용이 나타날 가능성이 아주 크기 때문입니다.

넷째, 정답을 선택하고도 시간이 있다면 혹시 매력적인 오답에 빠져 있지 않은지 점검해봅니다. 매력적인 오답이란 정답에 아주 유사하여 선택될 가능성이 크지만 사실은 답이 될 수 없는 결정적 이유가 있는 답입니다.

21. 밑줄 친 <u>translate it from the past tense to the future tense</u>가 다음 글에서 의미하는 바로 가장 적절한 것은? [3점]

  Get past the 'I wish I hadn't done that!' reaction. If the disappointment you're feeling is linked to an exam you didn't pass because you didn't study for it, or a job you didn't get because you said silly things at the interview, or a person you didn't impress because you took entirely the wrong approach, accept that it's *happened* now. The only value of 'I wish I hadn't done that!' is that you'll know better what to do next time. The learning pay–off is useful and significant. This 'if only I…' agenda is virtual. Once you have worked that out, it's time to <u>translate it from the past tense to the future tense</u> : 'Next time I'm in this situation, I'm going to try to…'.

* agenda: 의제   ** tense: 시제

① look for a job linked to your interest
② get over regrets and plan for next time
③ surround yourself with supportive people
④ study grammar and write clear sentences
⑤ examine your way of speaking and apologize

1 explanation

이 문제는 고1 문제로서 긴 to부정사구의 내용을 추론하는 문제입니다
  우선 밑줄 친 부분이 포함된 문장을 읽어보기로 하겠습니다.

Once you have worked that out, it's time to <u>translate it from the past tense to the future tense</u>: 'Next time I'm in this situation, I'm going to try to…'.

  (여러분이 그것을 파악했다면, 이제 그것을 과거 시제에서 미래 시제로 바꿀 때이다 : '다음에 내가 이 상황일 때 나는 …하려고 할 것이다.)

이 문장을 읽고 무엇이 밑줄을 추론할 수 있는 단서인지 찾아보기 바랍니다.

핵심 단서는 다름 아닌 콜론(:) 입니다. 왜냐하면 이 콜론은 이 글에서 앞에 나온 내용을 재진술하는 것으로, 즉 '다시 말하면(in other words)' 정도의 뜻입니다. 그러므로 콜론(:) 다음의 내용과 밑줄은 결국 같거나 아주 유사한 말임을 알 수 있습니다. 콜론(:) 다음의 문장을 읽어보면 "Next time I'm in this situation, I'm going to try to…(다음에 내가 이 상황일 때 나는 …하려고 할 것이다)."와 같습니다. 요컨대 과거와 유사한 상황이 미래에 오면 그 과거의 경험을 통해 미래에는 좀 더 잘 할 수 있도록 활용하라는 것입니다. 이것과 밑줄 친 부분은 같은 의미이므로 이에 가장 부합하는 것을 답지에서 선택하면 됩니다.

① look for a job linked to your interest
  (흥미와 관련된 일을 찾다.)

② get over regrets and plan for next time
  (후회를 극복하고 다음을 계획하다.)

③ surround yourself with supportive people
  (지원해주는 사람들로 너의 주변을 채우다.)

④ study grammar and write clear sentences
  (문법을 공부하여 명확한 문장을 쓰다.)

⑤ examine your way of speaking and apologize
  (너의 말하는 방식을 살펴보고 사과하다.)

어렵지 않게 ②번을 선택할 수 있을 것입니다.

혹시 불안하다면 앞에 "Once you have worked that out(여러분이 그것을 파악했다면)"이 뒤의 글이 전제 조건과 같으므로 'that(그것)'이 가리키는 앞 문장들을 좀 더 읽어보면서 답을 확인할 수 있습니다.

앞 문장을 해석하면 "The only value of 'I wish I hadn't done that!' is that you'll know better what to do next time. The learning pay-off is useful and significant. This 'if only I…' agenda is virtual('내가 그것을 하지 말았어야 했는데!'의 유일한 이득은 다음에 무엇을 할지 더 잘 알게 되리라는 점이다. 배움의 이득은 유용하고 의미가 있다. 이러한 '내가 …하기만 했다면'이라는 의제는 가상의 것이다)."과 같습니다.

요컨대 과거의 일을 후회하지 말고 그것을 통해 다음에 무엇을 할지 배우라는 것이므로 정답을 재확신할 수 있습니다.

21. 밑줄 친 training for a marathon이 다음 글에서 의미하는 바로 가장 적절한 것은? [3점]

The known fact of contingencies, without knowing precisely what those contingencies will be, shows that disaster preparation is not the same thing as disaster rehearsal. No matter how many mock disasters are staged according to prior plans, the real disaster will never mirror any one of them. Disaster-preparation planning is more like training for a marathon than training for a high-jump competition or a sprinting event. Marathon runners do not practice by running the full course of twenty-six miles; rather, they get into shape by running shorter distances and building up their endurance with cross–training. If they have prepared successfully, then they are in optimal condition to run the marathon over its predetermined course and length, assuming a range of weather conditions, predicted or not. This is normal marathon preparation.

* contingency: 비상사태   ** mock: 모의의

*** cross–training: 여러 가지 운동을 조합하여 행하는 훈련법

① developing the potential to respond to a real disaster

② making a long-term recovery plan for a disaster

③ seeking cooperation among related organizations

④ saving basic disaster supplies for an emergency

⑤ testing a runner's speed as often as possible

2 explanation

이 문제는 밑줄의 내용을 추론하는 고2 문제입니다.

역시 밑줄이 포함된 문장을 읽고 해석하면서 단서를 찾아보기 바랍니다.

Disaster-preparation planning is more like training for a marathon than training for a high-jump competition or a sprinting event.

(재난 대비 계획 세우기는 높이뛰기 시합이나 단거리 달리기 경주를 위해 훈련하는 것이라기보다는 마라톤을 위해 훈련하는 것과 더 비슷하다.)

과연 이 문장에 어떤 단서가 있을까요? 자세히 찾아보세요.

이 문장의 단서는 다름 아닌 비교급을 써서 비교 대상과의 대조를 이루고 있다는 점입니다. 'B라기보다는 A와 비슷하다(more like A than B)'라는 비교급 표현을 통해 B와 대조적인 A의 성격을 도출해낼 수 있습니다. 여기서는 "training for a high-jump competition or a sprinting event(높이뛰기 시합이나 단거리 달리기 경주를 위해 훈련하는 것)"와 밑줄 친 "training for a marathon(마라톤을 위해 훈련하는 것)"을 대비하고 재난 대비 계획이 단거리 경주가 아닌 마라톤을 위해 훈련하는 것과 유사하다고 말하고 있습니다. 그렇다면 두 훈련의 차이는 무엇일까? 아마도 높이뛰기나 단거리 달리기는 실제로 매일 실행하면서 훈련할 수 있지만 마라톤 경기는 매일 실전처럼 훈련할 수 없다는 것이 차이점일 것입니다. 이런 차이점을 바탕으로

① developing the potential to respond to a real disaster
   (실제 재난에 대응할 수 있는 잠재력을 기르기)
② making a long-term recovery plan for a disaster
   (재난에 대한 장기적인 복구 계획을 수립하기)
③ seeking cooperation among related organizations
   (관련 기관들 간의 협조를 구하기)
④ saving basic disaster supplies for an emergency
   (비상 사태를 위해 기본적인 재난 대비 물자를 비축하기)
⑤ testing a runner's speed as often as possible
   (가능한 한 자주 달리기 선수의 속도를 검사하기)

아마도 어렵지 않게 ①번을 선택할 수 있을 것입니다.

그러나 이것만으로는 약간 불안하다면 밑줄 친 문장 밑에 있는 관련 정보를 읽어보면 됩니다. 글의 흐름상 이러한 말을 했다면 관련된 근거를 보통 그 뒤에 제시하는 것이 일반적이기 때문입니다.

바로 밑의 문장을 읽어보면 "Marathon runners do not practice by running the full course of twenty-six miles; rather, they get into shape by running shorter distances and building up their endurance with cross-training(마라톤 선수들은 26마일 전체 코스를 달리는 것으로 연습하는 것이 아니라 오히려 더 짧은 거리를 달리고 여러 가지 운동을 조합하여 행하는 훈련법으로 자신의 지구력을 강화함으로써 몸 상태를 좋게 만든다)."과 같습니다. 요약하면 마라톤 선수들은 단거리와 여러 가지 훈련을 결합하여 마라톤을 뛸 몸 상태를 만들어간다는 잠재력 강화에 대해서 언급하고 있습니다.

따라서 이것을 토대로 정답을 재확인할 수 있습니다.

21. 밑줄 친 don't knock the box가 다음 글에서 의미하는 바로 가장 적절한 것은?

By expecting what's likely to happen next, you prepare for the few most likely scenarios so that you don't have to figure things out while they're happening. It's therefore not a surprise when a restaurant server offers you a menu. When she brings you a glass with a clear fluid in it, you don't have to ask if it's water. After you eat, you don't have to figure out why you aren't hungry anymore. All these things are expected and are therefore not problems to solve. Furthermore, imagine how demanding it would be to always consider all the possible uses for all the familiar objects with which you interact. Should I use my hammer or my telephone to pound in that nail? On a daily basis, functional fixedness is a relief, not a curse. That's why you shouldn't even attempt to consider all your options and possibilities. You can't. If you tried to, then you'd never get anything done. So don't knock the box. Ironically, although it limits your thinking, it also makes you smart. It helps you to stay one step ahead of reality.

① Deal with a matter based on your habitual expectations.

② Question what you expect from a familiar object.

③ Replace predetermined routines with fresh ones.

④ Think over all possible outcomes of a given situation.

⑤ Extend all the boundaries that guide your thinking to insight.

이 문제는 고3 밑줄 추론 문제입니다.

역시 밑줄이 포함된 문장을 읽으면서 핵심 단서를 찾아보기 바랍니다. 밑줄 친 문장은 "So don't knock the box(그러므로 상자를 두드리지 말라)."와 같습니다.

여기에서 무엇이 핵심 단서일까요? 그것은 다름 아닌 접속사 'so(그러므로)'입니다. 왜냐하면 접속사 'so(그러므로)'는 그 앞에는 원인이 나오고 그 뒤에는 결과가 등장하는 인과 관계를 나타내는 접속사이기 때문입니다. 따라서 'so' 앞의 원인을 파악하면 결과인 밑줄 부분을 추론할 수 있습니다.

'so' 앞의 문장을 읽어보면 "On a daily basis, functional fixedness is a relief, not a curse. That's why you shouldn't even attempt to consider all your options and possibilities. You can't. If you tried to, then you'd neverget anything done(매일을 살아가는 데 있어서, 기능적 고정성은 저주가 아니라 안도이다. 그렇기 때문에 여러분은 여러분의 모든 선택권과 가능성을 고려하려는 시도조차 해서는 안 된다. 그럴 수도 없다. 여러분이 그렇게 하려고 한다면, 여러분은 결코 그 어떤 일도 끝낼 수 없을 것이다)."과 같습니다.

요컨대 기능적 고정성은 아주 좋은 것이므로 그것을 벗어나는 행동은 하지 말라는 것입니다. 이런 원인을 바탕으로 결과인 밑줄 친 부분을 추론하여 보기 바랍니다.

① Deal with a matter based on your habitual expectations.

　　(습관적인 기대를 바탕으로 하여 문제를 처리하라.)

② Question what you expect from a familiar object.

　　(여러분이 익숙한 물건으로부터 기대하는 것에 대해 의문을 품어라.)

③ Replace predetermined routines with fresh ones.

　　(미리 정해진 일상을 새로운 일상으로 교체하라.)

④ Think over all possible outcomes of a given situation.

　　(주어진 상황의 모든 가능한 결과에 대해 숙고하라.)

⑤ Extend all the boundaries that guide your thinking to insight.

　　(사고를 통찰력으로 이끄는 모든 경계를 확장하라.)

②~⑤는 기능적 고정성에 도전하라는 것으로 ①번만이 정답임을 확인할 수 있습니다.

02 어법(29번) 문제

1 어법 문제의 풀이 전략

어법 문제는 비록 한 문제이지만 3점으로 출제되는 경우가 많으므로 결코 간과할 수 없습니다.

어법 문제를 풀기 위해서는 모든 문장을 다 읽기보다는 이 문제는 무슨 어법을 묻는지를 (출제 의도) 질문하면서 자신만의 노하우를 쌓아간다면 어느 단계에 도달하면 용이하게 정복하게 될 것입니다. 빈출 어법을 미리 파악하여 두고 주요 문법 사항을 숙지한다면 정답을 얻기가 수월하게 될 것입니다. 다만 어법에서 자주 등장하는 함정들에 속지 않도록 조심하여야 합니다.

비교적 긴 지문의 흐름 속에서 어법상 틀린 것을 찾아야 하는데, 이 문제는 가장 쉬운 문제 유형으로도 볼 수 있지만 가장 고난도 문제일 수 있는 양면성이 있습니다. 무엇을 묻는지를 파악하면 단번에 해결할 수 있지만 그것을 모르면 아무리 쳐다봐도 답이 안 나오기 때문입니다.

어법 문제의 풀이 방법을 제안하면 다음과 같습니다.

첫째, 모든 문장을 다 읽기보다는 이 문제는 무슨 어법을 묻는 것인지 출제 의도를 파악하는 것이 중요합니다. 평소에 기출 문제를 풀면서 출제 의도 파악 훈련을 반복하기 바랍니다.

둘째, 출제 의도를 파악하는 훈련을 지속하다 보면 자신만의 실력과 노하우가 축적되면서 어느 단계에 도달하면 쉽게 정복할 수 있습니다.

셋째, 주요 기출문제를 통해 빈출 어법을 정리하여 익숙해져야 합니다.

넷째, 자주 등장하는 함정들도 정리하여 빠지지 않도록 준비하면 좋겠습니다.

주로 출제되는 유형들을 살펴보면 다음의 표와 같습니다(이 표는 2014~2023년 수능영어와 2020~2024년 고3 6월, 9월 모의고사를 토대로 작성된 것입니다).

순위	빈출 어법	출제 횟수
1	분사와 분사구문	15
2	접속사, 관계대명사, 관계부사의 구분	15
3	대명사	14
4	접속사	9
5	주술의 일치	9
6	동명사와 to부정사의 구분	7
7	동사와 준동사의 구분	7
8	형용사와 부사의 구분	7
9	5형식의 목적격보어(to부정사, 원형동사, 분사)	4
10	병렬 구조	4
11	수동태	4
12	대동사	3
13	도치와 시제	2
합계		100

❶ 분사와 분사구문

• 현재분사와 과거분사의 구별 : 현재분사는 능동, 진행의 의미이고 과거분사는 수동, 완료의 의미이므로 그 구별 방법을 알아야 합니다.

🔲 She kept the door (closing, closed).

🔳 문은 스스로 닫는 것이 아니라 누군가에 의해 닫히므로 수동의 의미를 지닌 closed 가 적합합니다.

• 분사구문 : 분사구문이란 '접속사 + 주어 + 동사'를 분사의 형태로 줄인 것으로, 부사절을 분사구문으로 만들고 다시 분사구문을 원래의 부사절로 전환하는 방법을 알아야 합니다.

❷ that(접속사), that(관계대명사), that(관계부사), what의 구별

	선행사	후행절의 완전, 불완전	비고
that(관계대명사)	○	불완전	
that(관계부사)	○	완전	
what(선, 포, 관)	×	불완전	선행사를 포함하는 관계대명사
that(접속사)	×	완전	단, 동격의 의미일 때는 명사가 앞에 위치함.

예 that(접속사), who, where, what을 넣어 문장을 완성하라.

① Let's say (   ) he is rich.

② I don't know the man (   ) is talking with Jane over there.

③ She visited the town (   ) Edison was born.

④ (   ) I want is the truth.

답 ① that ② who ③ where ④ what

❸ 대명사

대명사는 주로 앞에 위치한 명사와 단수, 복수의 일치 여부를 묻는 문제가 많습니다. 기타 부정대명사와 재귀대명사의 용법도 숙지하고 있어야 합니다.

❹ 접속사

등위접속사와 종속접속사를 구분하여 잘 정리하고 차이점을 알고 있어야 하며 접속사와 전치사의 차이점도 잘 이해하고 적용할 수 있어야 합니다.

❺ 주술의 일치

진짜 주어를 찾고 그 주어가 단수인지 복수인지를 판단할 수 있어야 합니다.

예 Two-thirds of the planet (is, are) covered with snow.

답 진짜 주어는 'two-thirds'이지만 단수, 복수는 of 뒤의 the planet이 결정하므로 답은 'is' 입니다.

❻ 동명사와 to부정사의 구별

동명사는 장기성, 과거성이 있고 to부정사는 단기성, 미래성이 있음을 알고 동명사만을 목적어로 취하는 동사들, to부정사만을 목적어로 취하는 동사들과 두 개를 동시에 목적어로 취할 수 있는 동사들을 정리하여 알고 있어야 합니다.

❼ 동사, 준동사의 구분

한 문장에는 하나의 동사만 존재하므로 문장에 동사가 있으면 준동사를 취하고 동사가 없으면 동사를 취하면 됩니다.

> 예 The man (wears, wearing) a blue cap is my daddy.

> 답 문장에 동사 'is'가 존재하므로 'wearing'을 취하면 됩니다.

❽ 형용사, 부사의 구분

형용사는 명사를 수식하며, 보어의 역할을 할 수 있고, 부사는 동사, 형용사, 부사, 문장 전체를 수식하며 보어의 역할을 할 수 없다는 것을 알고, 명사를 수식하는 자리에는 형용사, 기타에는 부사를 고르면 됩니다.

> 예 I found the movie (interesting, interestingly).

> 답 영화의 내용이 재미있다는 뜻으로, 명사를 수식하고 보어의 역할을 하는 'interesting'이 적합합니다.

❾ 5형식 동사

네 가지의 문장 패턴을 숙지하고 있어야 합니다.

ⅰ) 사역동사(make, have, let)

　　주어 + 사역동사 + 목적어 + 동사원형

ⅱ) 준사역동사(help)

　　주어 + 준사역동사 + 목적어 + to부정사, 동사원형

ⅲ) 지각동사(see, hear, feel…)

　　주어 + 지각동사 +목적어 + 동사원형, ~ing

ⅳ) 기타 동사(want, allow, get…)

　　주어 + 기타 동사 + 목적어 + to부정사

* 단, 목적어가 수동의 의미일 때는 과거분사가 보어의 자리에 옵니다.

예 1) I heard him (call, calling, called) my name.

답 heard는 지각동사이고 능동의 의미이므로 call, calling이 적합합니다.

예 2) I heard my name (call, calling, called) by him.

답 heard는 지각동사이고 수동의 의미이므로 called가 적합합니다.

⑩ 병렬 구조

등위접속사(and, but, or)와 등위상관접속사(both A and B, not only A but also B, either A or B, neither A nor B 등)에서는 이어지는 말들의 문법적 구조가 동일해야 한다는 점을 이해하고 적용할 수 있어야 합니다.

예 He is chatty but (kind, kindly).

답 이 문장에서는 접속사 'but'를 기준으로 같은 형용사 형태인 'kind'가 대등한 문법 구조로 병렬을 이루게 됩니다.

⑪ 수동태

능동태를 수동태로, 수동태를 능동태로 전환하는 훈련을 충분히 하여야 하며, 특히 사역동사나 지각동사의 수동태와 주절과 종속절의 시제가 다른 경우의 수동태에 주의해야 합니다.

⑫ 대동사

be동사나 조동사가 있으면 be, 조동사가 대동사가 되고 일반동사의 경우 do, does, did가 대동사가 된다는 점을 알고 적용할 수 있어야 합니다.

⑬ 도치와 시제

부정어구와 only가 문두에 오는 경우, 장소, 방향, 위치의 부사가 문두에 오는 도치 등을 숙지하고 있어야 하며, 보어의 도치 등도 익혀두어야 합니다. 또한 12시제에 대해서도 충분히 숙지할 필요가 있습니다.

예 She never smiles. → Never does she smile.

A taxi comes here. → Here comes a taxi. (단, 대명사는 예외! – Here it comes.)

29. 다음 글의 밑줄 친 부분 중, 어법상 틀린 것은? [3점]

The human brain, it turns out, has shrunk in mass by about 10 percent since it ① peaked in size 15,000-30,000 years ago. One possible reason is that many thousands of years ago humans lived in a world of dangerous predators ② where they had to have their wits about them at all times to avoid being killed. Today, we have effectively domesticated ourselves and many of the tasks of survival — from avoiding immediate death to building shelters to obtaining food — ③ has been outsourced to the wider society. We are smaller than our ancestors too, and it is a characteristic of domestic animals ④ that they are generally smaller than their wild cousins. None of this may mean we are dumber — brain size is not necessarily an indicator of human intelligence — but it may mean that our brains today are wired up differently, and perhaps more efficiently, than ⑤ those of our ancestors.

이 문제는 고1 어법 문제로, 틀린 어법을 묻고 있습니다. 각각 무엇을 묻는지 출제 의도를 파악하면서 문제를 풀어보기 바랍니다.

① peaked는 무엇을 묻는 것일까요? 이것은 시제를 묻는 문제로, 앞에 "The human brain has shrunk."라는 현재완료와 'since' 뒤에 등장하는 "it ① peaked"의 과거 시제가 적절한 시제인지를 묻고 있습니다. 'since 과거, 현재완료'는 전형적인 현재완료의 계속 용법으로 적절합니다.

② where는 무슨 어법을 묻고 있을까요? 앞에 선행사인 'a world(of dangerous predators)'가 있고, 뒤에 등장하는 절(they had to have their wits about them at all times to avoid being killed.)에 주어, 목적어 등에 하자가 없는 완전한 문장이므로 where는 관계부사로서 적절합니다.

③ has의 출제 의도는 무엇일까요? 이것은 바로 주술의 일치를 묻는 것으로, 'has'의 정확한 주어를 찾아 그에 맞는 동사를 선택하는 능력을 묻고 있습니다. 주어는 다름 아닌 "many of the tasks of survival"이며, 굳이 한 단어로 찾는다면 'many'입니다. 따라서 'has'는 부적절하고, 'have'로 대체되어야 합니다.

사실 이렇게 정답이 확인되면 더 이상 살펴보지 않아도 좋지만 여기서는 어법 유형의 출제 유형을 살펴보기 위해 계속 검토하기로 하겠습니다.

④ that에서 확인할 어법은 무엇일까요? 이 that은 뒤의 "they are generally smaller than their wild cousins."라는 명사절을 이끄는 접속사이고, 주어의 역할을 하고 있습니다. 앞에 있는 'it'은 가주어로서 이 명사절을 대신하여 주어의 자리에 있고 적절합니다.

⑤ those는 앞에 있는 'brains'를 가리키는 지시대명사로서, 특히 지시하는 말이 단수인지 복수인지 확인하여야 합니다. 'brains'가 복수로 'those'는 적절함을 알 수 있습니다.

따라서 어법상 틀린 것은 ③번임을 확신할 수 있습니다.

29. 다음 글의 밑줄 친 부분 중, 어법상 틀린 것은? [3점]

Even though institutions like the World Bank use wealth ① <u>to differentiate</u> between "developed" and "developing" countries, they also agree that development is more than economic growth. "Development" can also include the social and environmental changes that are caused by or accompany economic growth, some of ② <u>which</u> are positive and thus may be negative. Awareness has grown — and continues to grow — that the question of how economic growth is affecting people and the planet ③ <u>needs</u> to be addressed. Countries are slowly learning that it is cheaper and causes ④ <u>much</u> less suffering to try to reduce the harmful effects of an economic activity or project at the beginning, when it is planned, than after the damage appears. To do this is not easy and is always imperfect. But an awareness of the need for such an effort indicates a greater understanding and moral concern than ⑤ <u>was</u> the previous widespread attitude that focused only on creating new products and services.

이 문제는 고2 어법 문제이며, 역시 각각 무슨 어법을 묻는지 확인하고 적절성 여부를 점검해나가도록 하겠습니다.

① to differentiate는 무엇을 묻고 있을까요? 앞의 문장이 완전한 3형식 구조이므로(Even though institutions like the World Bank use wealth) 'to differentiate'는 to부정사의 부사용법으로 목적의 뜻이 있으며 적절합니다.

② which의 출제 의도는 무엇일까요? 콤마(,) 앞뒤로 문장(절)이 나오는데, 접속사가 없고 앞에 나오는 'changes(선행사)'를 대신하는 대명사로서 뒤 문장의 주어 역할을 해야 하므로 접속사와 대명사의 역할을 하는 관계대명사 'which'는 적절합니다.

③ needs는 주술의 일치를 묻고 있습니다. 주어를 찾아보면 "the question"으로서 3인칭 단수형이며, 현재의 시제이므로 'needs'는 적절합니다.

④ much는 뒤에 등장하는 비교급을 강조하여 수식하는 부사로서 적합합니다.

⑤ was는 무슨 어법을 묻고 있을까요? 이것은 대(代)동사를 묻는 것으로, be동사나 조동사는 'be'동사, 조동사를 대동사로 사용하지만 일반동사의 경우는 'do, does, did' 중에 인칭과 시제에 맞는 것을 사용해야 합니다. 앞에 일반동사 'indicates'를 대신 받는데, 문맥상 과거의 일이므로 대동사 'did'가 적합합니다.

따라서 정답은 ⑤번임을 알 수 있습니다.

29. 다음 글의 밑줄 친 부분 중, 어법상 틀린 것은?

When children are young, much of the work is demonstrating to them that they ① <u>do</u> have control. One wise friend of ours who was a parent educator for twenty years ② <u>advises</u> giving calendars to preschoolage children and writing down all the important events in their life, in part because it helps children understand the passage of time better, and how their days will unfold. We can't overstate the importance of the calendar tool in helping kids feel in control of their day. Have them ③ <u>cross</u> off days of the week as you come to them. Spend time going over the schedule for the day, giving them choice in that schedule wherever ④ <u>possible</u>. This communication expresses respect — they see that they are not just a tagalong to your day and your plans, and they understand what is going to happen, when, and why. As they get older, children will then start to write in important things for themselves, ⑤ <u>it</u> further helps them develop their sense of control.

이 문제는 2020학년도 3월 전국연합 고3 영어 29번 문제로 틀린 어법을 묻고 있습니다.

우선 ① do는 무엇을 묻는 문제일까요? 이것은 강조의 'do'로서 주어인 'they'와 주술의 일치에도 문제가 없어 어법에 맞습니다.

② advises는 무엇을 묻는 문제일까요? 이것은 주술의 일치를 묻는 문제로, 주어인 "One wise friend of ours"가 3인칭 단수임에 비추어볼 때 동사인 'advises'는 적절합니다.

③ cross는 사역동사인 'have'의 목적격 보어로서 동사원형인 'cross'를 사용하는 것은 적절합니다. 단, 목적어와의 관계가 수동이라면 과거분사형인 'crossed'를 취하여야 함에 조심해야 합니다. 여기서 목적어인 'them'은 'kids'에 해당하므로 능동형인 동사원형을 취함이 타당합니다.

④ possible은 'wherever'라는 양보, 조건의 접속사가 이끄는 부사절에서 주어와 동사인 'it is'가 동시에 생략된 상태이고, 'possible'이 형용사로서 보어의 역할을 할 수 있는지 묻고 있음에 비추어 적절함을 알 수 있습니다.

⑤ it는 앞에 있는 문장(As they get older, children will then start to write in important things for themselves,)을 대신하는 대명사임과 동시에 뒤에 위치하는 문장의 주어로서 접속사의 역할도 수행해야만 하는데, 대명사 'it'에는 접속 기능이 없으므로 'it'는 부적절하고 접속사의 역할도 동시에 수행할 수 있는 관계대명사 'which'로 대체되어야 합니다. 따라서 ⑤번이 정답임을 알 수 있습니다.

29. 다음 글의 밑줄 친 부분 중, 어법상 틀린 것은? [3점]

An interesting aspect of human psychology is that we tend to like things more and find them more ① appealing if everything about those things is not obvious the first time we experience them. This is certainly true in music. For example, we might hear a song on the radio for the first time that catches our interest and ② decide we like it. Then the next time we hear it, we hear a lyric we didn't catch the first time, or we might notice ③ what the piano or drums are doing in the background. A special harmony ④ emerges that we missed before. We hear more and more and understand more and more with each listening. Sometimes, the longer ⑤ that takes for a work of art to reveal all of its subtleties to us, the more fond of that thing — whether it's music, art, dance, or architecture — we become.

* subtleties: 중요한 세부 요소[사항]들

이 문제는 틀린 어법을 묻는 고3 문제입니다. 각각 무엇을 묻는지 확인하면서 틀린 것이 있는지 확인해보기 바랍니다.

① appealing은 무엇을 묻는 것일까요? 이 문제는 5형식 동사인 'find'의 목적어 'them' 뒤에 쓰인 'appealing'은 목적격 보어로 적합한가를 묻고 있습니다. 'appealing'은 현재분사로 형용사의 역할을 하므로 보어로서 적합합니다. 여기서 them은 앞에 있는 things를 가리키며 능동의 의미가 있어서 현재분사형이 타당합니다.

② decide는 앞에 있는 대등접속사 'and'에 비추어 병렬 구조를 묻고 있습니다. 앞에 'might hear'와 'catches'가 나오기 때문에 쉽게 단정할 수 없고, 해석해보아야 합니다. 해석해보면 "예를 들어 우리는 라디오에서 우리의 관심을 끄는 음악을 처음 듣고 그 노래가 마음에 든다고 결정할 수 있다."가 자연스럽기 때문에 'hear'와 대등하고 동사원형인 'decide'는 적절합니다.

③ what은 선행사를 포함하는 관계대명사, 또는 간접의문문을 이끄는 접속사인 의문대명사입니다. 이런 경우 무엇이든 상관없이 앞에 선행사가 없고 뒤에 불완전한 문장이 등장하기 마련인데, 'notice'와 'what' 사이에 선행사(명사, 대명사)가 없고 뒤에 "are doing"의 목적어가 없어 불완전하므로 'what'은 적절합니다.

④ emerges는 주술의 일치를 묻고 있는데, 이 문장의 주어인 "A special harmony"가 3인칭 단수이므로 'emerges'는 적합합니다.

⑤ that은 무엇을 묻고 있을까요? 뒤에 "takes for a work of art to reveal~"의 구조를 보면 'that'의 자리는 비인칭 주어, 또는 가주어의 역할을 하는 'it'이 적합합니다. 따라서 어법상 틀린 것은 ⑤번임을 알 수 있습니다.

어휘 적절성(30번), 흐름 무관 문장 찾기(35번)

1 풀이 전략

　이 두 문제는 사실상 모든 문장을 다 읽어야만 하는 유형으로, 시간을 줄이는 것이 거의 불가능합니다. 그러나 문제의 난이도가 아주 높은 것은 아니므로 반드시 해결해야 하며 시간을 많이 확보하는 것이 선결 조건입니다. 우선 서론 부분을 정독하여 글 전체의 주제를 파악하고, 나머지 문장들을 글의 흐름에 유의하면서 읽어나가되, 글의 주제에서 벗어난 부적절한 단어나 문장을 찾아내야 합니다. 다만, 너무 정답이라고 속단하지 말고 나머지 문장들도 읽으면서 그 단어나 문장이 부적절한 것인지 확인하길 바랍니다.

2 풀이 사례(생략)

　이 유형들은 모든 문장을 읽어나가야 하므로 사례는 생략합니다. 수험생들이 평소 어휘력과 문장력을 배양하고 글의 구조와 흐름에 대한 감각을 키운다면 어렵지 않게 해결할 수 있을 것입니다.

문장 요약(40번)

1 문장 요약의 풀이 전략

수능영어(모의고사) 40번 문제는 10개 정도의 문장으로 구성된 긴 장문을 제시하고 그 글을 요약하여 두 개의 빈칸을 추론하여 요약문을 완성할 것을 요구하는 추론문 유형의 문제입니다. 일반적인 풀이법과 대조하면서 풀이법을 제안하겠습니다.

❶ 일반적인 풀이 방법

많은 학생은 주어진 장문을 읽고 그것을 바탕으로 요약문을 완성하려 합니다. 물론 충분한 시간이 주어진다면 이렇게 하는 것이 당연하지만 수능영어는 시간이 극히 제약되어 있어 문제당 평균 90~100초 정도에 해결해야만 합니다. 이 시간 안에 10개의 모든 문장을 읽고 해석하고 요약문까지 작성하는 것은 어려운 일입니다. 또한 요약문은 주어진 장문을 압축적으로 표현하고 있어 단순 해석으로는 쉽게 해결할 수 없고 장문을 깊이 이해해야만 합니다. 그러므로 수험생은 시간 압박과 추론의 어려움 속에서 당황할 수밖에 없습니다.

❷ 새로운 풀이법

• 먼저 요약문을 읽고 빈칸을 완성해봅니다 : 먼저 요약문을 읽고 그 요약문 자체에서 빈칸의 단서가 될 것을 찾아서 우선 빈칸을 완성해봅니다. 요약문은 그 자체로 완전한 문장의 구조를 가진 논리 정연한 문장이므로 접속사, 대명사 등과 함축된 내용을 살펴보면 요약문만으로도 정답을 도출할 수 있습니다.

• 완성된 요약문과 장문과의 일치 여부를 확인합니다 : 위에 작성된 요약문에 대해 100%의 확신이 있을 수도 있지만 대개의 경우에는 본문과 대조를 해서 확신을 얻을 수 있습니다. 주어진 장문의 경우 대개 작가의 주의, 주장이 담긴 논술문인 경우가 대부분이므로 결론 부분을 읽으면서 요약문과 일치 여부를 확인할 수 있습니다. 만약 결론 부분으로 확신을 얻기 힘들면 추가적으로 서론 부분을 읽고 일치 여부를 확인하면 됩니다. 결론에 주장이 없으면 서론 부분에서 자신의 주장을 밝히는 두괄식인 경우가 대부분이기 때

문입니다. 만약 본문과 요약문이 불일치한 경우에는 요약문을 주어진 본문을 기준으로 조정하면 될 것입니다.

이렇게 해결할 경우 신속, 정확하게 정답을 도출할 수 있습니다. 즉 풀이 시간이 많이 줄고 단서를 통한 논리적인 추론 과정을 거쳤고 핵심 문장을 통한 검증 과정까지 거쳤으므로 정답의 확률이 더 높으며 확신을 가질 수 있습니다.

레사 1 2020학년도 3월 전국연합 고1 40번   해석문 본문 218쪽

40. 다음 글의 내용을 한 문장으로 요약하고자 한다. 빈칸 (A), (B)에 들어갈 말로 가장 적절한 것은?

While there are many evolutionary or cultural reasons for cooperation, the eyes are one of the most important means of cooperation, and eye contact may be the most powerful human force we lose in traffic. It is, arguably, the reason why humans, normally a quite cooperative species, can become so noncooperative on the road. Most of the time we are moving too fast — we begin to lose the ability to keep eye contact around 20 miles per hour — or it is not safe to look. Maybe our view is blocked. Often other drivers are wearing sunglasses, or their car may have tinted windows. (And do you really want to make eye contact with those drivers?) Sometimes we make eye contact through the rearview mirror, but it feels weak, not quite believable at first, as it is not "face-to-face."

* tinted: 색이 옅게 들어간

While driving, people become (A) , because they make (B) eye contact.

	(A)	(B)		(A)	(B)
①	uncooperative	little	②	careful	direct
③	confident	regular	④	uncooperative	direct
⑤	careful	little			

1 explanation

이 문제는 고1 문장 요약 문제입니다.

우선 요약문을 먼저 읽어보면 "While driving, people become (A) , because they make (B) eye contact[운전하는 동안, 사람들은 (A)가 되는데, 왜냐하면 그들이 시선 마주치기를 (B) 때문이다]."와 같습니다.

과연 이 요약문 자체만으로 빈칸 (A), (B)를 추론할 수 있을까요? 그렇다면 그렇게 할 수 있는 단서는 과연 무엇일까요?

이 요약문을 살펴보면 우선 첫 문장(While driving)을 통해 이 글의 상황은 사람들이 운전하는 중에 생기는 것임을 알 수 있습니다. 그리고 중간에 'because(왜냐하면)'라는 접속사를 통해 접속사 뒤가 원인이고 그 앞에 결과가 나온다는 사실도 알 수 있습니다.

따라서 이 문제는 원인인 'because' 뒤에 있는 (B)부터 추론하여 결과인 (A)를 추론하는 것이 합리적일 것입니다.

만약 사람들이 운전 중이라면 눈을 마주치는 것을 어떻게 할까? 세 개의 선택 중, 즉 'little', 'direct', 'regular' 중에 무엇이 적합한가 추론해보기 바랍니다. 아마 운전 중에 다른 사람과 눈을 마주친다면 교통사고의 가능성이 클 것이므로 거의 할 수 없을 것입니다. 따라서 (B)에 적합한 단어는 'little(거의 할 수 없는)'임이 명백합니다.

이제 눈을 거의 마주칠 수 없다는 것이 원인에 근거하여 'because' 앞에 있는 (A)를 추론하여 보세요. 만약 사람들이 눈을 마주칠 수 없다면 사람들은 세 개의 선택지, 즉 'uncooperative(비협조적)', 'careful(주의 깊은)', 'confident(자신감 있는)' 중에 어떤 상태가 되겠습니까? 아마도 사람들과 눈을 마주치지 않는다면 상호관계가 줄어들면서 'uncooperative(비협조적)'인 상태가 될 것이라는 추론이 타당할 것입니다. 따라서 (A)에 적합한 단어는 'uncooperative(비협조적)'임을 확신할 수 있습니다. 그러나 careful(주의 깊은)도 완전히 배제할 수는 없습니다.

이런 과정을 통해서 답이 ① uncooperative …… little이라고 할 수 있지만, 만약 이것이 좀 부족하다면 위에 있는 본문을 통해 답의 적절성을 확인하면 됩니다.

마지막 문장을 해석해보면 다음과 같습니다.

Sometimes we make eye contact through the rearview mirror, but it feels weak, not quite believable at first, as it is not "face-to-face."

(때로는 우리는 백미러를 통해 시선을 마주치지만, '얼굴을 마주하고 있는 것'이 아니기 때문에 약하게, 처음에는 전혀 믿을 수 없게 느껴진다.)

앞부분은 운전 중에는 백미러를 통해 시선을 마주칠 뿐 거의 얼굴을 마주 볼 수 없다고 했고, 그 결과 신뢰감이 떨어진다고 했으므로 우리가 추론한 내용과 부합을 확인하고 정답에 대한 확신을 가질 수 있습니다.

40. 다음 글의 내용을 한 문장으로 요약하고자 한다. 빈칸 (A), (B)에 들어갈 말로 가장 적절한 것은?

When a child experiences painful, disappointing, or scary moments, it can be overwhelming, with intense emotions and bodily sensations flooding the right brain. When this happens, we as parents can help bring the left hemisphere into the picture so that the child can begin to understand what's happening. One of the best ways to promote this type of integration is to help retell the story of the frightening or painful experience. Bella, for instance, was nine years old when the toilet overflowed when she flushed, and the experience of watching the water rise and pour onto the floor left her unwilling to flush the toilet afterward. When Bella's father, Doug, learned about the "name it to tame it" technique, he sat down with his daughter and retold the story of the time the toilet overflowed. He allowed her to tell as much of the story as she could and helped to fill in the details. After retelling the story several times, Bella's fears lessened and eventually went away.

We may enable a child to (A) their painful, frightening experience by having them (B) as much of the painful story as possible.

	(A)		(B)		(A)		(B)
①	recall	……	adapt	②	recall	……	repeat
③	overcome	……	erase	④	overcome	……	repeat
⑤	prevent	……	erase				

이 문제는 고2 문장 요약 문제인데, 역시 요약문을 먼저 읽고 해석하면서 단서를 통해 답을 추론해보기 바랍니다.

We may enable a child to __(A)__ their painful, frightening experience by having them __(B)__ as much of the painful story as possible.

(우리는 아이로 하여금 가능한 많은 고통스러운 이야기를 (B) 하게 함으로써 그들의 고통스럽고 무서운 경험을 (A) 하게 할 수도 있다.)

이 글의 구조를 보면 'by' 이하의 수단을 통하여 아이가 어떤 것을 가능하게 한다는 이야기입니다. 여기서는 먼저 (A)를 추론해보겠습니다. (A)를 추론할 수 있는 단서는 바로 뒤에 등장하는 목적어인 "their painful, frightening experience(그들의 고통스럽고 무서운 경험을)"에 있습니다. 아이들이 이러한 부정적 경험들을 어떻게 할 수 있도록 하는 것이 타당할까 생각하면서 빈칸 (A)의 세 선택지 'recall(회상하다)', 'overcome(극복하다)', 'prevent(예방하다)' 중 가장 적합한 것을 추론해보기 바랍니다. 아마도 의문의 여지 없이 'overcome(극복하다)'이 선택될 것입니다. 다른 것들은 타당성이 부족하기 때문입니다.

그럼 이제 아이들이 부정적인 경험을 어떻게 도울지에 대한 추론을 통해 빈칸 (B)에 적절한 것을 찾아보겠습니다.

(A)가 'overcome(극복하다)'이 확실하다면 (B)는 'erase(삭제하다)'와 'repeat(반복하다)' 둘 중 하나가 될 것입니다. 아이들에게 고통스러운 이야기를 삭제하게 하는 것과 반복하게 하는 것 중 어떤 것이 합리적인 추론일까요? 여기서는 아마 둘 다 가능하겠지만 반복한다는 것은 가혹하게 느껴지고, 삭제시키는 것은 어려워 보이기에 선택이 쉽지 않습니다. 이런 경우에는 본문에서 단서를 찾으면 됩니다.

본문 마지막 문장을 보면 "After retelling the story several times, Bella's fears lessened and eventually went away(그 이야기를 여러 번 되풀이한 후 Bella의 두려움은 줄었고 결국 사라졌다)."와 같습니다. 따라서 (B)는 'repeat(반복하다)'가 적합함을 알 수 있고, 정답이 ④번임을 확신할 수 있습니다.

40. 다음 글의 내용을 한 문장으로 요약하고자 한다. 빈칸 (A), (B)에 들어갈 말로 가장 적절한 것은?

In 2010 scientists conducted a rat experiment. They locked a rat in a tiny cage, placed the cage within a much larger cell and allowed another rat to roam freely through that cell. The caged rat gave out distress signals, which caused the free rat also to exhibit signs of anxiety and stress. In most cases, the free rat proceeded to help her trapped companion, and after several attempts usually succeeded in opening the cage and liberating the prisoner. The researchers then repeated the experiment, this time placing chocolate in the cell. The free rat now had to choose between either liberating the prisoner, or enjoying the chocolate all by herself. Many rats preferred to first free their companion and share the chocolate (though a few behaved more selfishly, proving perhaps that some rats are meaner than others).

In a series of experiments, when the free rats witnessed their fellow in a state of (A) in a cage, they tended to rescue their companion, even (B) eating chocolate.

	(A)	(B)		(A)	(B)
①	anguish	delaying	②	anguish	prioritizing
③	excitement	prioritizing	④	boredom	rejecting
⑤	boredom	delaying			

이 문제는 고3 문장 요약 문제로, 우선 요약문을 먼저 해석하면서 최대한 단서를 찾아서 빈칸을 추론해보기 바랍니다. 사실 이 문제 역시 요약문만으로도 이미 정답이 함축되어 있음을 발견할 수 있을 것입니다.

In a series of experiments, when the free rats witnessed their fellow in a state of (A) in a cage, they tended to rescue their companion, even (B) eating chocolate.

(일련의 실험에서 자유로운 상태의 쥐들이 우리에 갇힌 그들의 동료들이 (A)의 상태에 있는 것을 보았을 때, 그들은 심지어 초콜릿을 먹는 것을 (B) 하면서 자신의 동료들을 구해주려는 경향이 있었다.)

우선 (A)에 들어갈 단어를 추론해보세요. 동료 쥐들이 우리에 갇혀 있으며 구조받아야 하는 상황임을 알 수 있는데, 이 동료 쥐들의 상태는 'anguish(고통)', 'excitement(흥분, 신남)', 'boredom(지루함)' 중에서 어떤 상태일지 선택해보기 바랍니다. 아마 이견의 여지 없이 (A)에 들어갈 단어는 'anguish(고통)'임이 분명합니다.

그럼 이제 (B)에 들어갈 단어를 'delaying(미루기)', 'prioritizing(우선시하기)' 중에 선택하기만 하면 됩니다. 그런데 'even(심지어)'이라는 부사를 사용하여 아주 정도가 심하다는 표현을 하고 있는데, 이는 이 뒤의 내용이 아주 이례적인 사건임을 암시하고 있습니다. 쥐들이 초콜릿을 먹는 것을 미루고 동료를 구하는 것이 이례적인가, 초콜릿을 우선 먹고 구하는 것이 이례적인가를 생각한다면 쥐들이 초콜릿 먹는 것조차 연기하는 것이 아주 심한 정도의 이례적 상황임을 알 수 있습니다. 따라서 (B)에는 'delaying(미루기)'이 합리적인 추론입니다.

이 요약문만으로도 정답을 ① anguish^(A) …… delaying^(B)으로 확신할 수 있습니다.

문장 맨 하단에 등장하는 "Many rats preferred to first free their companion and share the chocolate (많은 쥐가 먼저 동료를 풀어주고 나서, 초콜릿을 나눠 먹는 것을 선택했다)."이라는 문장을 추가로 읽고 정답을 재확인할 수 있습니다.

05 장문 독해

1 장문 독해 풀이 전략

장문 독해는 15~20개 내외의 주어진 장문을 읽고 글의 제목과 낱말 적정성을 묻는 41~42번 두 문제와 문단 순서, 다른 지칭 찾기, 내용 불일치를 찾는 43~45번 세 문제로 구성됩니다.

우선 문제의 난이도가 중급 정도로 비교적 높지 않으므로 논술문, 설명문과 기타의 유형이 끝나고 나면 추론 문제(31~40번)보다 먼저 풀기를 권장합니다. 왜냐하면 추론 문제를 먼저 풀려고 하다 보면 비교적 쉬운 다섯 문제(약 10점)를 아쉽게 풀어보지도 못할 수 있기 때문입니다.

먼저 41~42번 두 문제는 41번이 제목 찾기, 42번이 부적절한 낱말 찾기로 구성되었는데, 42번 문제를 먼저 푸는 것을 권장합니다. 왜냐하면 42번 문제를 풀면서 얻는 정보를 바탕으로 제목은 자연스럽게 도출되기 때문입니다. 이 유형도 역시 30번(낱말 부적절)과 35번(흐름 무관 문장)처럼 거의 모든 문장을 읽고 해석해나가야 하기 때문에 사례는 한 가지만 소개하기로 합니다.

43~45번 장문 독해는 수능영어 문제 중에 지문의 길이가 가장 길고 설명문 형식의 문제(45번)와 추론문 형식(43번, 44번)의 문제가 결합된 복합형 문제입니다. 난이도는 추론문 형식의 문제들(30번대 문제들)보다는 비교적 쉬우며, 세 문제 전체를 해결하려면 많은 시간이 필요하지만 개별 문제 풀이는 비교적 추론문보다 짧은 시간이 소요됩니다.

우선 45번 답지를 읽습니다. 왜냐하면 이 지문들은 우리말로 쓰여 있고 글 전체를 단기간에 파악하는 데 유익하며 경우에 따라서는 문장들을 상호 체크하면 정답을 유추해볼 수 있기 때문입니다. 그리고 43번과 44번을 푸는 과정에서 45번의 답을 부수적으로 얻을 수 있기 때문에 반드시 먼저 읽기를 권장합니다.

먼저 43번 문단 순서 문제를 푸는 것이 순서입니다. 36번, 37번 문제 해법에 준하여 풀면 됩니다.

ⓐ 우선 주어진 글 A를 모두 읽되, 문장 맨 끝을 더 주의하여 읽고 글 뒤에 이어질 내용

을 추론해봅니다.

ⓑ 이때 44번 문제에 등장하는 지칭은 반드시 확인하고 기록합니다. 이것을 하지 않으면 나중에 중복해서 읽어야 하기 때문에 시간적으로 많은 손해를 보기 때문입니다.

ⓒ 글 B, C, D의 앞부분을 읽고 글 A와 가장 잘 연결되는 것을 찾습니다. 접속사, 대명사, 부사 및 글의 흐름의 변화 등에 특히 유의하여 적합한 문단을 찾고 그 찾은 문단을 읽되, 특히 끝부분을 다시 주의하여 읽고 글 뒤에 이어질 내용을 추론합니다. 그리고 이미 읽은 두 문단 중의 첫 부분과 잘 이어지는 것을 찾으면 됩니다. 시간의 여유가 있다면 다시 찾은 문장의 끝부분과 마지막 문단의 연결성을 확인한다면 확신을 얻을 것입니다. 이때 문장을 읽는 중에 등장하는 지칭은 반드시 확인하고 기록해야 합니다.

③ 이제 43번을 푸는 중에 도출된 지칭 정보를 바탕으로 44번을 해결합니다. 이미 파악된 지칭만으로 답을 얻기도 하지만 부족하다면 추가적으로 지칭을 확인하고 해결합니다.

④ 마지막으로 45번을 해결해야 하는데, 운이 좋으면 43번과 44번을 읽으면서 부수적으로 답을 얻을 수 있습니다. 만약 그렇지 않다면 설명문의 해결 방법처럼 주어지는 본문의 배치와 답의 배치 순서가 일치함에 착안하여 5번부터 읽으면서 본문의 내용과 차분히 대조해나가면 됩니다.

2022학년도 수능 41~42번

해석문 본문 220쪽

[41~42] 다음 글을 읽고, 물음에 답하시오.

Classifying things together into groups is something we do all the time, and it isn't hard to see why. Imagine trying to shop in a supermarket where the food was arranged in random order on the shelves : tomato soup next to the white bread in one aisle, chicken soup in the back next to the 60-watt light bulbs, one brand of cream cheese in front and another in aisle 8 near the cookies. The task of finding what you want would be (a) time-consuming and extremely difficult, if not impossible.

In the case of a supermarket, someone had to (b) design the system of classification. But there is also a ready-made system of classification embodied in our language. The word "dog," for example, groups together a certain class of animals and distinguishes them from other animals. Such a grouping may seem too (c) abstract to be called a classification, but this is only because you have already mastered the word. As a child learning to speak, you had to work hard to (d) learn the system of classification your parents were trying to teach you. Before you got the hang of it, you probably made mistakes, like calling the cat a dog. If you hadn't learned to speak, the whole world would seem like the (e) unorganized supermarket; you would be in the position of an infant, for whom every object is new and unfamiliar. In learning the principles of classification, therefore, we'll be learning about the structure that lies at the core of our language.

41. 윗글의 제목으로 가장 적절한 것은?

① Similarities of Strategies in Sales and Language Learning

② Classification : An Inherent Characteristic of Language

③ Exploring Linguistic Issues Through Categorization

④ Is a Ready-Made Classification System Truly Better?

⑤ Dilemmas of Using Classification in Language Education

42. 밑줄 친 (a)~(e) 중에서 문맥상 낱말의 쓰임이 적절하지 않은 것은?

① (a)　　　② (b)　　　③ (c)　　　④ (d)　　　⑤ (e)

이 문제는 우선 먼저 전체 글의 구조를 살펴보는 것이 중요합니다.

이 글은 크게 두 단락으로 구성되어 있음을 알 수 있습니다. 왜냐하면 "In the case of a supermarket" 부분에서 들여쓰기가 되어 있는데, 이것은 단락이 바뀐다는 표시입니다. 즉, 글의 내용에 큰 전환이 있음을 유의하고 이 글 전체의 첫 번째 문장과 두 번째 단락의 첫 문장은 글의 전체 흐름을 파악하는 데 상당히 중요하므로 심도 있게 정독해야만 할 것입니다.

그럼 우선 글의 맨 처음 문장을 해석해보기 바랍니다. 이는 글의 전체 흐름의 시작이므로 반드시 정독하고 전체적인 글의 맥락을 추정하여야 합니다. 첫 문장을 해석해보면 "Classifying things together into groups is something we do all the time, and it isn't hard to see why(물건들을 묶어 그룹별로 분류하는 것은 우리가 항상 하는 일이며 그 이유를 이해하는 것은 어렵지 않다)."인데, 사실 이 문장만으로도 이 글이 전체의 핵심으로 보고 글의 제목을 추론하고 41번의 정답을 추출하는 것도 가능할 것입니다. 한번 답을 추정해보기 바랍니다.(또는 결론 부분의 문장으로 정답을 추출할 수 있으니 시도해 보시기 바랍니다.)

다만, 여기서는 42번 문제의 답을 먼저 찾고 제목을 결정하는 것으로 하겠습니다. 이 첫 번째 문장을 통해서 이 글은 사물을 분류하여 그룹핑하는 이유에 대해서 기술할 것임을 짐작할 수 있습니다.

이렇게 글의 전체 흐름을 파악하고 모든 문장을 읽고 해석해나가면서 문제의 답을 얻는 것은 많은 시간이 소요되므로 여기서는 중간의 내용은 전체의 글의 흐름 속에서 추론하면서 42번의 (a)~(e)까지의 낱말이 속한 문장들만을 읽고 답을 찾아 나가보겠습니다. 그 문장들만으로는 낱말의 적절성을 판단하기 어렵다면 단서를 바탕으로 앞뒤의 문장을 추가로 읽으면 될 것입니다.

우선 (a) time-consuming가 속한 "The task of finding what you want would be (a) time-consuming and extremely difficult, if not impossible."을 해석하면 "당신이 원하는 것을 발견하는 것은 불가능진 않을지라도 시간이 오래 걸리고 아주 어려운 일이 될 것이다."입니다. 맨 첫 문장에서 물건들을 분류할 이유에 대한 기술을 통해 이 문장은 분류가 안 될 때의 어려움을 기술한 것으로 추측할 수 있습니다. 따라서 물건 찾기가 아주 어렵고 시간이 걸린다(time-consuming)는 (a)는 적절합니다.

다음으로 (b) design가 속한 문장을 읽되, 'But' 뒤의 문장도 함께 읽어보겠습니다. 왜냐하면 일단 문단의 전환이 이루어지는 핵심 문장이며, 뒤에 이어지는 접속사 'but' 뒤의 문장은 앞의 문장보다 더 중요한 핵심 문장일 수 있기 때문입니다. 문장을 해석해보면 "In the case of a supermarket, someone had to (b) design the system of classification. But there is also a ready-made system of classification embodied in our language(슈퍼마켓의 경우에는 누군가 분류의 체계를 설계해야만 했다. 그러나 우리의 언어에 구현된 이미 만들어진 분류 체계도 또한 존재한다)."입니다. 이 두 문장을 통하여 슈퍼마켓에 분류 체계가 있듯이 언어에도 분류 시스템이 존재함을 설명하면서 문단의 전환을 이루는 점에 비추어 (b) design은 적절한 단어입니다.

이제 (c) abstract가 포함된 문장으로 이동하여 살펴보겠습니다. 이 문장의 경우 문장 앞에 "Such a grouping(그러한 분류)"이라는 말로 시작하고 있어서 앞의 문장을 필수적으로 살펴보아야 합니다. 왜냐하면 주어진 'Such a grouping(그러한 분류)'을 이해하지 못한다면 뒤에 등장하는 (c) 단어의 적절성을 판단하기 어렵기 때문입니다. 그래서 두 문장을 해석해 보면 "The word 'dog', for example, groups together a certain class of animals and distinguishes them from other animals. Such a grouping may seem too (c) abstract to be called a classification(예를 들면 '개'라는 단어는 어떤 특정의 동물을 함께 분류하여 다른 동물들과 구별한다. 이러한 분류는 너무 (c) 추상적으로 보일 수 있지만 이것은 단지 당신이 그 단어에 이미 통달해 있기 때문이다)."입니다.

이 문장을 보면 개를 다른 동물들과 구별하여 분류하고 개라고 부르는 것이 너무 추상적이라고 했는데, 추상적이라는 말보다는 '당연하게, 명백하게…' 등으로 하는 것이 자연스럽습니다. 따라서 (c)가 문맥상 부적절한 낱말로 판단할 수 있습니다. 이하의 문장은 읽지 않아도 큰 문제가 되지 않으므로 생략합니다.

이제 42번의 풀이 과정에서 지금까지 읽은 문장을 바탕으로 정보를 수집하여 41번 글의 제목을 추론해보세요. 이때는 답지를 순서대로 읽으면서 제목의 적절성을 판단하면 됩니다.

① Similarities of Strategies in Sales and Language Learning
   (판매와 언어학습 전략의 유사점들)
② Classification: An Inherent Characteristic of Language
   (분류 : 언어에 내재되어 있는 특성)
③ Exploring Linguistic Issues Through Categorization
   (범주화를 통한 언어학적 문제 탐구)
④ Is a Ready-Made Classification System Truly Better?
   (기성의 분류 체계가 정말 더 나은가?)
⑤ Dilemmas of Using Classification in Language Education
   (언어교육에서 분류를 사용하는 것의 딜레마)

기존 정보들을 종합하면 슈퍼마켓에도 물건들을 분류하는 분류 체계가 있듯이 우리가 사용하는 언어에도 분류 체계가 구현되어 있다는 것을 말하고 있으므로 언어에 분류가 내재되어 있다는 ② 번을 정답으로 확신할 수 있습니다.

[43~45] 다음 글을 읽고, 물음에 답하시오.

(A)

A boy had a place at the best school in town. In the morning, his granddad took him to the school. When (a) he went onto the playground with his grandson, the children surrounded them. "What a funny old man," one boy smirked. A girl with brown hair pointed at the pair and jumped up and down. Suddenly, the bell rang and the children ran off to their first lesson.

* smirk: 히죽히죽 웃다

(B)

In some schools the children completely ignored the old man and in others they made fun of (b) him. When this happened, he would turn sadly and go home. Finally, he went onto the tiny playground of a very small school, and leant against the fence, exhausted. The bell rang, and the crowd of children ran out onto the playground. "Sir, are you all right? Shall I bring you a glass of water?" a voice said. "We've got a bench in the playground —come and sit down," another voice said. Soon a young teacher came out onto the playground.

(C)

The old man greeted (c) him and said : "Finally, I've found my grandson the best school in town." "You're mistaken, sir. Our school is not the best — it's small and cramped." The old man didn't argue with the teacher. Instead, he made arrangements for his grandson to join the school, and then the old man left. That evening, the boy's mom said to (d) him : "Dad, you can't even read. How do you know you've found the best teacher of all?" "Judge a teacher by his pupils," the old man replied.

* cramped: 비좁은

(D)

The old man took his grandson firmly by the hand, and let him out of the school gate. "Brilliant, I don't have to go to school!" the boy exclaimed. "You do, but not this one," his granddad replied. "I'll find you a school myself." Granddad took his grandson back to his own house, asked grandma to look after him, and went off to look for a teacher (e) himself. Every time he spotted a school, the old man went

43. 주어진 글 (A)에 이어질 내용을 순서에 맞게 배열한 것으로 가장 적절한 것은?

① (B) − (D) − (C)   ② (C) − (B) − (D)

③ (C) − (D) − (B)   ④ (D) − (B) − (C)

⑤ (D) − (C) − (B)

44. 밑줄 친 (a)∼(e) 중에서 가리키는 대상이 나머지 넷과 다른 것은?

① (a)   ② (b)   ③ (c)   ④ (d)   ⑤ (e)

45. 윗글에 관한 내용으로 적절하지 <u>않은</u> 것은?

① 갈색 머리 소녀가 노인과 소년을 향해 손가락질했다.

② 노인은 지쳐서 울타리에 기댔다.

③ 노인은 선생님과 논쟁을 벌였다.

④ 노인은 글을 읽을 줄 몰랐다.

⑤ 소년은 학교에 가지 않아도 된다고 소리쳤다.

이 문제는 고1 장문 독해형 문제입니다.

우선 45번의 우리말 답지를 읽으면서 내용을 파악하고 답지를 익혀둡니다. 이제 먼저 글 (A) 전체를 읽고 해석하면서 내용을 파악해보기 바랍니다. 중간에 등장하는 (a)는 44번 지칭 추론 문제를 위하여 미리 누구를 지칭하는지 파악하고 표시해두기 바랍니다.

글 (A)를 해석해보면 다음과 같습니다.

(A) 한 소년이 마을에 있는 가장 좋은 학교에 집을 얻었다. 아침에 그의 할아버지는 그를 학교에 데리고 갔다. (a) 그가 그의 손자와 함께 운동장으로 들어갔을 때, 아이들이 그들을 둘러쌌다. "진짜 우스꽝스러운 할아버지다."라며 한 소년이 히죽히죽 웃었다. 갈색 머리 소녀가 그 둘(노인과 소년)을 향해 손가락질하며 위아래로 뛰었다. 갑자기 종이 울렸고, 아이들이 그들의 첫 수업에 급히 뛰어갔다.

이 글을 읽으면서 (a) he는 할아버지를 지칭함을 알 수 있으므로 표시해둡니다. 그리고 밑줄 친 부분을 통해 45번의 ①은 적절한 내용임을 확인하고 표시해둡니다.

이제 이 글의 뒤에 이어질 내용을 추측하면서 글 (B), (C), (D)의 앞부분과의 연결성을 확인하는 것이 43번 문제를 해결하는 데 가장 중요한 단계입니다.

글 (B)의 첫 부분은,

In some schools the children completely ignored the old man and in others they made fun of (b) him.

(몇몇 학교에서는 아이들이 노인을 완전히 무시했고, 다른 학교들에서는 아이들이 (b) 그를 놀렸다.)과 같습니다.

글 (A)는 할아버지와 손자가 어느 학교를 방문했는데 놀림을 받고 갑자기 종이 울리며 학생들이 뛰어가는 장면에서 끝이 났는데, 글 (B)의 첫 부분과는 어울리지 않습니다. (b) him이 문맥상 노인이므로 표시해둡니다.

글 (C)의 첫 부분은,

The old man greeted (c) him and said : "Finally, I've found my grandson the best school in town."

(노인은 (c) 그에게 인사하면서 이렇게 말했다. "마침내, 제가 제 손자에게 마을 최고의 학교를 찾아주었네요.")과 같습니다.

여기에서는 노인이 그에게 인사했다고 되어 있는데, 글 (A)에서는 그에 해당하는 인물에 대한 소개가 없습니다. 따라서 글 (C)도 글 (A)와 이어지는 내용이 아닙니다. 여기에서 (C) him은 할아버지가 인사한 사람이므로 할아버지가 아닙니다. 글 (A)의 (a) he와 글 (B)의 (b) him은 할아버지였으므로 (c) him은 노인이 아닌 다른 사람을 지칭하는 것이므로 44번의 답은 ③번임을 알 수 있습니다.

이제 글 (D)의 첫 부분을 읽어보면 "The old man took his grandson firmly by the hand, and led him out of the school gate(노인은 손자의 손을 꽉 잡고, 그를 교문 밖으로 데리고 나갔다)."라고 되어 있습니다. 글 (A)는 할아버지와 손자가 어느 학교를 방문했는데 놀림을 받고, 갑자기 종이 울리며 학생들이 뛰어가는 장면에서 끝이 났는데, 이것과 글 (D)의 첫 부분은 잘 어울림을 알 수 있습니다.

이제 글 (D)의 뒷부분을 읽으면서 (D)와 이어질 글을 찾아봅시다.

(D)의 뒷부분은 "Every time he spotted a school, the old man went onto the playground, and waited for the children to come out at break time(학교를 발견할 때마다 노인은 운동장으로 들어가서 아이들이 쉬는 시간에 나오기를 기다렸다)."과 같습니다. 글 (C)의 첫 부분에 등장하는 할아버지가 인사하는 그가 (D)가 등장하지 않고 있어 (C)는 (D)와 이어지는 글이 아님을 알 수 있습니다. 글 (B)는 "In some schools the children completely ignored the old man and in others they made fun of (b) him(몇몇 학교에서는 아이들이 노인을 완전히 무시했고, 다른 학교들에서는 아이들이 그를 놀렸다)."과 같고, 이는 할아버지가 여러 학교를 방문한 것에 대한 내용을 기술하고 있어 글 (D)와 잘 어울립니다.

추가로 글 (B)의 뒷부분에 보면 "Soon a young teacher came out onto the playground(곧 한 젊은 선생님이 운동장으로 나왔다)."라고 되어 있는데, (C) 글에서 할아버지가 인사한 사람은 젊은 선생님임을 알 수 있습니다(44번 지칭 추론의 정답도 재확인할 수 있습니다).

따라서 (A) 글에 이어질 글의 순서는 (D) → (B) → (C)로 정답은 ④번으로 43번은 해결되었습니다.

이제 45번을 해결할 차례인데, 역시 이 문제도 설명문 문제를 해결하는 것처럼 ⑤ → ①번의 답지를 먼저 읽고 본문에서 적절성 여부를 확인해나가면 됩니다, 이때 본문 순서 그대로 놓고 내용을 확인해나가면 됩니다.

⑤ 소년은 학교에 가지 않아도 된다고 소리쳤다.

(D) 글 "Brilliant, I don't have to go to school!" the boy exclaimed.("멋진걸, 학교 가지 않아도 돼!"라고 소년은 소리쳤다.) → 적절함을 알 수 있습니다.

④ 노인은 글을 읽을 줄 몰랐다.

(C) 글 That evening, the boy's mom said to (d) him : "Dad, you can't even read." (그날 저녁, 소년의 어머니는 그에게 말했다. "아버지, 글을 읽을 줄도 모르시잖아요.") → 적절함을 알 수 있습니다.

③ 노인은 선생님과 논쟁을 벌였다.

(C) 글 The old man didn't argue with the teacher. (노인은 선생님과 논쟁을 벌이지 않았다.) → 부적절함을 알 수 있습니다.

따라서 정답은 ③번입니다.

[43~45] 다음 글을 읽고, 물음에 답하시오.

(A)

There was a very wealthy man who was bothered by severe eye pain. He consulted many doctors and was treated by several of them. He did not stop consulting a galaxy of medical experts; he was heavily medicated and underwent hundreds of injections. However, the pain persisted and was worse than before. At last, (a) he heard about a monk who was famous for treating patients with his condition. Within a few days, the monk was called for by the suffering man.

* monk: 수도사

(B)

In a few days everything around (b) that man was green. The wealthy man made sure that nothing around him could be any other colour. When the monk came to visit him after a few days, the wealthy man's servants ran with buckets of green paint and poured them all over him because he was wearing red clothes. (c) He asked the servants why they did that.

(C)

They replied, "We can't let our master see any other colour." Hearing this, the monk laughed and said "If only you had purchased a pair of green glasses for just a few dollars, you could have saved these walls, trees, pots, and everything else and you could have saved a large share of (d) his fortune. You cannot paint the whole world green."

(D)

The monk understood the wealthy man's problem and said that for some time (e) he should concentrate only on green colours and not let his eyes see any other colours. The wealthy man thought it was a strange prescription, but he was desperate and decided to try it. He got together a group of painters and purchased barrels of green paint and ordered that every object he was likely to see be painted green just as the monk had suggested.

43. 주어진 글 (A)에 이어질 내용을 순서에 맞게 배열한 것으로 가장 적절한 것은?

① (B) − (D) − (C) ② (C) − (B) − (D)

③ (C) − (D) − (B) ④ (D) − (B) − (C)

⑤ (D) − (C) − (B)

44. 밑줄 친 (a)~(e) 중에서 가리키는 대상이 나머지 넷과 다른 것은?

① (a)   ② (b)   ③ (c)   ④ (d)   ⑤ (e)

45. 윗글에 관한 내용으로 적절하지 <u>않은</u> 것은?

① 부자는 눈 통증으로 여러 명의 의사에게 치료받았다.

② 수도사는 붉은 옷을 입고 부자를 다시 찾아갔다.

③ 하인들은 녹색 안경을 구입했다.

④ 부자는 수도사의 처방이 이상하다고 생각했다.

⑤ 부자는 주변을 모두 녹색으로 칠하게 했다.

3 explanation

이 문제는 고2 장문 독해 문제입니다.

우선 45번의 우리말로 된 답지를 읽으면서 내용을 파악하고 답지의 내용을 익혀둡니다. 이제 글 (A)를 모두 읽고 해석하되 지칭이 나오는 부분은 미리 표시하여 둡니다.

글 (A)를 해석하면 다음과 같습니다.

심한 눈 통증으로 괴로워하는 부자가 있었다. 그는 많은 의사와 상담을 했고, 그들 중 여러 명에게 치료받았다. 그는 수많은 의료 전문가들과 상담하는 것을 멈추지 않았다. 그는 많은 약물을 복용했고, 주사를 수백 번 맞았다. 하지만 통증은 지속되었고, 전보다 심해졌다. 결국 (a) 그는 그와 같은 상태의 환자들을 치료하는 것으로 유명한 한 수도사에 대해 듣게 되었다. 며칠 후 그 고통받는 남자는 수도사를 불러들였다.

여기에서 (a) he가 부자임을 확인하고 표시해둡니다. 그리고 이 글(A) 뒤에 이어질 문장을 추측해 봅니다. 아마도 수도승을 불렀다고 했으므로 수도승과 관련된 이야기가 이어질 것입니다. 이제 글 (B), (C), (D)의 앞부분을 읽으면서 글 (A)와 가장 자연스럽게 연결되는 글을 찾아보기 바랍니다.

먼저 글 (B)의 앞부분을 읽어보면 "In a few days everything around (b) that man was green.[며칠 후 (b) 그 남자 주변의 모든 것은 녹색이 되었다.]"과 같은데 글 (A)에서 부자가 수도사를 불렀다고 한 것과 잘 이어진다고 볼 수 없습니다. (b) that man은 부자를 지칭하는 것으로 보이나 아직 단정하기는 이릅니다.

이제 글 (C)의 첫 부분을 보면 "They replied, 'We can't let our master see any other colour.'(그들은 대답했다. '우리는 주인이 다른 어떤 색도 보게 할 수 없어요.')"라고 되어 있습니다. 글 (A)에는 그들에 해당하는 것이 없고, 이 글 앞에는 질문이 있어야 답변을 할 것인데, 글 (A)는 질문이 없으므로 글 (C)도 글 (A)와 연결이 되지 않습니다.

글 (D)는 "The monk understood the wealthy man's problem and said that for some time (e) he should concentrate only on green colours and not let his eyes see any other colours[수도사는 그 부자의 문제를 이해하였고 일정 시간 동안 (e) 그는 녹색에만 집중하고 그의 눈이 다른 색을 보게 해서는 안 된다고 말했다]." 라고 되어 있습니다. 글 (A)에서 수도승을 불렀다고 했으므로 글 (D)는 글 (A)와 연결이 가능합니다. (e) he는 부자임을 알 수 있으므로 표시해둡니다.

이제 글 (D)의 뒷부분을 읽고 이어질 글을 찾아보기로 하겠습니다. 글 (D)의 후반부는 "He got together a group of painters and purchased barrels of green paint and ordered that every object he was likely to see be painted green just as the monk had suggested(그는 페인트공들을 불러 모았고 녹색 페인트를

126 수능영어 1등급 공부법

많이 구매하여 수도사가 제안한 대로 그가 보게 될 모든 물체를 녹색으로 칠하라고 지시했다)."와 같습니다.

글 (B)의 앞부분을 읽어보면 "며칠 후 (b) 그 남자 주변의 모든 것은 녹색이 되었다."와 같은데, 글 (D)에서 모든 물체를 녹색으로 칠한다고 했으므로 잘 어울립니다. 여기서 (b) that man은 부자임을 알 수 있으므로 표시합니다. 글 (C)는 "They replied(그들은 대답했다)~"라고 시작되는데, 글 (D)에는 질문이 없으므로 글 (D)와 연결이 되지 않습니다.

따라서 글 (A)의 뒤에는 (D) – (B) – (C)가 연결되므로 답은 ④번임을 알 수 있습니다.

추가적으로 확인한다면 글 (B)의 후반부는 "(c) He asked the servants why they did that((c) 그는 하인들에게 왜 그들이 그것을 했는지를 물었다)."라고 되어 있는데, 이것은 (C)의 앞부분과 어울립니다. 이때 (c) He는 수도사임을 알 수 있으므로 표시해둡니다. (a)와 (e), (b)가 부자임을 확인했으므로 44번의 답은 ③ (c)임을 확인할 수 있습니다.

이제 45번을 해결해보겠습니다. ⑤ → ①번 순으로 답지를 읽으면서 적절성을 확인해나가면 됩니다.

⑤번 "부자는 주변을 모두 녹색으로 칠하게 했다"는 글 (D) 후반부에서 적절한 사실임을 이미 확인했습니다.

④ 부자는 수도사의 처방이 이상하다고 생각했다.

글 (D) The wealthy man thought it was a strange prescription,

(부자는 그것이 이상한 처방이라고 생각했지만,) → 적절합니다.

③ 하인들은 녹색 안경을 구입했다.

글 (C) Hearing this, the monk laughed and said "If only you had purchased a pair of green glasses for just a few dollars, you could have saved these walls, trees, pots, and everything else and you could have saved a large share of (d) his fortune. (이것을 듣고 수도사는 웃으며 말했다. "만약에 당신들이 단돈 몇 달러밖에 하지 않는 녹색 안경 하나만 구매했다면 이러한 벽, 나무, 항아리, 그리고 다른 모든 것을 지킬 수 있었을 것이고 또한 (d) 그의 재산의 많은 부분을 아낄 수 있었을 것입니다.) → 부적절합니다.

따라서 45번의 답은 ③번임을 알 수 있습니다.

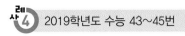
[43~45] 다음 글을 읽고, 물음에 답하시오.

(A)

Olivia and her sister Ellie were standing with Grandma in the middle of the cabbages. Suddenly, Grandma asked, "Do you know what a Cabbage White is?" "Yes, (a) I learned about it in biology class. It's a beautiful white butterfly," Olivia answered. "Right! But it lays its eggs on cabbages, and then the caterpillars eat the cabbage leaves! So, why don't you help me to pick the caterpillars up?" Grandma suggested. The two sisters gladly agreed and went back to the house to get ready.

* caterpillar: 애벌레

(B)

The caterpillars wriggled as they were picked up while Cabbage Whites filled the air around them. It was as if the butterflies were making fun of Olivia; they seemed to be laughing at (b) her, suggesting that they would lay millions more eggs. The cabbage patch looked like a battlefield. Olivia felt like she was losing the battle, but she fought on. (c) She kept filling her bucket with the caterpillars until the bottom disappeared. Feeling exhausted and discouraged, she asked Grandma, "Why don't we just get rid of all the butterflies, so that there will be no more eggs or caterpillars?"

* wriggle: 꿈틀거리다

(C)

Soon, armed with a small bucket each, Olivia and Ellie went back to Grandma. When they saw the cabbage patch, they suddenly remembered how vast it was. There seemed to be a million cabbages. Olivia stood open-mouthed at the sight of the endless cabbage field. She thought they could not possibly pick all of the caterpillars off. Olivia sighed in despair. Grandma smiled at her and said, "Don't worry. We are only working on this first row here today." Relieved, (d) she and Ellie started on the first cabbage.

(D)

Grandma smiled gently and said, "Why wrestle with Mother Nature? The butterflies help us grow some other plants because they carry pollen from flower to flower." Olivia realized (e) she was right. Grandma added that although she knew caterpillars did harm to cabbages, she didn't wish to disturb the natural balance of the environment. Olivia now saw the butterflies' true beauty. Olivia and Ellie looked at their full buckets and smiled.

* pollen: 꽃가루

43. 주어진 글 (A)에 이어질 내용을 순서에 맞게 배열한 것으로 가장 적절한 것은?

① (B) − (D) − (C)   　② (C) − (B) − (D)

③ (C) − (D) − (B)   　④ (D) − (B) − (C)

⑤ (D) − (C) − (B)

44. 밑줄 친 (a)~(e) 중에서 가리키는 대상이 나머지 넷과 다른 것은?

① (a)　　② (b)　　③ (c)　　④ (d)　　⑤ (e)

45. 윗글에 관한 내용으로 적절하지 <u>않은</u> 것은?

① 할머니는 Olivia와 Ellie에게 도움을 요청했다.

② Olivia와 Ellie는 양배추밭에 있는 애벌레를 잡지 않았다.

③ Olivia에게 양배추밭은 마치 전쟁터 같았다.

④ Olivia와 Ellie는 양배추밭이 얼마나 드넓은지 새삼 깨달았다.

⑤ 할머니는 Olivia에게 자연의 섭리를 일깨워주었다.

이 문제는 수능 문제로 출제된 장문 독해 문제입니다. 우선 45번을 읽으면서 내용을 익혀둡니다. 이제 (A) 문단을 해석하여 보겠습니다.

(A) Olivia와 그녀의 여동생 Ellie는 양배추의 한가운데 할머니와 함께 서 있었다. 갑자기 할머니가 "양배추 화이트가 뭔지 아니?"라고 물었다. "네, 저는 생물 시간에 그것을 배웠어요. 그것은 아름다운 하얀 나비예요."라고 Olivia가 대답했다. "맞아! 하지만 그것은 양배추에 알을 낳고, 그리고 나서 애벌레는 양배추 잎을 먹지! 그러니 내가 애벌레를 잡는 것을 도와주지 않겠니?"라고 할머니가 제안했다. 두 자매는 기꺼이 동의했고 준비를 위해 집으로 돌아갔다.

(A) 문장을 읽고 다음에 이어질 문장을 추정해보기 바랍니다. 글 (A) 마지막 문장에 할머니가 애벌레 잡는 것을 도와달라는 요청에 "두 자매는 기꺼이 동의했고 준비를 위해 집으로 돌아갔다."라고 글을 맺고 있으므로 아마 집에서 이와 관련된 준비를 할 것으로 보입니다. 이때 문단의 중간에 "'Yes, (a) I learned about it in biology class. It's a beautiful white butterfly,' Olivia answered."는 44번의 지칭 문제와 관련되어 있으므로 (a) I 가 누군지 파악하고 메모해두어야 합니다. 이 답변자는 Olivia이므로 이것을 (a) I 옆에 Olivia라고 표시해두어야 합니다. 그렇지 않고 단지 기억에 의존하다가는 다시 문장을 읽는 수고와 시간 낭비를 할지 모르기 때문입니다.

그리고 (B), (C), (D) 각 문단의 앞 부문을 읽으면서 (A)와 이어질 문단을 판단해보세요.

먼저 (B) 글의 첫 부분을 해석해보면 "The caterpillars wriggled as they were picked up while Cabbage Whites filled the air around them(양배추 화이트들이 그들 주위의 하늘을 가득 메운 채 애벌레들이 잡히면서 꿈틀거렸다. 마치 그 나비들은 Olivia를 놀리고 있는 것처럼 보였다)."과 같습니다.

우리가 예측한 (A) 글에 이어질 내용과는 관련성이 적어 보입니다. 여기서 내용을 살펴보면 그들이 양배추 화이트의 애벌레를 잡는 장면이 나오고 있는데, 이는 준비를 끝내고 양배추밭으로 가서 애벌레를 잡는 장면임에 비추어 (A) 글과 연결성이 떨어진 글임을 알 수 있으며, 동시에 45번의 답이 "②번 Olivia와 Ellie는 양배추밭에 있는 애벌레를 잡지 않았다."라는 것이 내용과 불일치한 정답임을 알 수 있습니다.

이어서 글 (C)의 앞 문장을 해석해보면 "Soon, armed with a small bucket each, Olivia and Ellie went back to Grandma(곧 각자 작은 양동이를 갖춘 채 Olivia와 Ellie는 할머니에게 다시 갔다)."인데, 이는 (A)에 이어질 문장으로 예측한 집에서 이와 관련된 준비를 할 것에 정확히 부합됩니다.

이제 마지막으로 (D)의 앞 문장을 살펴보면 "Grandma smiled gently and said, 'Why wrestle with

Mother Nature? The butterflies help us grow some other plants because they carry pollen from flower to flower.' Olivia realized (e) she was right(할머니는 부드럽게 미소를 지으며 '왜 대자연과 싸우려고 하니? 나비들은 이 꽃에서 저 꽃으로 꽃가루를 옮기기 때문에 우리가 다른 식물들을 키우는 데 도움을 준단다.' Olivia는 (e) 그녀가 옳다는 것을 깨달았다)."와 같습니다. 이는 이 앞부분에 할머니가 보기에 대자연의 순리에 어긋나는 언행이 있음을 예측할 수 있으며, (A)와 연결되기는 부적합합니다.

추가적으로 "Olivia는 (e) 그녀가 옳다는 것을 깨달았다."라는 문장을 읽었는데, 올리비아에게 이 말을 한 그녀는 할머니임을 알 수 있습니다. (a) I가 올리비아이고, (e) She가 할머니이므로 (b)~(d) 중에서 하나만 지칭을 알아도 44번의 문제는 해결됩니다.

이를 종합해보면 글 (A) 다음에는 글 (C)가 이어지는 것이 자연스럽습니다.

이제 (C)의 뒷부분인 "Olivia sighed in despair. Grandma smiled at her and said, 'Don't worry. We are only working on this first row here today.' Relieved, (d) she and Ellie started on the first cabbage(올리비아는 절망감에 한숨을 쉬었다. 할머니는 그녀를 보고 미소를 지으며 '걱정하지 마라. 우리는 단지 오늘 여기 첫 번째 줄에서만 일할 거란다.'라고 말했다. 안도한 채 (d) 그녀와 Ellie는 첫 번째 양배추에서 시작했다)."라고 되어 있습니다.

"올리비아와 엘리가 할머니의 말을 듣고 절망감을 벗어나 작업을 시작한다."라고 했으므로 이 글 뒤에는 그들의 작업 상황이 전개될 것이 예측됩니다. (B) 글의 내용을 살펴보면 그들이 양배추 화이트의 애벌레를 잡는 장면이 나오고 있고, (D) 글은 할머니가 대자연과 싸우지 말라는 말씀으로 시작하고 있으므로 (B) 글이 (C) 글 다음으로 적합합니다. 따라서 43번 문단 순서의 답은 ② (C) − (B) − (D)임을 알 수 있습니다.

추가로 (B) 글의 후반부에 "Feeling exhausted and discouraged, she asked Grandma, 'Why don't we just get rid of all the butterflies, so that there will be no more eggs or caterpillars?'"(지치고 낙담한 채 그녀는 할머니에게 '나비를 모두 없애서 더 이상의 알이나 애벌레가 생기지 않게 하면 어때요?'라고 물었다.)"라고 손녀 중 하나가 할머니에게 질문하는 상황이 등장합니다. 이 질문에 답하는 할머니의 말씀이 (D)의 앞부분에 등장함으로 정답을 재확인할 수 있습니다.

그리고 (d) she가 할머니의 말씀을 듣고 엘리와 작업하는 그녀이므로 올리비아임을 알 수 있습니다. (a) I가 올리비아임을 확인했기 때문에 44번의 정답은 할머니를 지칭하는 (e) She임을 확인할 수 있습니다.

CHAPTER

4

정답을 추론할 수 있는
단서(CLUE)들

"

여러분! 지금까지 정말 수고 많으셨습니다. 짝짝짝.

CHAPTER 1을 통해서 수능영어에 대해 잘 이해하고 고득점 전략을 수립했고 CHAPTER 2, 3을 통해서는 수능 독해 각 유형의 문제들을 어떻게 구체적으로 해결할지 이론과 사례를 통해 알아보았는데 이제 좀 확신이 생겼나요? 아, 그렇다고요? 정말 고맙습니다.

이제 CHAPTER 4에서는 여러분의 신속, 정확한 문제 해결을 도울 6개의 단서를 살펴보고자 합니다. 여러분이 아무리 빨리 많은 문장을 읽는 능력이 있다 하더라도 그것이 정답을 얻는다는 보장이 되는 것은 아니죠. 빠른 속도도 중요하지만, 특히 추론 문제의 경우에는 속도보다는 정확성이 더 중요한 능력이 됩니다. 그래서 문제를 정확하게 해결할 수 있는 핵심 단서를 찾아낼 수 있는 능력은 아무리 강조해도 지나침이 없습니다. 다음의 짧은 이야기를 참조하시기 바랍니다.

『셜록 홈스』라는 추리소설에 등장하는 왓슨은 성실하게, 열심히 노력하지만 어떠한 문제도 쉽게 해결하지 못하는 반면에 홈스는 모든 사건을 순식간에 간단히 해결해나간다. 왓슨과 홈스의 결정적 차이는 과연 무엇일까?
그 둘의 결정적인 차이점은 문제 해결의 단서를 찾아내고 그것을 통해 문제를 해결하는 사고력이다. 홈스는 아주 사소한 단서를 통해서도 문제 해결의 실마리를 풀어내고, 정확하고 논리적인 추론을 통해 문제를 해결해나간다. 반면 왓슨은 단서가 무엇인지를 몰라 실마리를 찾지 못해 어떤 문제도 쉽사리 해결하지 못한다.

위의 이야기처럼 수험생도 단지 성실하게, 열심히 노력하는 것만으로는 문제를 해결할 수 없습니다. 문제 해결을 신속, 정확하게 하려면 핵심 단서를 찾아내고 그 단서를 통해 정답을 찾아내는 사고능력을 끊임없이 배양해야 합니다.
이 CHAPTER에서는 수능영어를 준비하는 학생들에게 도움이 될 수 있는 핵심 단서 여섯 가지를 소개하고, 그 단서를 사용하여 문제를 해결하는 사례들을 살펴보도록 하겠습니다. 여러분의 문제 해결을 도울 여섯 도우미들을 만날 준비가 됐나요?
그렇다면 Let's get started!

"

01 제1 단서 – 접속사(연결사)

1 접속사의 중요성

논술문은 작가의 주장을 논리적으로 기술하는 글이며(주로 18~23번), 추론문은 어떤 사실이나 논거에 기반하여 합리적인 추론을 요구하는 글입니다(주로 31~40번). 이러한 유형의 문제를 해결할 때 접속사는 아주 유용한 판단의 근거이며 핵심적인 단서로서 역할을 할 수 있습니다.

모든 단어가 다 중요하지만 접속사는 특히 더 중요하며 문제 풀이의 핵심 단서가 될 수 있는데, 그 이유는 접속사는 문장과 문장 간의 관계를 나타내기 때문입니다. 접속사를 통하여 앞뒤 문장 간의 관계가 설정되므로 접속사는 문장 간의 관계를 통해 그 내용을 짐작하고 추론할 수 있는 중요한 핵심 단서입니다.

예를 들어 다음과 같은 두 문장을 살펴보겠습니다.

(1) He studied hard, so he _____ .

(2) He studied hard, but he _____ .

위 두 문장은 앞부분은 동일하지만 접속사가 각각 다른데, so는 인과관계를 나타내고 but은 역접의 관계를 의미합니다. 접속사에 의해서 (1)은 시험에 합격했다는 내용이 논리적으로 추론되며, (2)의 경우는 시험에 실패한다는 내용이 나올 것이 틀림없습니다.

또한 for example의 경우 그 앞에는 일반적인 진술이 나오고 뒤에는 일반적인 진술을 돕는 구체적인 사실들이 예로 등장할 것이므로 이를 통해 앞뒤의 내용을 추론할 수 있습니다.

접속사뿐만 아니라 유사한 기능을 하는 접속부사와 부사(구) 및 전치사 등도 문장 간의 관계를 밝혀주는 중요 단서가 될 수 있습니다.

접속사의 종류는 크게 순접 접속사와 역접 접속사, 기타(대체, 전환, 사실의 강화)의 세 종류로 대별할 수 있는데, 이것들을 잘 정리하고 익혀서 문제 풀이에 실제 적용할 수 있다면 강력한 무기를 장착한 것이 분명합니다.

시간적 제약이 강력하고 다양한 문제 유형을 가진 수능영어 문제를 대처하는 데 있어 철저한 전략 수립과 더불어 문제 해결의 핵심 단서 중의 하나인 접속사를 잘 익혀서 활용한다면 큰 힘이 될 것으로 생각합니다.

2 중요 접속사(접속부사)

① 순접 접속(부)사(전치사 포함)

• 유사, 비교

ⓐ 종류 : similarly, in the same way, likewise

ⓑ 기능 : A similarly B(A와 B는 유사한 내용임을 알 수 있습니다)

예 Food cost less. Similarly fuel prices have fallen considerably(음식의 비용이 줄었고 비슷하게 연료 가격도 상당히 떨어졌다).

• 인과

ⓐ 종류 : therefore, hence, thus, so, consequently, as a result, then, since, now that, because, as, because of, due to

ⓑ 기능 : 원인과 결과의 관계를 나타냅니다.

예 His new car is bigger and therefore more comfortable than his old one(그의 새 차는 더 크다. 그러므로 옛 차보다 더 편안하다).

• 예시

ⓐ 종류 : for example, for instance, such as

ⓑ 기능 : 일반적 진술에 대한 구체적인 사례들을 진술합니다.

예 She is usually late. For example, this morning she didn't come until 10:30(그녀는 보통 늦는다. 예를 들면 오늘 아침에 10시 30분까지 오지 않았다).

• 첨가

ⓐ 종류 : besides, in addition, also, and, moreover, furthermore, what's better

ⓑ 기능 : 비슷한 다른 내용을 첨가합니다.

예 She works 10 hours a week. Besides she goes to college(그녀는 일주일에 10시간 일한다. 게다가 그녀는 대학을 다닌다).

- 요약

  ⓐ 종류 : in brief, in short, in summary, to sum up, in conclusion

  ⓑ 기능 : 앞에서 구체적으로 진술한 것을 일반적 진술로 요약하여 정리합니다.

  예 In brief, the trip wasn't a success(간단히 말해 여행은 성공적이지 않다).

- 재진술

  ⓐ 종류 : in other words, that is to say, namely(:, ; 등도 재진술의 기능이 있으므로 유의해야 합니다.)

  ⓑ 기능 : 앞 문장과 동일한 내용을 재진술합니다.

  예 We need to change the shape of the road–that is, we need to make it wider(우리는 그 길의 형태를 바꿀 필요가 있다. 즉 길을 더 넓혀야 한다).

- 강조

  ① 종류 : in particular, especially, first of all, above all (things)

  ② 기능 : 특히 강조하는 것이 있을 때 사용합니다.

  예 First of all, we apologize for the confusion(무엇보다도 혼란을 드려 죄송합니다).

❷ 역접 접속사

- 대조

  ⓐ 종류 : however, but, yet

  ⓑ 기능 : 앞의 내용과 정반대의 내용을 언급하며 글을 전환할 때 사용합니다.

  예 It's an old car, but it's very reliable(그것은 오래된 차이지만 아주 믿을 만하다).

- 비교 대조

  ⓐ 종류 : on the other hand, in contrast, meanwhile, whereas, while, on the contrary

  ⓑ 기능 : 두 대상을 비교하며 대조할 때 사용합니다.

  예 While Tom is tall, his elder brother is very short(톰은 키가 크지만 그의 형은 아주 작다).

• 양보

　ⓐ 종류 : though, although, even though, despite, in spite of, even if, nevertheless, still, after all

　ⓑ 기능 : 원인과 결과가 부적합할 때(모순관계일 때) 사용합니다.

　예 Though he has retired, he is still active(비록 그는 은퇴했지만 여전히 활동적이다).

• 대체

　ⓐ 종류 : instead, rather, on the contrary

　ⓑ 기능 : 앞의 내용의 대안을 제시하거나 반대의 개념을 제시할 때 사용합니다.

　예 We planned to go to the museum, but we went to the park instead(우리는 박물관에 가려고 했지만 그 대신에 공원에 갔다).

• 전환

　ⓐ 종류 : anyway, by the way

　ⓑ 기능 : 화제를 전환할 때 사용합니다.

　예 Anyway, tell me about your vacation(그건 그렇고 휴가에 대해 말해 줘).

• 사실의 강화

　ⓐ 종류 : indeed, in fact, actually

　ⓑ 기능 : 앞 문장보다 더욱더 사실일 때 사용합니다.

　예 I don't mind helping. Indeed, I am pleased to help(나는 돕는 것은 상관없어요. 사실 돕게 되어 기뻐요).

③ 접속사를 활용한 문제 풀이 사례

31. 다음 빈칸에 들어갈 말로 가장 적절한 것을 고르시오.

When reading another scientist's findings, think critically about the experiment. Ask yourself : Were observations recorded during or after the experiment? Do the conclusions make sense? Can the results be repeated? Are the sources of information reliable? You should also ask if the scientist or group conducting the experiment was unbiased. Being unbiased means that you have no special interest in the outcome of the experiment. For example, if a drug company pays for an experiment to test how well one of its new products works, there is a special interest involved : The drug company profits if the experiment shows that its product is effective. Therefore, the experimenters aren't _____. They might ensure the conclusion is positive and benefits the drug company. When assessing results,think about any biases that may be present!

① inventive   ② objective

③ untrustworthy   ④ unreliable

⑤ decisive

이 문제는 고1 빈칸 추론 문제입니다. 우선 주어진 빈칸이 포함된 문장을 읽으면서 빈칸의 내용을 추론할 수 있는 단서를 찾아보기 바랍니다.

주어진 문장을 해석하면 "Therefore, the experimenters aren't ＿＿＿＿＿＿＿ (따라서, 그 실험자들은 ＿＿＿＿＿＿＿ 이지 않다)."와 같습니다.

이 문장에서 핵심 단서는 무엇일까요?

다름 아닌 접속부사 'Therefore(그러므로)'입니다. 왜냐하면 이 접속부사 앞에는 원인이 등장하고 뒤에는 결과가 나오기 때문에 앞의 문장에서 원인을 파악한다면 빈칸의 내용을 추정할 수 있기 때문입니다. 바로 앞에 나오는 문장을 읽고 원인을 살펴보기로 하겠습니다. 앞의 문장은 "For example, if a drug company pays for an experiment to test how well one of its new products works, there is a special interest involved : The drug company profits if the experiment shows that its product is effective(예를 들면, 만약 한 제약회사가 그 회사의 새로운 제품 중 하나가 얼마나 잘 작용하는지 시험해보기 위한 실험 비용을 지불한다면 특별한 이익이 관련된 것이다 : 만약 실험이 그 제품이 효과 있음을 보여준다면, 그 제약회사는 이익을 본다)."와 같습니다. 요컨대 제약회사가 이익을 얻기 위하여 실험 비용을 제공하고 자기에게 유리한 결과를 도출할 수 있다는 것입니다.

이것이 원인이라면 "그러므로 그 실험은 ＿＿＿＿＿ 하지 않다."의 빈칸에 적합한 말은 다섯 개의 답지 중 무엇일지 선택해보세요.

① inventive(독창적이다)

② objective(객관적이다)

③ untrustworthy(신뢰할 수 없다)

④ unreliable(믿을 수 없다)

⑤ decisive(결정적이다)

답은 ②번임을 쉽게 알 수 있습니다. 주어진 문장에 'not'이 있음에 주의해야 하며, ③번과 ④번은 그 뜻이 유사하여 결코 답이 될 수 없습니다.

39. 글의 흐름으로 보아, 주어진 문장이 들어가기에 가장 적절한 곳을 고르시오.

But by the 1970s, psychologists realized there was no such thing as a general "creativity quotient."

The holy grail of the first wave of creativity research was a personality test to measure general creativity ability, in the same way that IQ measured general intelligence. (①) A person's creativity score should tell us his or her creative potential in any field of endeavor, just like an IQ score is not limited to physics, math, or literature. (②) Creative people aren't creative in a general, universal way; they're creative in a specific sphere of activity, a particular domain. (③) We don't expect a creative scientist to also be a gifted painter. (④) A creative violinist may not be a creative conductor, and a creative conductor may not be very good at composing new works. (⑤) Psychologists now know that creativity is domain specific.

* quotient: 지수 ** holy grail: 궁극적 목표

이 문제는 고2 문장 삽입 문제입니다.

　우선 주어진 문장을 주의 깊게 읽고 해석하면서 문장 전후에 올 내용에 대한 단서를 찾아보기 바랍니다.

But by the 1970s, psychologists realized there was no such thing as a general "creativity quotient."
(그러나 1970년대에, 심리학자들은 전반적인 '창의성 지수'와 같은 것은 없다는 것을 깨달았다.)

　이 문장에서의 핵심 단서는 무엇일까요? 다름 아닌 'but(그러나)'입니다. 왜냐하면 'but(그러나)' 전후의 문장은 정반대의 내용이기 때문입니다. 그렇다면 이 문장 앞에는 반대의 내용이 나올 것이므로 주어진 문장을 바탕으로 앞에 나올 문장을 추론할 수 있습니다. 그렇다면 앞의 내용은 무엇일까요?
　앞에 등장할 내용은 1970년대 이전에는 심리학자들은 전반적인 '창의성 지수'와 같은 것은 없다는 것을 깨닫지 못하고 전반적인 '창의성 지수' 같은 것이 있다고 생각했다는 것으로 추론됩니다. 그렇다면 주어진 문장 이후에는 어떤 내용이 나올까 추론해보기 바랍니다. 아마도 1970년대 이후에 전반적인 창의성 지수가 없다는 것을 깨달은 이후의 상황이 등장할 것입니다.
　자, 그럼 이런 전후 내용에 대한 추론을 바탕으로 주어진 문장이 어디에 삽입되어야 할지 전체 문장을 읽으면서 살펴보고 판단해보기 바랍니다.
　문장 전체에 대한 해석은 다음과 같습니다.

　창의성 연구의 첫 번째 물결의 궁극적 목표는 IQ가 전반적인 지능을 측정했던 것과 같은 방식으로 전반적인 창의력을 측정하기 위한 성격 검사였다. (①) 한 사람의 창의성 점수는 IQ 점수가 물리학, 수학 또는 문학에 국한되지 않는 것과 마찬가지로, 노력하는 어떠한 분야에서도 우리에게 그 또는 그녀의 창의적 잠재력을 말해줄 것이었다. (②) 창의적인 사람들은 전반적이고, 보편적으로 창의적인 것은 아니다; 그들은 활동의 특정 범위, 즉 특정 영역에서 창의적이다. (③) 우리는 창의적인 과학자가 또한 재능 있는 화가가 되는 것을 기대하지 않는다. (④) 창의적인 바이올린 연주자는 창의적인 지휘자가 아닐 수도 있고, 창의적인 지휘자는 새로운 곡을 작곡하는 데 매우 뛰어나지 않을 수도 있다. (⑤) 심리학자들은 이제 창의성이 특정 영역에만 한정된 것이라는 것을 안다.

　정답은 ②번임을 알 수 있습니다. ②번 앞에는 전반적인 창의성 지수와 같은 것이 있다는 내용이 등장하고, ②번 뒤에는 전반적인 창의성은 존재하지 않고 특정 범위에서의 개별적인 창의성만이 존재한다고 하며 입장이 전환되었기 때문입니다.

39. 글의 흐름으로 보아, 주어진 문장이 들어가기에 가장 적절한 곳을 고르시오.

> Some organizations, however, are unbundling in favor of a more itemized approach sometimes called *à la carte pricing*.

Bundle pricing is packaging together two or more products, usually complementary ones, to be sold for a single price, which is usually considerably less than the sum of the prices of the individual products. (①) Bundle pricing facilitates customer satisfaction and, when slow-moving products are bundled with products with higher turnover, can help a company stimulate sales and increase revenues. (②) Selling products as a package rather than individually also may result in cost savings, so bundle pricing is commonly used for banking and travel services, computers, and automobiles with option packages. (③) This provides customers with the opportunity to pick and choose the products they want without having to purchase bundles that may not be the right mix for their purposes. (④) Furthermore, with the help of the Internet, comparison shopping has become more convenient than ever, allowing customers to price items and create their own mixes. (⑤) Nevertheless, bundle pricing continues to appeal to customers who prefer the convenience of a package. [3점]

* *à la carte pricing*: 따로따로 책정하는 가격

이 문제는 고3 문장 삽입 문제입니다.

우선 주어진 문장을 해석하면서 전후에 올 내용에 대한 핵심 단서를 찾아보도록 하겠습니다. "Some organizations, however, are unbundling in favor of a more itemized approach sometimes called à la carte pricing(그러나 몇몇 조직에서는 때로 따로따로 책정하는 방식이라고 불리는 더 개별화된 접근 방식을 선호하여 개별로 가격을 매기고 있다)."

이 주어진 글에서 전후에 나올 내용을 추론할 수 있는 핵심 단서는 과연 무엇일까요?

다름 아닌 '그러나(however)'라는 접속부사가 최고의 단서가 됩니다. '그러나(however)'는 앞뒤 문장이 역접의 관계, 즉 앞뒤 문장이 정반대의 내용으로 글의 흐름이 바뀌기 때문입니다.

그럼 주어진 문장 앞에는 어떤 내용이 있을까요? 주어진 문장에서 몇몇 조직들이 따로따로 가격을 매기는 방식을 선호한다고 했으므로 주어진 문장의 앞에는 그것과 정반대의 방식을 선호하는 조직들에 대한 진술이 있음을 알 수 있습니다. 뒤에는 그 정반대의 방식에 대한 설명이 나올 것으로 추정됩니다.

이 단서를 바탕으로 주어진 문장이 들어갈 곳을 전체 문장을 읽으면서 찾아보기 바랍니다.

묶음 가격이란 대개 보완적인 제품인 두 개 이상의 제품을 단일 가격에 판매되도록 함께 포장하는 것인데, 그것(단일 가격)은 일반적으로 개별 제품 가격의 합계보다 상당히 더 저렴하다. (①) 묶음 가격은 고객 만족을 촉진하고, 잘 팔리지 않는 제품이 더 높은 회전율을 가진 제품과 함께 묶일 때, (묶음 가격은) 회사가 판매를 자극하고 수익을 증대하는 데 도움을 줄 수 있다. (②) 제품을 개별적으로 판매하지 않고 패키지로 판매하는 것은 또한 비용 절감을 가져다줄 수도 있으므로, 묶음 가격은 옵션 패키지가 있는 은행 및 여행 서비스, 컴퓨터, 그리고 자동차에 흔히 사용된다. (③) 이것은 고객에게 자신의 목적에 맞는 적절한 조합이 아닐 수도 있는 묶음을 구매할 필요 없이 자신이 원하는 제품을 골라서 선택할 기회를 제공한다. (④) 게다가 인터넷의 도움으로, 비교 쇼핑이 그 어느 때보다 편리해져, 고객들이 물건의 가격을 매기고 그들 자신의 조합을 만들 수 있게 되었다. (⑤) 그럼에도 불구하고 묶음 가격은 패키지의 편리함을 선호하는 고객들의 호응을 계속 얻고 있다.

정답은 ③번임을 알 수 있습니다. 첫 문장부터 ③번 앞까지 묶음 방식에 대한 진술임을 알 수 있습니다. ③번 뒤의 문장은 "이것은(this) 고객에게 자신의 목적에 맞는 적절한 묶음을 구매할 필요 없이 자신이 원하는 제품을 골라서 선택할 기회를 제공한다."인데, 이는 묶음 방식의 장점이 아니라 개별 가격 방식의 장점입니다. 따라서 ③번이 주어진 문장이 들어가기에 적절함을 알 수 있습니다.

24. 다음 글의 제목으로 가장 적절한 것은?

The discovery that man's knowledge is not, and never has been, perfectly accurate has had a humbling and perhaps a calming effect upon the soul of modern man. The nineteenth century, as we have observed, was the last to believe that the world, as a whole as well as in its parts, could ever be perfectly known. We realize now that this is, and always was, impossible. We know within limits, not absolutely, even if the limits can usually be adjusted to satisfy our needs. Curiously, from this new level of uncertainty even greater goals emerge and appear to be attainable. Even if we cannot know the world with absolute precision, we can still control it. Even our inherently incomplete knowledge seems to work as powerfully as ever. In short, we may never know precisely how high is the highest mountain, but we continue to be certain that we can get to the top nevertheless.

① Summits Yet to Be Reached : An Onward Journey to Knowledge

② Over the Mountain : A Single But Giant Step to Success

③ Integrating Parts into a Whole : The Road to Perfection

④ How to Live Together in an Age of Uncertainty

⑤ The Two Faces of a Knowledge-Based Society

이 문제는 제목을 추론하는 고3 문제로 논술문 유형의 문제입니다. 따라서 결론 부분을 읽으면 제목을 찾아낼 가능성이 큽니다.

그래서 마지막 문장을 읽고 해석하면서 제목을 찾아보겠습니다. 번역해보면 "In short, we may never know precisely how high is the highest mountain, but we continue to be certain that we can get to the top nevertheless."("요컨대, 우리는 가장 높은 산이 얼마나 높은지 정확히 알 수 없을 테지만, 그러나 우리는 그럼에도 불구하고 정상에 도착할 수 있다는 것을 계속 확신한다.")와 같습니다.

여기에서 이 문장이 제목을 추론하는 데 적합한지를 알려주는 단서를 찾아보기 바랍니다.

이 문장에서의 핵심 단서는 바로 '요컨대(in short)'입니다. 이 '요컨대(in short)'라는 접속부사는 '여러 말 할 것 없이 중요한 것을 말하면'이라는 뜻으로, 이 접속부사 다음에 앞에 나온 모든 것을 요약하여 핵심 문장이 나오게 될 것입니다.

그러므로 요컨대(in short) 뒤에 나오는 내용을 바탕으로 다음 중에 정답을 찾아보세요.

① Summits Yet to Be Reached : An Onward Journey to Knowledge

　　(아직 도착하지 못한 정상 : 지식을 향해 나아가는 여정)

② Over the Mountain : A Single But Giant Step to Success

　　(산을 넘어 : 성공을 향한 하나지만 큰 발걸음)

③ Integrating Parts into a Whole : The Road to Perfection)

　　(부분들을 큰 하나로 통합하기 : 완벽을 향한 길)

④ How to Live Together in an Age of Uncertainty

　　(불확실성의 시대를 함께 살아가는 방법)

⑤ The Two Faces of a Knowledge-Based Society

　　(지식 기반 사회의 두 얼굴)

①번 아직 이르지 못한 정상: 지식을 향해 나아가는 여정을 정답으로 선택할 수 있습니다.

02 제2 단서 - 대명사(대명 형용사)

1 대명사의 중요성

　명사를 대신하여 사용되는 말로써 대명사는 앞에 언급되는 명사의 성(남성, 여성, 중성)과 수(단수, 복수)와 같은 중요한 정보를 파악할 수 있는 핵심 단서가 됩니다. 모든 유형의 문제 풀이에 핵심적인 단서로 두루 활용할 수 있는 대명사의 중요성을 인식하고, 문제 풀이에 그 활용성을 극대화할 필요가 있습니다.

　이것은 글의 순서(36~37번), 문장 삽입(38~39번), 장문 독해(43~45번) 등에 두루 활용될 수 있습니다.

2 대명사의 종류 (※문장의 흐름을 파악하는 데 중요한 것만 다룸)

❶ 인칭 대명사

• 종류 : I, you, he, she, it, we, they 등과 재귀대명사
• 기능 : 말하는 자신이나 상대방 그리고 제3자를 구별하여 나타내고 명사의 성과 수와 격을 보여주며, 특히 재귀대명사는 화자인 자기 자신이 행위의 대상이거나 강조 시에 사용됩니다.

　예 He killed him. (타살)

　　 He killed himself. (자살)

❷ 지시대명사(지시형용사, 지시부사 포함)

• 종류 : this, these, that, those, such, the same, so
• 기능 : 앞에 언급된 사물이나 사람을 대신하거나 문장 전체를 대신할 수도 있습니다.

　예 Is he coming? I believe so.

❸ 부정대명사

• 종류 : one, another, the other, some, any, others, the others, either, neither, both

• 기능 : 앞에 나온 명사의 성질을 파악할 수 있으며, 순서의 예측에도 활용할 수 있는 중요한 단서를 제공합니다.

예 He has three sons. One is a farmer, another is a vet, and the other is a singer.

Some of my class like pop music and others like dance music. The others like ballad.

3 대명사를 단서로 활용한 문제 풀이 사례

사례 1 2019학년도 3월 전국연합 고1 38번 　　　　　　　　해석문 본문 224쪽

38. 글의 흐름으로 보아, 주어진 문장이 들어가기에 가장 적절한 곳을 고르시오.

> This may have worked in the past, but today, with interconnected team processes, we don't want all people who are the same.

　　Most of us have hired many people based on human resources criteria along with some technical and personal information that the boss thought was important. (①) I have found that most people like to hire people just like themselves. (②) In a team, some need to be leaders, some need to be doers, some need to provide creative strengths, some need to be inspirers, some need to provide imagination, and so on. (③) In other words, we are looking for a diversified team where members complement one another. (④) When putting together a new team or hiring team members, we need to look at each individual and how he or she fits into the whole of our team objective. (⑤) The bigger the team, the more possibilities exist for diversity.

* criteria: 기준

이 문제는 고1 문장 삽입 문제입니다.

　우선 주어진 지문을 읽고 해석하면서 문장 전후에 올 내용에 대한 핵심 단서들을 찾아보겠습니다.

This may have worked in the past, but today, with interconnected team processes, we don't want all people who are the same.

　(이것이 과거에는 효과가 있었을지도 모르지만, 오늘날에는 상호 연결된 팀의 업무 과정으로 인해 우리는 모든 사람들이 똑같은 사람이기를 원치 않는다.)

　이 문장에서 과연 핵심 단서는 무엇일까요? 그것은 다름 아닌 대명사 'this(이것)'와 접속사 'but(그러나)'입니다. 왜냐하면 지시대명사인 'this(이것)'는 앞 문장을 가리키고 있는데, 'but' 뒤의 문장에 의해서 그 내용을 추론할 수 있기 때문입니다. 그것은 과거에는 효과가 있었지만, 오늘날에는 연결된 팀 업무의 특성으로 더 이상 효과가 없는 똑같은 사람을 채용하던 과거의 채용 관습임을 알 수 있습니다. 주어진 글 뒤에는 다양한 사람들을 채용하는 새로운 상황이 소개될 것으로 보입니다.

　이렇게 확보한 정보를 바탕으로 이제 본문을 읽으면서 주어진 글이 들어갈 적합한 곳을 찾아보기 바랍니다.

　우리 대부분은 사장님이 생각하기에 중요한 어떤 전문적인 정보 및 개인 정보와 더불어 인적 자원 기준에 근거하여 많은 사람을 고용해왔다. (①) 나는 대부분의 사람이 자신과 똑같은 사람을 고용하고 싶어 한다는 것을 알게 되었다. (②) 팀 내에서 어떤 사람은 지도자일 필요가 있고, 어떤 사람은 실행가일 필요가 있으며, 어떤 사람은 창의적인 역량을 제공할 필요가 있고, 어떤 사람은 격려자가 될 필요가 있으며, 어떤 사람은 상상력을 제공할 필요가 있다는 것 등이다. (③) 다시 말하면, 우리는 구성원들이 서로를 보완해주는 다양화된 팀을 찾고 있다. 새로운 팀을 짜거나 팀 구성원을 고용할 때 우리는 각 개인을 보고 그 사람이 어떻게 우리의 팀 목적 전반에 어울리는지 살펴볼 필요가 있다. (⑤) 팀이 크면 클수록 다양해질 가능성이 더욱더 많이 존재한다.

　정답은 ②번임을 알 수 있습니다. ②번 앞에는 자신과 닮은 사람들을 고용하는 과거의 채용 방식이 나오고 있고, ②번 뒤에는 다양한 재능의 사람들이 서로 보완하는 팀을 지향하는 현대적인 채용 환경을 기술하고 있기 때문입니다.

38. 글의 흐름으로 보아, 주어진 문장이 들어가기에 가장 적절한 곳을 고르시오.

> This temperature is of the surface of the star, the part of the star which is emitting the light that can be seen.

One way of measuring temperature occurs if an object is hot enough to visibly glow, such as a metal poker that has been left in a fire. (①) The color of a glowing object is related to its temperature : as the temperature rises, the object is first red and then orange, and finally it gets white, the "hottest" color. (②) The relation between temperature and the color of a glowing object is useful to astronomers. (③) The color of stars is related to their temperature, and since people cannot as yet travel the great distances to the stars and measure their temperature in a more precise way, astronomers rely on their color. (④) The interior of the star is at a much higher temperature, though it is concealed. (⑤) But the information obtained from the color of the star is still useful. [3점]

이 문제는 고2 문장 삽입 문제입니다. 우선 주어진 문장을 읽으면서 핵심 단서를 찾아보겠습니다.

This temperature is of the surface of the star, the part of the star which is emitting the light that can be seen.

(이 온도는 보일 수 있는 빛을 방출하는 별의 부분인, 별 표면의 온도이다.)

과연 이 문장에서 핵심적인 단서는 무엇일까요?

그것은 다름 아닌 'This temperature(이 온도)'라는 지시형용사와 수식받는 명사입니다. 왜냐하면 지시형용사 'this(이)'와 수식받는 명사는 반드시 그 앞에 나와야만 하기 때문입니다. 따라서 이 문장 앞에는 별의 표면과 관련된 온도가 등장하여야만 합니다. 그리고 그 뒤에는 별표면 온도와 다른 온도가 소개될 수 있는데, 왜냐하면 주어진 문장에서 그 온도가 별의 표면 온도라고 특정하였기 때문입니다.

그럼 이런 정보를 바탕으로 본문의 내용을 읽으면서 주어진 내용이 들어갈 곳을 찾아보기 바랍니다.

온도를 측정하는 한 가지 방법은 불 속에 놓아둔 금속 부지깽이처럼 눈에 띄게 빛이 날 정도로 물체가 충분히 뜨거울 때 생긴다. (①) 빛나는 물체의 색은 온도와 관련이 있다 : 온도가 상승함에 따라 물체는 먼저 빨간색 그리고 나서 주황색으로 변하고, 마지막으로 '가장 뜨거운' 색인 흰색이 된다. (②) 온도와 빛나는 물체의 색 사이의 관련성은 천문학자들에게 유용하다. (③) 별의 색은 그것들의 온도와 관련이 있고, 사람들이 아직 별까지의 먼 거리를 이동하고 더 정확한 방법으로 그것들의 온도를 측정할 수 없기 때문에, 천문학자들은 그것들의 색에 의존한다. (④) 별의 내부는 비록 숨겨져 있지만, 온도가 훨씬 더 높다. (⑤) 하지만 별의 색깔에서 얻은 정보는 아직도 유용하다.

답은 ④번이 적합함을 알 수 있습니다. ④번 앞에는 별의 색이 온도와 관련성이 있다는 것이 언급되고 있고, ④번 뒤에는 별의 내부의 온도에 대하여 기술하고 있기 때문에 예측한 정보를 바탕으로 정답을 확인할 수 있습니다.

32. 다음 빈칸에 들어갈 말로 가장 적절한 것을 고르시오.

Genetic engineering followed by cloning to distribute many identical animals or plants is sometimes seen as a threat to the diversity of nature. However, humans have been replacing diverse natural habitats with artificial monoculture for millennia. Most natural habitats in the advanced nations have already been replaced with some form of artificial environment based on mass production or repetition. The real threat to biodiversity is surely the need to convert ever more of our planet into production zones to feed the ever-increasing human population. The cloning and transgenic alteration of domestic animals makes little difference to the overall situation. Conversely, the renewed interest in genetics has led to a growing awareness that there are many wild plants and animals with interesting or useful genetic properties that could be used for a variety of as-yet-unknown purposes. This has led in turn to a realization that _____ because they may harbor tomorrow's drugs against cancer, malaria, or obesity.

* monoculture: 단일 경작

① ecological systems are genetically programmed
② we should avoid destroying natural ecosystems
③ we need to stop creating genetically modified organisms
④ artificial organisms can survive in natural environments
⑤ living things adapt themselves to their physical environments

3 explanation

이 문제는 고3 빈칸 추론 문제입니다. 우선 빈칸이 포함된 결론 부분을 읽으면서 핵심 단서를 찾아보고 그것을 기초로 빈칸을 추론하여 보겠습니다.

This has led in turn to a realization that _____ because they may harbor tomorrow's drugs against cancer, malaria, or obesity.

이 문장의 핵심 단서는 무엇일까요? 그것은 다름 아닌 'this(이것)'과 접속사 'because(왜냐하면)'입니다. 'this(이것)'은 앞 문장임을 가리키는데, 앞 문장이 결국 빈칸을 야기하는 원인이라는 것을 알 수 있습니다(This has led in turn to a realization that _____). '왜냐하면(because)' 이하는 "그것들이(they) 암, 말라리아 또는 비만을 치료하는 미래의 약을 포함하고 있기 때문이다."라고 그 이유를 설명하고 있습니다.

따라서 우선 이것(this)이 가리키는 앞 문장을 해석해보면 빈칸의 결과를 추론할 수 있습니다.

앞 문장은 "Conversely, the renewed interest in genetics has led to a growing awareness that there are many wild plants and animals with interesting or useful genetic properties that could be used for a variety of as-yet-unknown purposes(반대로 유전학에 대한 새로워진 관심은 아직 알려지지 않은 다양한 목적을 위해서 이용될 수 있는 흥미롭거나 유용한 유전 특성을 가진 야생 동식물이 있다는 인식을 키웠다)."라고 되어 있습니다. 요컨대 유전학이 발전하면서 다양한 목적에 이용될 수 있는 야생 동식물에 대한 관심이 커졌다는 것입니다. 왜냐하면(because) 이하에 등장하는 그것들이(they) 야생 동식물임을 알 수 있습니다.

이것을 종합하여 고려하면서 선택지에서 정답을 선택해보기 바랍니다.

① ecological systems are genetically programmed
   (생태계는 유전적으로 프로그램 되어 있다.)
② we should avoid destroying natural ecosystems
   (우리는 자연 생태계를 파괴하는 것을 피해야만 한다.)
③ we need to stop creating genetically modified organisms
   (우리는 유전적으로 변형된 유기체를 창조하는 것을 멈춰야 한다.)
④ artificial organisms can survive in natural environments
   (인공 유기물들은 자연환경에서 생존할 수 있다.)
⑤ living things adapt themselves to their physical environments
   (생명체들은 그들의 자연환경에 적응한다.)

②번이 정답임을 충분히 확인할 수 있을 것입니다. 자연 생태계(야생 동식물들)가 우리의 다양한 목적을 달성하는 데 필요하고, 특히 병들을 고치는 약을 포함한다는 원인에 기초하여 우리는 자연 생태계를 파괴하는 것을 피해야만 한다는 결과를 도출할 수 있기 때문입니다.

36. 주어진 글 다음에 이어질 글의 순서로 가장 적절한 것을 고르시오.

> In a process called seeding, you need to have a time frame in mind. Start telling your family how you feel about your current job. Tell them how you get frustrated and bored with this job.

(A) These stories will make them realise that you are meant to follow your passion. At times they need to be surprised with your small achievements, which could be some additional skills you acquired, or some awards you won in your field of passion.

(B) Discuss this almost twice a week. Then start doing work related to your passion on the side and let them see and experience how happy you are while doing this. Find a way to get your family and friends involved in your passion. The more they see you doing your passion, the more they connect with you emotionally.

(C) Tell them stories of how you are inspired by the passion and how it makes a difference not only to you but also to others. Give examples of how someone living a similar passion started his or her life and today how he or she is living happily.

① (A) − (C) − (B)　　　　② (B) − (A) − (C)

③ (B) − (C) − (A)　　　　④ (C) − (A) − (B)

⑤ (C) − (B) − (A)

이 문제는 고3 문단 순서 문제입니다.

먼저 주어진 문장을 읽고 해석하면 "In a process called seeding, you need to have a time frame in mind. Start telling your family how you feel about your current job. Tell them how you get frustrated and bored with this job('씨 뿌리기'라고 불리는 과정에서, 여러분은 마음속에 시간의 틀을 가질 필요가 있다. 여러분의 현재 직업에 대해 어떻게 느끼는지를 가족들에게 말하기 시작하라. 그들에게 여러분이 이 직업에 대해 얼마나 좌절감을 느끼고 지루해하는지를 말하라)."과 같습니다.

이 뒤에 이어질 내용은 무엇일까요? 아마 가족들과의 소통 방식에 대한 것을 말할 것으로 보입니다.

이제 (A), (B), (C)의 각 첫 문장을 읽으면서 주어진 문장과의 연결성을 검토해보기로 하겠습니다.

(A) These stories will make them realise that you are meant to follow your passion(이 이야기들은 여러분이 열정을 따라야만 한다는 것을 그들이 깨닫게 해줄 것이다).

글 (A)는 'These stories(이 이야기들)'이라는 지시사로 글을 시작하고 있는데, 반드시 이 글 앞에는 복수의 이야기들이 나와야 합니다. 주어진 문장에는 'These stories(이 이야기들)'에 해당하는 내용이 없습니다. 따라서 글 (A)는 주어진 문장과 연결성이 떨어집니다.

(B) Discuss this almost twice a week(거의 일주일에 두 번은 이것에 대해 논의하라).

글 (B)는 "Discuss this(이것을 논의하라)"라고 시작되는데, 'this(이것)'는 앞 문장의 내용입니다. 주어진 글에서 가족들과 직업에 대하여 말하라는 내용이 있으므로 글 (B)의 주어진 글과 연결될 수 있습니다.

(C) Tell them stories of how you are inspired by the passion and how it makes a difference not only to you but also to others(그 열정에 어떻게 영감을 받고 그것이 여러분뿐만 아니라 다른 사람들에게도 어떻게 변화를 주는지에 대해 그들에게 이야기하라).

글 (C)는 "Tell them stories(그들에게 이야기들을 말하라)"라고 시작되는데, 열정과 영감에 대해서 말하라고 했는데 주어진 글과는 정반대의 내용을 말하라고 했으므로 글 (C)가 주어진 글과 바로 연결되는 것은 부자연스럽습니다.

종합하면 글 (B)가 주어진 문장과 가장 자연스럽게 연결되므로 이제 글(B)의 뒷부분을 읽고 다음에 연결되는 글을 알아보겠습니다.

Then start doing work related to your passion on the side and let them see and experience how happy you are while doing this. Find a way to get your family and friends involved in your passion. The more they see you doing your passion, the more they connect with you emotionally.

(그런 다음에 열정과 관련된 일을 추가로 하기 시작하고, 이 일을 하는 동안에 여러분이 얼마나 행복한지를 그들이 보고 경험하게 하라. 여러분의 가족과 친구들이 여러분의 열정에 관여하게 할 방법을 찾아라. 여러분이 열정을 쏟는 것을 더 많이 볼수록 그들은 여러분과 감정적으로 더 많이 연결된다.)

이 글 뒤에 (A), (C) 중 무엇이 적절하게 연결되는지 살펴보기 바랍니다.

글 (B)는 주로 새로운 일에 대한 열정을 말할 것을 권고합니다. 따라서 글 (B) 뒤에는 열정에 대한 이야기가 언급되어야 하는데, 글 (A), (C) 모두 열정에 대한 언급을 하고 있으므로 잠시 판단을 보류하겠습니다. 여기서 글 (A)는 'These stories(이 이야기들)'라는 지시사로 글을 시작하고 있음을 상기하고 글 (C)는 "Tell them stories(그들에게 이야기들을 말하라)"라고 시작됨을 기억해보겠습니다. 글 (C)는 이야기들을 하라는 것이고, 글 (A)는 그 이야기들의 효과에 해당합니다. 따라서 글 (C)가 먼저이고 글 (A)가 나중임을 알 수 있습니다.

따라서 정답은 ③ (B) – (C) – (A)가 됩니다.

03 제3 단서 – 관사(류)

1 관사의 중요성

관사는 명사 앞에 위치하는 일종의 형용사로, 별 중요성이 없는 것으로 생각하기 쉽습니다. 그러나 부정관사(a, an)는 처음 언급될 때 사용되는 특징이 있고, 정관사(the)는 한 번 언급된 명사 앞에 또는 특정한 명사 앞에 붙는다는 점에서 특히 문단의 순서나 문장 삽입과 같은 유형의 추론 문제에서 중요한 단서의 역할을 할 수 있기 때문에 소홀히 다루면 안 될 것입니다(여기서는 유일물에 붙는 정관사는 논외로 합니다).

36, 37번 문단 순서 문제의 경우 한 문단에 부정관사(류)가 나오고 다른 문단에 정관사(류)가 나온다면 부정관사(류)가 선행하는 것이 일반적임에 비추어 문단 순서 해결에 활용할 수 있습니다.

38, 39번 문장 삽입의 경우 주어진 문장에 정관사(류)가 있다면 그 앞에는 부정관사(류)가 등장하는 것이 일반적이고, 만약 주어진 문장에 부정관사(류)가 등장한다면 그 뒤에는 정관사(류)가 등장할 것이므로 이 원리를 활용하여 문장 삽입 문제를 해결하는 데 활용할 수 있고 장문 독해 등의 문단 순서에도 활용될 수 있습니다.

2 관사(류)의 종류

❶ 부정관사

• 종류 : a, an

• 기능 : 셀 수 있는 명사의 앞에 위치하며, 그것이 처음 언급되거나 그것이 특정한 대상이 아니라 일반적인 대상임을 나타냅니다.

예 ① A man called to see you. ② I bought a new bag.

❷ 정관사

• 종류 : the

- 기능 : '그'라는 뜻으로, 이미 언급되었거나 화자와 청자가 서로 알고 있는 것, 또는 세상에서 유일한 존재를 가리킬 때 사용됩니다.

  예 A man called to see you. The man is a foreigner.

  I bought a new bag. The bag is made in Japan.

❸ 관사류(부정대명사에 등장하는 관사)

- one, another, the other

  예 I have three brothers. One is a soldier, another is a doctor and the other is a farmer.

- some, others, the others

  예 Some students in my class are from Europe, others are from America and the others are from Asia.

③ 관사(류)를 활용한 문제 풀이 사례

레사1 2021학년도 6월 전국연합 고1 38번   해석문 본문 225쪽

38. 글의 흐름으로 보아, 주어진 문장이 들어가기에 가장 적절한 곳을 고르시오.

> As the sticks approach each other, the air immediately in front of them is compressed and energy builds up.

Sound and light travel in waves. An analogy often given for sound is that of throwing a small stone onto the surface of a still pond. Waves radiate outwards from the point of impact, just as sound waves radiate from the sound source. (①) This is due to a disturbance in the air around us. (②) If you bang two sticks together, you will get a sound. (③) When the point of impact occurs, this energy is released as sound waves. (④) If you try the same experiment with two heavy stones, exactly the same thing occurs, but you get a different sound due to the density and surface of the stones, and as they have likely displaced more air, a louder sound. (⑤) And so, a physical disturbance in the atmosphere around us will produce a sound.

* analogy: 비유 ** radiate: 사방으로 퍼지다

이 문제는 고1 문장 삽입 문제입니다.

　우선 주어진 문장을 읽고 해석하면서 문장 전후에 올 내용을 알 수 있는 핵심 단서를 찾아보겠습니다.

As the sticks approach each other, the air immediately in front of them is compressed and energy builds up.

(막대기들이 서로 가까워질 때, 그것들 바로 앞에 있는 공기가 압축되고 에너지는 축적된다.)

　여기에서 과연 무엇이 주어진 문장 전후의 내용을 알려주는 핵심 단서일까요?

　그것은 다름 아닌 정관사 'the(그)'입니다. 이 정관사와 연결된 'the sticks(그 막대기들)'는 반드시 앞에 언급되어야만 정관사 the를 붙일 수 있습니다. 따라서 주어진 문장 앞에는 복수의 막대기들이 등장할 것이 틀림없습니다. 이 글 뒤에는 그 막대기들이 충돌하여 에너지, 즉 음파를 만드는 내용에 대한 부연 설명이 이어질 것으로 보입니다.

　이 정보를 바탕으로 본문을 읽으면서 주어진 문장이 들어갈 적소를 찾아보기 바랍니다.

　소리와 빛은 파장으로 이동한다. 소리 현상에 대해 자주 언급되는 비유는 작은 돌멩이를 고요한 연못 표면에 던지는 것이다. 음파가 음원으로부터 사방으로 퍼지는 것처럼 파장이 충격 지점으로부터 바깥으로 퍼져 나간다. (①) 이것은 우리 주변의 공기 중의 교란 작용 때문이다. (②) 만약에 당신이 막대기 두 개를 함께 꽝 친다면, 소리를 듣게 될 것이다. (③) 충돌점이 발생하면 이 에너지는 음파로 퍼져 나간다. (④) 두 개의 무거운 돌을 가지고 같은 실험을 해보면 똑같은 일이 일어나지만, 돌의 밀도와 표면 때문에 당신은 다른 소리를 듣게 되고, 그 돌이 아마 더 많은 공기를 바꿔놓았기 때문에 당신은 더 큰 소리를 듣게 된다. (⑤) 따라서 우리 주변의 대기 중에서 일어나는 물리적 교란 작용이 소리를 만든다.

　주어진 문장이 들어갈 곳은 ③번임을 알 수 있습니다. 왜냐하면 ③번 앞에 두 개의 막대기에 대한 언급이 있고 ③번 뒤에는 'this energy(이 에너지)'가 음파로 퍼진다고 했는데, 반드시 이 앞에는 에너지에 대한 내용이 나와야 하고 주어진 문장에서 이 에너지에 대한 내용이 등장하기 때문입니다.

38. 글의 흐름으로 보아, 주어진 문장이 들어가기에 가장 적절한 곳을 고르시오.

In describing the service, a recent newspaper article warned consumers that sharing the yacht means "there is no guarantee you will always be able to use it when you want.

Car-sharing is now a familiar concept, but creative companies are making it possible for their clients to share ownership and access to just about everything, such as villas, handbags and even diamond necklaces. (①) According to a Portuguese saying, "You should never have a yacht; you should have a friend with a yacht." (②) By joining a yacht sharing service, members can live the Portuguese dream by sharing a yacht with up to seven other people. (③) This apparent limitation is precisely what helps consumers make it a treat. (④) Limiting your access to everything from sandwiches to luxury cars helps to reset your cheerometer. (⑤) That is, knowing you can't have access to something all the time may help you appreciate it more when you do.

이 문제는 고2 문장 삽입 문제입니다. 우선 주어진 문장을 읽으면서 전후에 등장할 내용을 알려주는 핵심 단서를 찾아보기 바랍니다.

In describing the service, a recent newspaper article warned consumers that sharing the yacht means "there is no guarantee you will always be able to use it when you want."

(그 서비스를 설명하면서, 최근 한 신문 기사는 요트를 공유하는 것은 "여러분이 원할 때 여러분이 그것을 항상 이용할 수 있을 것이라는 보장은 없다"는 것을 의미한다고 소비자에게 경고했다.)

이 주어진 문장에서 어떤 것이 핵심 단서일까요? 그것은 다름 아닌 정관사와 결합된 'the service(그 서비스)'인데, 왜냐하면 이 문장 앞에는 반드시 어떤 서비스에 대한 내용이 등장해야만 하기 때문입니다. 뒷부분의 내용으로 미루어 보아 요트와 관련된 서비스임을 알 수 있습니다. 이 문장 다음에는 아마도 항상 서비스를 이용할 수 없다는 것에 대한 부가적인 설명이 나올 것으로 예상됩니다.

자, 그럼 단서를 얻는 이 정보를 바탕으로 주어진 문장이 들어가기에 가장 적합한 곳을 찾아보세요.

자동차 공유는 지금 익숙한 개념이지만 창의적인 회사들은 그들의 고객들이 별장, 핸드백, 그리고 심지어 다이아몬드 목걸이와 같은 거의 모든 것에 대한 소유권과 이용권을 공유하는 것을 가능하게 하고 있다. (①) 포르투갈 속담에 따르면, "여러분은 절대 요트를 가져서는 안 되고 요트 가진 친구를 가져야 한다." (②) 요트 공유 서비스에 가입함으로써, 회원들은 최대 7명의 다른 사람들과 한 대의 요트를 공유함으로써 포르투갈인들의 꿈을 성취할 수 있다. (③) 이 외견상의 제한이 정확히 소비자들이 그것을 큰 기쁨으로 만들도록 돕는 것이다. (④) 샌드위치부터 고급 자동차까지 모든 것에 여러분의 이용권을 제한하는 것이 여러분의 활기 온도계를 재설정하도록 돕는다. (⑤) 즉, 어떤 것에 여러분이 항상 이용권을 가질 수는 없다는 것을 아는 것이 여러분이 이용권을 가질 때 그것에 대해 더 감사하도록 도울 것이다.

정답은 ③번임을 확인할 수 있습니다. ③번 앞에는 "a yacht sharing service(요트 공유 서비스)"가 소개되고 있으며(부정관사 a에 주목하세요), ③번 뒤에는 "This apparent limitation(이 외견상의 제한)"이라고 시작되는데, 이것은 주어진 문장의 후반부에 나오는 "여러분이 원할 때 여러분이 그것을 항상 이용할 수 있을 것이라는 보장은 없다."라는 것을 가리키고 있음을 알 수 있기 때문입니다.

37. 주어진 글 다음에 이어질 글의 순서로 가장 적절한 것을 고르시오.

Because a main goal of science is to discover lawful relationships, science assumes that what is being investigated is lawful. For example, the chemist assumes that chemical reactions are lawful, and the physicist assumes that the physical world is lawful.

(A) The determinist, then, assumes that everything that occurs is a function of a finite number of causes and that, if these causes were known, an event could be predicted with complete accuracy. However, knowing all causes of an event is not necessary; the determinist simply assumes that they exist and that as more causes are known, predictions become more accurate.

(B) The assumption that what is being studied can be understood in terms of causal laws is called determinism. Richard Taylor defined determinism as the philosophical doctrine that "states that for everything that ever happens there are conditions such that, given them, nothing else could happen."

(C) For example, almost everyone would agree that the weather is a function of a finite number of variables such as sunspots, high-altitude jet streams, and barometric pressure; yet weather forecasts are always probabilistic because many of these variables change constantly, and others are simply unknown.

* altitude: 고도(高度)   ** barometric: 기압의

① (A) − (C) − (B)   ② (B) − (A) − (C)

③ (B) − (C) − (A)   ④ (C) − (A) − (B)

⑤ (C) − (B) − (A)

이 문제는 고3 문단 순서 유형의 문제입니다.

우선 본문을 해석해보면 "Because a main goal of science is to discover lawful relationships, science assumes that what is being investigated is lawful. For example, the chemist assumes that chemical reactions are lawful, and the physicist assumes that the physical world is lawful(과학의 주요 목적은 법칙적인 관계를 발견하는 것이기 때문에 과학에서 연구되고 있는 것이 법칙적이라고 가정한다. 예를 들어 화학자는 화학반응이 법칙적이라고 가정하고 물리학자는 물리적 세계가 법칙적이라고 가정한다)."과 같습니다.

이 주어진 문장에 이어질 다음 문장을 찾아보도록 하겠습니다.

우선 (A) 글의 앞부분을 읽어보면 "(A) The determinist, then, assumes that everything that occurs is a function of a finite number of causes and that, if these causes were known, an event could be predicted with complete accuracy(그리고 나서 그 결정론자들은 일어나는 모든 일이 유한한 수의 원인의 작용이고, 이러한 원인이 알려져 있다면 완전한 정확도를 가지고 사건이 예측될 수 있다고 가정한다)."라고 되어 있는데, 여기서 핵심적인 단서는 'the determinist(그 결정론자)'입니다. 왜냐하면 (A) 글의 앞에는 반드시 결정론자라는 내용이 나와야 하는데, 주어진 문장에는 결정론자에 대한 언급이 없습니다. 따라서 글 (A)는 주어진 문장과 연결성이 떨어집니다.

그리고 글 (B)의 첫 부분은 "The assumption that what is being studied can be understood in terms of causal laws is called determinism(연구되는 것은 인과 법칙의 측면에서 이해될 수 있다는 그 가정은 결정론이라고 불린다)."이라고 시작되는데, 여기서도 'the assumption(그 가정)'에 있는 정관사 the가 핵심 단서가 될 수 있습니다. 왜냐하면 (B) 앞에는 반드시 가정이 있어야 하는데, 주어진 문장에는 과학자들이 그들이 연구하는 것이 법칙적이라고 가정한다는 말이 있음에 비추어 주어진 문장에 (B)가 이어지는 것은 자연스럽습니다.

(C) 문장의 앞부분은 "For example, almost everyone would agree that the weather is a function of a finite number of variables such as sunspots, high-altitude jet streams, and barometric pressure;(예를 들어 거의 모든 사람은 날씨가 태양의 흑점, 높은 고도의 제트기류, 그리고 기압과 같은 유한한 수의 변수들의 작용이라는 데에 동의할 것이다)."로 시작되는데, 여기서는 'for example(예를 들면)'이 핵심 단서로 역할을 합니다. 이 접속부사는 앞에 일반적 진술이 나오고 그 뒤에 이를 예시하는 구체적 사실이 등장합니다. 그 뒤의 내용이 모든 변수를 알아야 예측이 가능하다는 내용이어서 주어진 문장의 뒤에는 부적합합니다. 주어진 문장에는 이를 포괄하는 일반적인 진술이 없기 때문입니다.

따라서 주어진 문장에 가장 적합한 것은 (B)임을 알 수 있습니다.

이제 (B) 글의 뒷부분을 살펴보면 "Richard Taylor defined determinism as the philosophical doctrine that 'states that for everything that ever happens there are conditions such that, given them, nothing else could happen.'(Richard Taylor는 결정론을 '언제나 일어나는 모든 일에 대해서 그 조건이 주어지면 그 밖의 어떤 것도 일어날 수 없는 그러한 조건이 있다고 말하는' 철학적인 교리라고 정의한다.)"이라고 되어 있는데, 요컨대 Richard Taylor라는 결정론자의 결정론에 대한 정의가 소개되고 있습니다.

글 (A)에서 언급된 'the determinist(그 결정론자)'가 Richard Tayor임을 짐작할 수 있습니다. 따라서 글 (B)뒤에는 글 (A)가 이어지는 것이 자연스럽습니다.

따라서 ② (B) - (A) - (C)를 정답으로 확신할 수 있겠습니다.

추가적으로 글 (A)의 뒷부분은 "the determinist simply assumes that they exist and that as more causes are known, predictions become more accurate[그 결정론자는 단지 그것(원인)들이 존재하고 더 많은 원인이 알려짐으로써 예측이 더욱 정확해진다고 가정한다]."라는 내용입니다. 요컨대 결정론자들이 더 많은 원인을 알수록 예측이 더 정확해진다고 가정한다는 내용이 나오는데, 이는 (C)의 for example 뒤에서 나오는 것들이 구체적인 사례임을 알 수 있습니다. 따라서 정답은 ② (B) - (A) - (C)임을 재확인할 수 있습니다.

제4 단서 – 글의 흐름(글의 구조와 특성)

1 글의 흐름(글의 구조와 특성)의 중요성

❶ 수능영어에 등장하는 문장들의 두 가지 특징

· 내적 정합성

수능영어에 등장하는 모든 문장들에는 상호 간에 논리적인 일관성과 통일성이 있다는 특성이 있습니다. 즉 처음 시작되는 문장과 이어지는 모든 문장들이 상호 밀접한 논리일관된 관련성을 가지고 마지막 문장까지 이어진다는 것입니다(단, 설명문은 제외). 이러한 수능영어 문장의 특성을 직접적으로 증명하는 문제가 31~34번 빈칸 추론, 35번 흐름 무관 문장 찾기, 36~37번의 문단 순서, 38~39번의 문장 넣기 등입니다. 만약 내적 정합성이라는 것이 전제되지 않는다면 이런 종류의 문제는 출제가 불가능합니다.

· 외적 적합성

수능영어에 등장하는 모든 문장들은 대한민국의 보편적 가치와 상식을 바탕으로 하며 그 보편적 가치와 상식을 크게 벗어나지 못합니다. 이것은 출제 기관인 평가원이 대한민국 산하 국가기관으로서 그 보편적 가치를 인정하지 않을 수 없기 때문입니다.

❷ 두 가지 특징의 활용

· 내적 정합성의 활용

모든 문장이 하나의 시스템을 이루는 수미일관된 문장으로 수능영어 문장이 구성된 것이 맞다면 처음 문장으로도 마지막 문장을 어느 정도 예측할 수 있을 것이며 선후의 문장 간에도 분명히 논리적인 관련성이 있을 것입니다. 그렇다면 모든 논술문의 경우에 이를 문제 풀이에 활용할 수 있을 것이며 추론문의 풀이에도 널리 적용할 수 있을 것입니다.

가령, 논술문의 경우 첫 문장을 통해 본론의 전개 과정과 결론의 도출을 추측해볼 수 있을 것입니다. 또한 빈칸 추론의 경우 앞뒤 문장들을 통하여 또는 첫 문장이나 마지막 문장을 통하여 빈칸을 논리적으로 추론하는 것이 가능할 것입니다.

가령 서론에서 '많은 사람이 돈으로 뭐든 할 수 있다고 생각하는 경향이 있다.'라고 글을 시작했다면 여러분은 본론과 결론을 예측할 수 있겠습니까?

아마도 결론은 '돈으로도 할 수 없는 것들이 있다.'일 것이며 본론은 결론의 주장이 타당해 보이지만 몇 가지 돈으로 할 수 없는 것들을 증거로 제시할 것입니다.

다만 이러한 추론을 확정적으로 정답을 단정하기보다는 보조적인 참조 사항으로 활용하는 게 좋겠다는 의견입니다.

• 외적 적합성의 활용

이것은 비록 간접적이지만 논술문과 추론문의 정답을 도출할 때나 정답의 선택 시에 활용될 수 있습니다. 즉 지나치게 보편적 가치와 상식에서 크게 벗어난 답은 정답에서 걸러낼 수 있을 것입니다.

레사 1 2021학년도 3월 고1 34번   해석문 본문 226쪽

34. 다음 빈칸에 들어갈 말로 가장 적절한 것을 고르시오.

It is important to distinguish between being legally allowed to do something, and actually being able to go and do it. A law could be passed allowing everyone, if they so wish, to run a mile in two minutes. That would not, however, increase their effective freedom, because, although allowed to do so, they are physically incapable of it. Having a minimum of restrictions and a maximum of possibilities is fine. But in the real world most people will never have the opportunity either to become all that they are allowed to become, or to need to be restrained from doing everything that is possible for them to do. Their effective freedom depends on actually _____. [3점]

* restriction: 제약   ** restrain: 저지하다

① respecting others' rights to freedom

② protecting and providing for the needy

③ learning what socially acceptable behaviors are

④ determining how much they can expect from others

⑤ having the means and ability to do what they choose

---

1 **explanation**

이 문제는 고1 빈칸 추론 문제입니다. 우선 빈칸이 포함된 문장을 읽으면서 단서를 찾아보기 바랍니다.

Their effective freedom depends on actually _____.
(그들의 실질적 자유는 사실 _____ 에 달려 있다.)

여기서 핵심적 단서라고 할 수 있는 것은 무엇일까요? 여기에서는 "their effective freedom(그들의 실질적 자유)"에 나오는 대명형용사 'their(그들의)'가 유일한 단서로 보입니다. 앞 문장을 통해서 그들

이 누구인지 알아보고 빈칸을 추론해보겠습니다.

바로 앞 문장을 살펴보면 "But in the real world most people will never have the opportunity either to become all that they are allowed to become, or to need to be restrained from doing everything that is possible for them to do(하지만 현실 세계에서, 대부분의 사람에게는 자신이 되도록 허용된 모든 것이 될 가능성이 없고, 할 수 있는 모든 것을 하는 것을 저지당해야 할 가능성도 없을 것이다)."라고 해석되는데, 요컨대 사람들의 자유는 실제적으로 제약된다는 것입니다. 그들은 일반적인 사람들임을 알 수 있습니다. 이것만으로는 빈칸을 추론하기에 충분한 정보라고 할 수 없습니다.

이런 경우에는 첫 문장을 읽고 글의 흐름을 파악해봄으로써 문제 해결의 단서를 포착할 수도 있을 것입니다.

첫 문장을 읽고 해석하면 "It is important to distinguish between being legally allowed to do something, and actually being able to go and do it(어떤 일을 할 수 있도록 법적으로 허용되는 것과 실제로 그것을 해버릴 수 있는 것을 구별하는 것은 중요하다)."과 같습니다.

이 첫 문장을 통하여 앞으로 진행될 글의 전개를 생각해보기 바랍니다.

아마도 법적으로 허용되는 일들이 많이 있다고 해도 실제로 그것을 하는 것은 별개의 문제이고 실제로 할 수 있는 능력을 갖추고 있어야만 법에서 허용된 자유를 누릴 수 있는 것으로 추성됩니다. 이와 같은 글의 전개에 대한 추론을 바탕으로 이제 다시 빈칸이 포함된 문장을 읽고 빈칸을 추론해보기 바랍니다.

Their effective freedom depends on actually _____.
[그들(사람들)의 실질적 자유는 사실 _____ 에 달려 있다.]

① respecting others' rights to freedom
(다른 사람들의 자유에 대한 권리를 존중하기)
② protecting and providing for the needy
(어려운 사람들을 보호하고 필요한 것을 제공하기)
③ learning what socially acceptable behaviors are
(사회적으로 허용되는 행동들을 학습하기)
④ determining how much they can expect from others
(다른 사람들로부터 얼마나 많은 것을 기대할 수 있는지 결정하기)
⑤ having the means and ability to do what they choose
(그들이 선택한 것을 할 수단과 능력을 갖는 것)

아마도 어렵지 않게 ⑤번이 정답임을 알 수 있습니다.

22. 다음 글의 요지로 가장 적절한 것은?

Personal blind spots are areas that are visible to others but not to you. The developmental challenge of blind spots is that you don't know what you don't know. Like that area in the side mirror of your car where you can't see that truck in the lane next to you, personal blind spots can easily be overlooked because you are completely unaware of their presence. They can be equally dangerous as well. That truck you don't see? It's really there! So are your blind spots. Just because you don't see them doesn't mean they can't run you over. This is where you need to enlist the help of others. You have to develop a crew of special people, people who are willing to hold up that mirror, who not only know you well enough to see that truck, but who also care enough about you to let you know that it's there.

① 모르는 부분을 인정하고 질문하는 것이 중요하다.
② 폭넓은 인간관계는 성공에 결정적인 영향을 미친다.
③ 자기발전은 실수를 기회로 만드는 능력에서 비롯된다.
④ 주변에 관심을 가지고 타인을 도와주는 것이 바람직하다.
⑤ 자신의 맹점을 인지하도록 도와줄 수 있는 사람이 필요하다.

이 문제는 글의 요지를 묻는 고2 문제로서 논술문 유형의 문제입니다.

따라서 결론 부분의 문장을 읽고 해석하면 정답을 얻을 가능성이 높습니다.

You have to develop a crew of special people, people who are willing to hold up that mirror, who not only know you well enough to see that truck, but who also care enough about you to let you know that it's there.

(당신은 기꺼이 그 거울을 들고, 그 트럭을 볼 수 있을 정도로 충분히 당신을 잘 알 뿐만 아니라 또한 트럭이 거기에 있다는 것을 당신에게 알려 줄 만큼 충분히 당신을 아끼는 이런 특별한 동료들을 만들어야 한다.)

요컨대 당신이 운전할 때 당신이 볼 수 없는 주위에 있는 트럭에 대한 정보를 알려줄 사람이 필요하다는 내용입니다.

아마도 이 정보만으로도 답을 결정할 수 있지만, 조금 불확실하다면 이럴 때 서론을 읽고 글의 흐름을 추론해보는 것이 좋은 단서가 될 수 있습니다.

첫 문장을 읽어보면 "Personal blind spots are areas that are visible to others but not to you(개인의 맹점은 다른 사람들에게는 보이지만 당신에게는 보이지 않는 부분이다)."와 같습니다.

다음에 글의 전개는 어떻게 진행될까요? 아마도 당신이 모르고 볼 수 없는 많은 맹점이 있는데, 이는 타인의 도움을 통해 해결할 수 있고 따라서 주위에 있는 사람들로부터의 도움을 받으라는 내용일 것입니다.

이제 이런 추론을 바탕으로 다시 한번 정답을 찾아보기 바랍니다. 어렵지 않게 ⑤번을 선택할 수 있을 것입니다.

22. 다음 글의 요지로 가장 적절한 것은?

Some company leaders say that their company is going through a lot of change and stress, which they "know" will lower their effectiveness, drive away top talent, and tear apart their teams. They need to think about the military, a place where stress and uncertainty are the status quo, and where employees are on-boarded not with a beach vacation but with boot camp. And yet, the employees of the military remain among the highest functioning, steadfast, and loyal of virtually any organization on the planet. That's because after centuries of practice, the military has learned that if you go through stress with the right lens, and alongside others, you can create meaningful narratives and social bonds that you will talk about for the rest of your life. Instead of seeing stress as a threat, the military culture derives pride from the shared resilience it creates. And this has nothing to do with the fact that they are soldiers; every company and team can turn stress into wellsprings of potential.

*status quo: 현 상태 **boot camp: 신병 훈련소

① 적절한 긴장감은 사고를 예방하는 데 도움이 된다.
② 신속함보다는 정확한 업무 처리가 생산성을 개선한다.
③ 목표 설정이 구체적일수록 성과를 빨리 할 수 있다.
④ 인적 자원에 대한 투자는 조직에 대한 충성심을 높인다.
⑤ 스트레스를 조직의 잠재력을 끌어낼 계기로 삼을 수 있다.

이 문제는 글의 요지를 묻는 고3 문제로서 논술문 유형에 해당합니다.

먼저 결론 부분의 문장을 읽어보면 다음과 같습니다.

And this has nothing to do with the fact that they are soldiers; every company and team can turn stress into wellsprings of potential.

(그런데 이것은 그들이 군인이라는 사실과 무관하다. 즉 모든 회사와 팀은 스트레스를 잠재력의 원천으로 바꿀 수 있다.)

이 글만으로도 정답을 찾아낼 수 있을 것입니다.

① 적절한 긴장감은 사고를 예방하는 데 도움이 된다.
② 신속함보다는 정확한 업무 처리가 생산성을 개선한다.
③ 목표 설정이 구체적일수록 성과를 빨리 할 수 있다.
④ 인적 자원에 대한 투자는 조직에 대한 충성심을 높인다.
⑤ 스트레스를 조직의 잠재력을 끌어낼 계기로 삼을 수 있다.

조금 불안하다면 글의 첫 문장을 읽고 글의 흐름을 추론해보면 확신을 얻을 수 있습니다. 첫 문장을 읽어보면 "Some company leaders say that their company is going through a lot of change and stress, which they 'know' will lower their effectiveness, drive away top talent, and tear apart their teams(몇몇 회사의 경영진은 회사가 많은 변화와 스트레스를 겪고 있는데, 그것이 업무 효율성을 떨어뜨리고, 최고의 인재를 몰아내며, 그들의 팀을 분열시킨다는 것을 알고 있다고 말한다)."와 같습니다.

이 글의 시작은 스트레스가 회사에 주는 부정적인 측면에 대한 언급인데, 이 뒤에 이어질 글의 흐름을 추론해보기 바랍니다. 만약 결론이 서론과 같이 스트레스에 대한 단점을 말하는 것이라면 이 글은 뭔가 흐름이 어색합니다. 이 글이 매력적인 흐름을 가지려면 본론에서 스트레스가 주는 긍정적인 사례를 언급하면서 스트레스가 때론 긍정적인 장점을 가지고 있다는 결론이 나올 것입니다.

이러한 글의 흐름에 대한 추론을 바탕으로 결론을 다시 읽어보면서 정답을 찾아보면 글의 흐름에 맞는 것은 ⑤번임을 확신할 수 있습니다.

24. 다음 글의 제목으로 가장 적절한 것은?

Hierarchies are good at weeding out obviously bad ideas. By the time an idea makes it all the way up the chain, it will have been compared to all the other ideas in the system, with the obviously good ideas ranked at the top. This seems like common sense. The problem is that obviously good ideas are not truly innovative, and truly innovative ideas often look like very bad ideas when they're introduced. Western Union famously passed on the opportunity to buy Alexander Graham Bell's patents and technology for the telephone. At the time, phone calls were extremely noisy and easy to misinterpret, and they couldn't span long distances, and Western Union knew from its telegram business that profitable communication depended on accuracy and widespread reach. And Wikipedia was considered a joke when it started. How could something written by a crowd replace the work of the world's top scholars? Today it is so much more comprehensive than anything that came before it that it's widely considered the only encyclopedia.

① When Innovation Turns into Disappointment

② Why We Are Attracted to Daring Innovation

③ How Hierarchies Miss Out on Innovative Ideas

④ Collective Intelligence : A Tool for Breakthroughs

⑤ Patents : Fundamental Assets for Innovative Firms

이 문제는 글의 제목을 추론하는 고3 문제로, 논술문 유형에 속합니다.

우선 결론 부분을 읽어보면 "And Wikipedia was considered a joke when it started. How could something written by a crowd replace the work of the world's top scholars? Today it is so much more comprehensive than anything that came before it that it's widely considered the only encyclopedia(그리고 Wikipedia가 처음 시작했을 때 농담으로 간주되었다. 어떻게 일반 대중이 작성한 것이 세계 최고 학자들의 저작물을 대체할 수 있단 말인가? 오늘날 Wikipedia는 그 이전에 출현했던 그 어떤 것보다도 너무나 훨씬 더 종합적이어서 유일한 백과사전이라고 널리 여겨진다)."와 같습니다. 그런데 이 글을 읽고서는 쉽게 답을 얻기 곤란합니다.

이런 경우에는 서론을 읽고 글의 흐름을 추론하면서 결론을 얻는 것이 강력한 단서가 될 수 있습니다.

서론 첫 문장을 보면 "Hierarchies are good at weeding out obviously bad ideas(위계는 눈에 띄게 나쁜 아이디어를 제거하는 데 유용하다)."라고 시작하고 있습니다. 이 뒤에는 어떤 글의 흐름이 예상됩니까?

만약 이 글이 서론과 동일한 결론을 도출한다면(물론 그렇게 도출할 수도 있지만) 이 글은 다소 매력적이지 못한 글이 될 수 있습니다. 아마도 본론에서 위계가 주는 단점을 지적하고 결론 부분에서 위의 서론과 대조적인 결론을 내린다면 반전이 있는 매력적인 글이 될 것입니다.

이러한 글의 흐름에 대한 예측과 결론 부분을 다시 한번 읽어보면서 글의 제목을 추론해보기 바랍니다.

아마도 ③번 '어떻게 위계는 혁신적인 아이디어를 놓치는가?'를 정답으로 선택할 수 있을 것입니다.

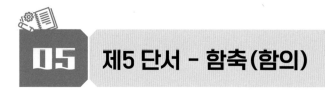

05 제5 단서 – 함축(함의)

1 함축의 의의와 중요성

함축이란 글에서 명시적으로 드러나 있지는 않지만 속에 감추어진 숨겨진 의미를 말합니다. 모든 단어와 문장에는 문맥을 통해 드러나지 않은 함축을 가지고 있는데, 이것이 문제 해결에 요긴한 단서가 될 수 있습니다. '행간을 읽는다(read between the lines)'라는 말에서 행간 속에 감추어진 것을 함축이라고 할 수 있습니다.

주로 부사나 접속사(접속부사) 등이 강력한 단서를 제공하는 경우가 많지만 문장 전체가 함축을 지닐 수가 있습니다. 따라서 단어의 겉으로 드러난 뜻도 중요하겠지만 그것에만 집착하지 않고 숨겨진 함축을 포착할 수 있다면 문제 해결에 직접적인 단서로 유용하게 활용할 수 있습니다.

모든 추론 문제들에 활용성이 높은데, 특히 글의 흐름을 묻는 36, 37번 문제나 문장을 삽입하는 38, 39번 문제와 40번 요약문에서 그 가치를 충분히 발휘할 수 있습니다.

2 함축을 활용한 문제 풀이 사례

38. 글의 흐름으로 보아, 주어진 문장이 들어가기에 가장 적절한 곳을 고르시오.

> Meanwhile, improving by 1 percent isn't particularly notable, but it can be far more meaningful in the long run.

It is so easy to overestimate the importance of one defining moment and underestimate the value of making small improvements on a daily basis. Too often, we convince ourselves that massive success requires massive action. (①) Whether it is losing weight, winning a championship, or achieving any other goal, we put pressure on ourselves to make some earthshaking improvement that everyone will talk about. (②) The difference this tiny improvement can make over time is surprising. (③) Here's how the math works out : if you can get 1 percent better each day for one year, you'll end up thirty-seven times better by the time you're done. (④) Conversely, if you get 1 percent worse each day for one year, you'll decline nearly down to zero. (⑤) What starts as a small win or a minor failure adds up to something much more.

이 문제는 고1 문장 삽입 문제입니다.

우선 주어진 문장을 읽고 해석하면 다음과 같습니다.

Meanwhile, improving by 1 percent isn't particularly notable, but it can be far more meaningful in the long run.

(한편, 1퍼센트 발전하는 것은 특별히 눈에 띄지는 않지만, 장기적으로는 훨씬 더 의미가 있을 수 있다.)

자, 이 주어진 문장에서 이 문장의 전후에 나올 내용을 알려주는 핵심적인 단서는 무엇일까요?

그것은 다름 아닌 'meanwhile(한편)'이라는 부사입니다. 이 'meanwhile(한편)'이라는 부사는 화제를 전환하는 역할을 하는데, 전후의 내용은 서로 대조적인 내용이 나오게 됩니다. 따라서 'meanwhile(한편)' 뒤에 나오는 내용과 대조적인 내용이 이 문장의 앞에 등장할 것이 틀림없습니다.

즉, "1퍼센트 발전하는 것은 특별히 눈에 띄지는 않지만"과 정반대의 대조적인 내용인 급속히 발전하여 눈에 띄는 결과를 내는 내용이 나올 것입니다. 이 문장 뒤에는 주어진 글의 후반부와 관련된 내용, 즉 "장기적으로는 훨씬 더 의미가 있을 수 있다"는 것에 대한 부연 설명이 등장할 것으로 추측됩니다.

자, 그럼 주요 단서를 바탕으로 한 이 추론을 가지고 본문을 읽으면서 주어진 문장이 들어갈 적합한 곳을 찾아보기 바랍니다.

결정적인 한순간의 중요성을 과대평가하고 매일 작은 발전을 이루는 것의 가치를 과소평가하기는 매우 쉽다. 너무 자주 우리는 거대한 성공에는 거대한 행동이 필요하다고 굳게 믿는다. (①) 체중을 줄이는 것이든 결승전에서 이기는 것이든 혹은 어떤 다른 목표를 달성하는 것이든 간에 우리는 모든 사람들이 말할 수 있는, 지축을 흔들 만한 발전을 이루도록 우리 스스로에게 압력을 가한다. (②) 시간이 지남에 따라 이 작은 발전이 이룰 수 있는 변화는 놀랍다. (③) 다음과 같이 계산이 이루어지는데, 만일 여러분이 1년 동안 매일 1퍼센트씩 더 나아질 수 있다면, 끝마칠 때 즈음 여러분은 결국 37배 더 나아질 것이다. (④) 반대로 1년 동안 매일 1퍼센트씩 나빠지면 여러분은 거의 0까지 떨어질 것이다. (⑤) 작은 승리나 사소한 패배로 시작한 것은 쌓여서 훨씬 더 큰 무언가가 된다.

어렵지 않게 정답은 ②번임을 알 수 있습니다. ②번 앞에는 큰 발전을 이루려는 우리의 모습을 말하고 있고, ②번 뒤에는 작은 변화가 이루는 장기적인 결과에 대하여 언급하고 있기 때문입니다.

38. 글의 흐름으로 보아, 주어진 문장이 들어가기에 가장 적절한 곳을 고르시오.

> The illusion of relative movement works the other way, too.

You are in a train, standing at a station next to another train. Suddenly you seem to start moving. But then you realize that you aren't actually moving at all. (①) It is the second train that is moving in the opposite direction. (②) You think the other train has moved, only to discover that it is your own train that is moving. (③) It can be hard to tell the difference between apparent movement and real movement. (④) It's easy if your train starts with a jolt, of course, but not if your train moves very smoothly. (⑤) When your train overtakes a slightly slower train, you can sometimes fool yourself into thinking your train is still and the other train is moving slowly backwards.

* apparent: 외견상의   ** jolt: 덜컥하고 움직임

이 문제는 고2 문장 삽입 문제입니다.

　우선 주어진 문장을 읽으면서 문장 전후에 등장할 내용을 가리키는 단서를 찾아보겠습니다.

The illusion of relative movement works the other way, too.
(상대적인 움직임에 대한 착각이 다른 방식으로도 작동한다.)

　이 주어진 문장에서 문장 전후의 내용을 알려주는 핵심 단서는 과연 무엇일까요?

　그것은 다름 아닌 'the other way(다른 방식으로)'와 'too(또한)'입니다. 일반적으로 the other는 둘 중에 다른 하나를 가리킬 때 사용됩니다(예: I have two sisters. One is tall and the other is short). too는 또한, 역시의 뜻으로, 앞의 것과 같은 방식이라는 것이 내포되어 있습니다. 이것을 종합하면 이 글의 앞에는 상대적인 움직임에 대한 착각의 한 방식에 대한 내용이 등장할 것입니다. 그리고 이 글의 뒤에는 글의 흐름상 앞의 그 다른 방식에 대한 부연 설명이 나올 것이 추정됩니다.

　이런 추론을 바탕으로 이제 본문을 읽으면서 주어진 문장에 들어가기에 가장 적합한 곳을 찾아보기 바랍니다.

　당신은 어떤 역에서 또 다른 기차 옆에 서 있는, 한 기차 안에 있다. 갑자기 당신은 움직이기 시작하는 것 같다. (①) 하지만 그때 당신은 당신이 사실상 전혀 움직이지 않고 있다는 것을 깨닫는다. 반대 방향으로 움직이고 있는 것은 바로 그 두 번째 기차이다. (②) 당신은 다른 기차가 움직였다고 생각하지만, 결국 움직이고 있는 것은 바로 당신 자신의 기차라는 것을 발견하게 된다. (③) 외견상의 움직임과 실제 움직임 사이에 차이를 구별하는 것은 어려울 수 있다. (④) 물론, 당신의 기차가 덜컹하고 움직이기 시작한다면 그 구별이 쉽지만, 만약 당신의 기차가 매우 부드럽게 움직인다면 쉽지 않다. (⑤) 당신의 기차가 약간 더 느린 기차를 따라잡을 때, 당신은 당신의 기차가 정지해 있고 다른 기차가 천천히 뒤쪽으로 움직이고 있다고 생각하도록 때때로 당신 자신을 속일 수 있다.

　정답은 ②번임을 알 수 있습니다. ②번 앞에는 정차한 나의 기차가 반대 방향으로 움직이는 다른 기차로 인하여 움직인다고 착각하는 방식을 나타내고 있고, ②번 뒤에는 그 반대로 다른 기차는 정차되어 있는데, 나의 기차가 움직일 때 다른 기차가 움직인다고 느끼는 착각을 언급하고 있기 때문입니다.

38. 글의 흐름으로 보아, 주어진 문장이 들어가기에 가장 적절한 곳을 고르시오.

> Historians and sociologists of science have recently corrected this claim by showing how senses other than seeing, including listening, have been significant in the development of knowledge, notable in the laboratory.

If there is any field that is associated with seeing rather than with hearing, it is science. Scholars who emphasize the visual bias in Western culture even point to science as their favorite example. (①) Because doing research seems impossible without using images, graphs, and diagrams, science is — in their view — a visual endeavor par excellence. (②) They stress that scientific work involves more than visual observation. (③) The introduction of measurement devices that merely seem to require the reading of results and thus seeing has not ruled out the deployment of the scientists' other senses. (④) On the contrary, scientific work in experimental settings often calls for bodily skills, one of which is listening. (⑤) The world of science itself, however, still considers listening a less objective entrance into knowledge production than seeing.

* deployment: 사용

3　explanation

이 문제는 고3 문장 삽입 문제입니다.

　우선 주어진 문장을 잘 읽고 해석하면서 앞뒤에 나올 내용에 대한 핵심 단서를 찾아보겠습니다.

Historians and sociologists of science have recently corrected this claim by showing how senses other than seeing, including listening, have been significant in the development of knowledge, notable in the laboratory.

[과학 역사학자들과 사회학자들은 듣는 것을 포함해서 보는 것 외의 다른 감각들이(senses other than seeing) 지식의 발전에 있어 얼마나 중요했는지를 보여주면서 이러한 주장(this claim)을 최근에(recently) 수정했는데, 이는 특히 실험실 안에서 두드러진다.]

이 문장에서 핵심적인 단서는 과연 무엇일까요?

"have recently corrected this claim(최근에 이 주장을 수정했다)."가 핵심 단서입니다.

ⓐ this claim(이 주장): this라는 지시형용사는 앞에 있는 말을 지칭할 때 사용되므로 이 글의 앞에는 어떤 주장이 나오는 것이 틀림없습니다.

ⓑ have recently corrected(최근에 수정했다): "최근에 수정했다"라는 말 속에서 앞에는 과거의 주장이 등장함을 함축하고 있습니다.

ⓒ "듣는 것을 포함해서 보는 것 외의 다른 감각들이(senses other than seeing) 지식의 발전에 있어 얼마나 중요했는지를 보여주면서"란 말은 최근에 과거의 주장을 수정한 이유를 말하고 있습니다. 시각 이외에도 다른 감각이 중요하다는 사실을 최근에 인지하고 수정했다는 뜻이므로 과거의 주장은 시각만이 중요한 감각기관들로 인식했다는 것이 함축되어 있습니다.

위 정보들을 종합하면 이 글의 앞에는 오직 시각만이 지식 발전에 중요하다는 과거의 주장이 언급되고 있음을 알 수 있습니다.

그렇다면 이 주어진 문장 뒤에는 어떤 글이 나올까요? 아마도 글의 흐름상 시각기관 외에 다른 기관들이 지식 발전에 기여하는 내용이 등장할 것으로 예측됩니다. 이러한 정보를 기반으로 이제 본문을 읽어가면서 주어진 문장이 들어갈 가장 적절한 곳을 찾아보기 바랍니다.

듣는 것보다 보는 것과 관련된 어떤 분야가 있다면 그것은 과학이다. 서양 문화의 시각 편향을 강조하는 학자들은 심지어 자신들이 가장 선호하는 예로 과학을 지적하기조차 한다. (①) 이미지, 그래프, 그리고 도표를 사용하지 않고 연구를 하는 것이 불가능한 것처럼 보이기 때문에, 그들의 관점에서 과학은 최상의 시각적 노력이다. (②) 그들은 과학적 연구가 시각적 관찰 그 이상의 것을 포함한다는 점을 강조한다. (③) 결과를 판독하는 것, 그래서 보는 것을 요구하는 것처럼 보이는 측정 도구의 도입은 과학자들의 다른 감각 사용을 배제하지 않았다. (④) 도리어 실험 환경에서의 과학적 연구는 흔히 신체 능력이 필요한데, 그것 중 하나는 듣는 것이다. (⑤) 그러나 과학 그 자체의 세계는 여전히 듣는 것을 보는 것보다 지식 생산으로 들어가는 덜 객관적인 입구로 여긴다.

정답은 ②번임을 알 수 있습니다. ②번 앞의 글을 보면 시각만이 유일한 지식 발전에 중요한 감각임을 말하고 있고 ②번 글 다음의 내용을 살펴보면 시각 이외의 감각을 강조하는 수정된 최신의 주장임을 알 수 있기 때문입니다.

40. 다음 글의 내용을 한 문장으로 요약하고자 한다. 빈칸 (A), (B)에 들어갈 말로 가장 적절한 것은?

Over the past few decades, architecture as an idea and practice has increasingly limited its definition of itself. In the foreseeable future, the instrumentality of architecture in effecting actual change — that is, change that challenges the dominance of commercial institutions, their aims, and values — will diminish. While the present day seems to be a time of unparalleled innovation and freedom of choice, the reality is that architectural styles and forms are often the attractive packaging and repackaging of the same proven, marketable concepts. The speed with which "radical" designs by celebrity architects achieve acceptance and popularity demonstrates that formal innovation has itself become an important commodity. However, beneath the cloak of radicalism, the conventions of existing building typologies and programs, with all their comforting familiarity, still rule — and sell. What is needed desperately today are approaches to architecture that can free its potential to transform our ways of thinking and acting.

* cloak: 망토 ** typology: 유형학

Seemingly innovative, architecture has actually become (A   ) in its own convention and commercialized environment, so efforts should be made to (B   ) its power to change us.

	(A)		(B)
①	fixed	⋯⋯	share
②	trapped	⋯⋯	activate
③	standardized	⋯⋯	control
④	localized	⋯⋯	share
⑤	underestimated	⋯⋯	activate

이 문제는 2020학년도 9월 모의평가 고3 영어 요약 문제입니다.

우선 요약문을 해석해보면 "Seemingly innovative, architecture has actually become (A) in its own convention and commercialized environment, so efforts should be made to (B) its power to change us[겉보기엔(seemingly) 혁신적이지만, 건축은 사실 그 자체의 관습과 상업화된 환경에 (A) 되었고, 그래서 (so) 우리를 변화시킬 수 있는 그것의 힘을 (B) 하는 노력이 이루어져야 한다]."와 같습니다.

자, 그렇다면 이 요약문 안에서 빈칸을 추론할 수 있는 단서는 과연 무엇일까요?

놀랍게도 여기서는 '겉보기엔(seemingly)'이라는 부사가 아주 중요한 단서의 역할을 합니다. 왜냐하면 '겉보기엔(seemingly)'이라는 부사는 속으로는 정반대의 모습이라는 뜻을 함축하기 때문입니다. 따라서 '겉보기엔 혁신적이지만'이라는 말의 뒤에는 속으로는 혁신적이지 않다는 뜻의 문장이 와야만 합니다. 따라서 빈칸 (A)에는 innovative(혁신적인)과 정반대의 성격인 형용사가 와야만 할 것입니다.

fixed(고정된), trapped(갇힌), standardized(표준화된), localized(현지화된), underestimated(과소평가된) 중 어떤 것이 innovative(혁신적인)와 반대의 의미인가? fixed(고정된)과 trapped(갇힌)가 가능할 것입니다.

또한 '그래서(so)'라는 접속사가 아주 중요한 단서가 되는데, 왜냐하면 그래서(so)는 앞 문장이 뒤 문장의 원인이고, 뒤 문장은 앞 문장의 결과를 나타내는 인과관계의 접속사이기 때문입니다. 따라서 앞 문장에서 건축이 사실상 혁신성이 없다는 것이 원인이라면 그 결과, 우리는 변화의 힘을 어떻게 하도록 노력을 기울여야 할까요? share(공유하다), activate(활성화하다) 중에 추론하여 보기 바랍니다. 아마도 '우리를 변화시킬 수 있는 노력을 활성화해야(activate) 한다.'라는 문장이 자연스러운 결론이 될 것입니다. 따라서 ②번을 답으로 결정할 수 있습니다.

이 답에 대한 더 큰 확신을 얻고자 한다면 주어진 문장 하단의 "What is needed desperately today are approaches to architecture that can free its potential to transform our ways of thinking and acting(오늘 우리가 절실하게 필요한 것은 우리의 사고와 행동을 바꾸는 건축의 잠재력을 풀어줄 건축에 대한 접근법들이다)."을 읽어보면 정답을 재확인할 수 있습니다.

06 paraphrasing(바꿔 말하기)

1 바꿔 말하기의 의의와 활용

paraphrasing(바꿔 말하기)란 수능영어나 모의고사에서 아주 빈번하게 사용되는 것으로, 앞에 나온 말과 유사한 다른 말로 표현을 재진술하는 것입니다. 이는 앞에 진술된 말을 강조하거나 다른 표현으로 이해를 돕는 경우가 많습니다.

영어 문장들이 동일한 어휘의 반복을 극히 싫어하는 경향이 있다는 저의 사적인 견해와 더불어, 출제자의 입장에서 아마도 동일한 어휘를 사용한다면 수험생들이 바로 정답을 알아낼 수 있으므로 가능한 다른 유사한 표현으로 재진술하면서 정답을 간파하기 어렵게 하고자할 것입니다. 따라서 이러한 출제자의 성향을 파악하고 동일한 내용이 다른 표현으로 재진술됨을 충분히 인지한다면 정답을 파악하는 데 있어서 아주 요긴한 단서로 활용할 수 있습니다. 모든 논술문 유형의 문제들(18~28번)과 추론 문제들(31~40번)에서 아주 폭넓게 사용될 수 있는 단서입니다.

2 바꿔 말하기를 이용한 문제 풀이 사례

1 2020학년도 3월 전국연합 고1 34번　　　　　　　　　　　해석문 본문 229쪽

34. 다음 빈칸에 들어갈 말로 가장 적절한 것을 고르시오.

　　Say you normally go to a park to walk or work out. Maybe today you should choose a different park. Why? Well, who knows? Maybe it's because you need the connection to the different energy in the other park. Maybe you'll run into people there that you've never met before. You could make a new best friend simply by visiting a different park. You never know what great things will happen to you until you step outside the zone where you feel comfortable. If you're staying in your comfort zone and you're not pushing yourself past that same old energy, then you're not going to move forward on your path. By forcing yourself to do something different, you're awakening yourself on a spiritual level and you're forcing yourself to do something that will benefit you in the long run. As they say, _____. [3점]

① variety is the spice of life

② fantasy is the mirror of reality

③ failure teaches more than success

④ laziness is the mother of invention

⑤ conflict strengthens the relationship

이 문제는 고1 빈칸 추론 문제입니다.

우선 주어진 문장을 읽으면서 빈칸을 추론할 단서를 찾아보기 바랍니다.

As they say, _____.

(사람들이 말하듯이, _____.)

여기에서는 특별한 단서가 있어 보이지 않습니다. 여기서의 'they'는 일반인으로, 빈칸은 어떤 속담처럼 보입니다.

그렇다면 이 문제를 어떻게 접근해야 할까요? 이 글은 저자의 주장이 담긴 논술문 유형으로, 결론 부분에 그 주장이 요약되어 있을 가능성이 크고, 그 주장을 아마도 속담으로 재진술하고 있는 것으로 보입니다. 따라서 주어진 문장의 바로 앞부분이 재진술된 핵심 문장으로 보고 빈칸을 추론해보기로 하겠습니다. 바로 앞 문장을 읽고 해석해보면 다음과 같습니다.

By forcing yourself to do something different, you're awakening yourself on a spiritual level and you're forcing yourself to do something that will benefit you in the long run.

(자신에게 다른 어떤 것을 하게 만듦으로써, 여러분은 영적인 차원에서 자신을 깨우치고, 결국에는 자신을 이롭게 할 어떤 일을 자신이 하게 하고 있다.)

요컨대 자신이 하는 일과 다른 일을 하는 것이 유익하다는 것입니다.

자, 그럼 이것에 가장 부합하는 paraphrasing(바꿔 말하기)된 것은 무엇인지 주어진 답지에서 선택해보기 바랍니다.

① variety is the spice of life(다양성은 인생의 향신료이다.)

② fantasy is the mirror of reality(공상은 현실을 비추는 거울이다.)

③ failure teaches more than success(실패는 성공보다 더 많은 것을 가르친다.)

④ laziness is the mother of invention(게으름은 발명의 어머니이다.)

⑤ conflict strengthens the relationship(갈등은 관계를 강화한다.)

어렵지 않게 ①번이 정답임을 확신할 수 있을 것입니다.

31. 다음 빈칸에 들어갈 말로 가장 적절한 것을 고르시오.

When he was dying, the contemporary Buddhist teacher Dainin Katagiri wrote a remarkable book called Returning to Silence. Life, he wrote, "is a dangerous situation." It is the weakness of life that makes it precious; his words are filled with the very fact of his own life passing away. "The china bowl is beautiful because sooner or later it will break.... The life of the bowl is always existing in a dangerous situation." Such is our struggle : this unstable beauty. This inevitable wound. We forget — how easily we forget — that love and loss are intimate companions, that we love the real flower so much more than the plastic one and love the cast of twilight across a mountainside lasting only a moment. It is this very _____ that opens our hearts. [3점]

① fragility   ② stability

③ harmony   ④ satisfaction

⑤ diversity

이 문제는 고2 빈칸 추론 문제입니다. 앞에서 이미 다루었지만, paraphrasing(바꿔 말하기)의 차원에서 다시 한번 살펴보기로 하겠습니다.

우선 빈칸이 포함된 문장을 읽고 해석하면서 빈칸을 추론할 단서를 찾아보겠습니다.

It is this very _____ that opens our hearts.

(우리의 마음을 여는 것은 바로 이 _____ 이다.)

* 참고로 이것은 it~that 강조 구문이다.

여기에서 핵심 단서는 무엇일까요? 그것은 다름 아닌 'this(이)'라는 지시형용사입니다. 이 지시형용사는 앞에 나오는 사물이나 사람을 가리키는 형용사이므로 바로 앞 문장에 지시하는 것이 등장한다는 것을 알 수 있습니다. 따라서 바로 앞에 등장하는 문장으로 빈칸을 추론할 수 있습니다. 앞 문장은 다음과 같습니다.

We forget — how easily we forget — that love and loss are intimate companions, that we love the real flower so much more than the plastic one and love the cast of twilight across a mountainside lasting only a moment.

[우리는 사랑과 상실이 친밀한 동반자라는 것을, 우리가 진짜 꽃을 플라스틱 꽃보다 훨씬 더 사랑하고 산 중턱을 가로지르는 한순간만 지속하는 황혼의 색조를 사랑한다는 것을 잊어버린다(그것도 너무나 쉽게).]

바로 이 앞 문장을 바꾸어 말한다면 다음 중 무엇일까요?

① fragility(연약함)

② stability(안정성)

③ harmony(조화)

④ satisfaction(만족)

⑤ diversity(다양성)

아마도 쉽게 지는 꽃과 금방 사라질 낙조가 상징하는 것은 ① fragility(연약함)일 것입니다.

31. 다음 빈칸에 들어갈 말로 가장 적절한 것을 고르시오.

The skeletons found in early farming villages in the Fertile Crescent are usually shorter than those of neighboring foragers, which suggests that their diets were less varied. Though farmers could produce more food, they were also more likely to starve, because, unlike foragers, they relied on a small number of crops, and if those crops failed, they were in serious trouble. The bones of early farmers show evidence of vitamin deficiencies, probably caused by regular periods of starvation between harvests. They also show signs of stress, associated, perhaps, with the intensive labor required for plowing, harvesting crops, felling trees, maintaining buildings and fences, and grinding grains. Villages also produced refuse, which attracted vermin, and their populations were large enough to spread diseases that could not have survived in smaller, more nomadic foraging communities. All this evidence of _____ suggests that the first farmers were pushed into the complex and increasingly interconnected farming lifeway rather than pulled by its advantages.

① declining health   ② fading authority

③ weakening kinship   ④ expanding hierarchy

⑤ prevailing immorality

이 문제는 고3 빈칸 추론 문제입니다. 이 문제도 앞에서 이미 다루었지만 paraphrasing(바꿔 말하기) 차원에서 다시 살펴보겠습니다.

우선 빈칸이 포함된 문장을 읽으면서 빈칸을 추론할 핵심 단서를 찾아보겠습니다.

All this evidence of ＿＿＿＿＿＿＿＿ suggests that the first farmers were pushed into the complex and increasingly interconnected farming lifeway rather than pulled by its advantages.

(＿＿＿＿＿＿＿에 대한 이러한 모든 증거는 초기 농경인이 농경의 장점에 끌리기보다는 복잡하고 점차 서로 연결된 농경 생활 방식으로 떠밀렸음을 암시한다.)

이 문장에서 빈칸을 추론할 수 있는 핵심 단서는 과연 무엇일까요?

다름 아닌 "All this evidence of ＿＿＿＿＿(＿＿＿＿＿에 대한 이러한 모든 증거")입니다. 왜냐하면 이 문장 앞에는 'this(이)'가 가리키는 어떤 증거가 나오는데, 그것이 바로 '＿＿＿＿'입니다. 여기에서 of는 동격을 나타내는 전치사입니다. 따라서 앞 문장을 읽고 그 증거를 찾으면 빈칸을 알아낼 수 있습니다.

앞 문장은 "Villages also produced refuse, which attracted vermin, and their populations were large enough to spread diseases that could not have survived in smaller, more nomadic foraging communities(마을은 또한 쓰레기를 만들었는데, 이는 해충을 끌어들였고 마을의 인구가 많아서, 더 작고, 더 유목 생활을 하는 수렵·채집 집단에서는 지속되지 못했을 병을 퍼뜨리기에 충분했다)."와 같습니다.

이 문장을 바꾸어 말한다면 다음 답지 중에서 무엇일까요?
① declining health(쇠약해지는 건강)
② fading authority(약해지는 권위)
③ weakening kinship(약해지는 친족 관계)
④ expanding hierarchy(확장되는 위계질서)
⑤ prevailing immorality(만연하는 부도덕)

정답은 ① declining health(쇠약해지는 건강)를 확신할 수 있을 것입니다.

마지막으로 수험생들과의 감동적인 실화를 소개하고 글을 마무리하고자 합니다.

고3인데, 내신이 6~7등급의 성적으로 거의 영어를 포기하고 있던 남학생 A가 수능 약 5개월을 남겨두고 지인의 소개로 저를 찾아왔습니다. 어휘와 문법이 아주 약하고 겨우 독해를 조금 하는 편으로, 모의고사에서 40점 정도를 득점하고 있었습니다. 내신을 포기하고 수능영어를 하려고 결심했으나 기초가 거의 없었고 어떻게 해야 할지 몰라서 포기 일보 직전이었습니다. 막연히 영어를 암기 과목으로 인식하고 싫어하였고 수능영어에 대해 준비된 것이 없는 상태인데, 이제 남은 시간이 거의 없어 희망을 잃고 있었습니다. 그러나 그 학생은 다행히 머리가 아주 총명했고 이해력과 습득력이 좋았습니다. 그래서 일단 같이 방법을 찾아 열심히 해보자고 했습니다.

A학생과 제가 실행한 사항들입니다.

- 어휘는 새로운 어휘들을 암기하는 대신 기존에 암기하던 어휘를 반복해서 익히도록 하며 기본적인 어휘를 튼튼히 했습니다.
- 문법은 수능에 빈출되는 내용 위주로 핵심만 간단히 정리했습니다. 문장 해석을 위해서도 필요한 과정이라고 생각합니다.
- 듣기는 일주일에 최소 3회 이상은 반드시 하도록 하고 검사했습니다. 듣기가 상대적으로 득점이 쉬웠기 때문입니다.
- 수능 독해 문제를 분석하여 쉬운 문제부터 어려운 문제로 순서로 배열하고 쉬운 것부터 풀도록 했습니다.

18~29번을 먼저 풀고 41~45번 장문 독해를 해결한 후 30~40번의 고난도 문제순으로 풀기로 했습니다. 이때 모든 문장을 다 읽는 것이 아니라 문장의 유형별 특성에 따라 답을 찾을 수 있는 훈련과 단서를 찾아 추론하는 훈련을 반복했습니다. 듣기와 18~29번과 41~45번을 모두 만점을 얻으면 74점 정도로 3등급을 얻을 수 있습니다.

30번대 추론 문제도 학생이 느끼는 난이도에 따라 재배치하고 시간이 허락하는 한 최선을 다해서 풀고 2등급을 최종 목표로 삼았습니다.

결과는 78점으로 3등급이었지만 약 5개월의 기간에 이룬 이 성적에 학생도 저도 만족해했습니다.

남학생 B는 고 1학년 말부터 저와 수능시험까지 약 2년 정도 함께하였습니다. 영어 성적의 경우 내신도 1등급으로 우수했으며 모의고사에서도 2등급 이상이었습니다. 이 학생의 목표는 미리 수능영어에서 안정적으로 1등급을 확보하여 영어 과목에 대한 부담을 미리 줄이고 타 과목에 집중하도록 하는 것이었습니다. 저의 수능영어 master 4단계를 통하여 이 학생은 모의고사에서 거의 모두 1등급을 받았고 최종 수능영어에서는 98점으로 안정적으로 1등급을 확보하였습니다. 이 학생이 특별한 점은 수능영어 모든 문제를 풀고 적어도 10분 이상 시간이 남았다는 점입니다. 신속, 정확하게 문제를 해결하는 방법을 터득한 B 학생에게는 그 정도의 시간이 남는 것은 아주 당연한 결과였습니다.

수능을 약 4개월 남긴 7월경에 고3 여고생 C를 만났습니다. 여학생의 얼굴은 거의 희망을 잃은 표정으로 자포자기의 상태로 보였습니다. 내신은 완전히 포기하고 수능을 준비 중인데 어휘와 문장 독해력이 거의 기초가 없는 상태였고 어떻게 수능영어를 준비할지 막막한 상황이었습니다. 모의고사에서는 영어 점수가 40~50점대였습니다. 시간이 너무 촉박한 상황이라 저도 사실 별 기대가 없었지만 같이 준비하기로 했습니다. 다행히 듣기는 거의 만점이거나 1개 정도 틀리는 수준이었고 4등급 이상이면 목표하는 대학에 갈 수 있는 상황이었습니다.

- 듣기는 거의 매일 하도록 하여 37점 만점을 목표로 하였습니다.
- 18~29번까지 12문제와 장문 독해 5문제의 총점 37점 중에서 30점 이상을 득점하여 4등급을 달성하기로 하였습니다.
- 30번대 추론 문제들은 시간적 여유가 있을 경우 쉬운 문제부터 풀도록 배치하였습니다.

기존 암기하던 단어장을 매일 일정한 수를 외우게 하고 문장 독해에 도움이 되는 수준에서 간단한 문법 수업도 진행하면서 유형별 문제 풀이와 단서를 포착하여 추론하는 훈련을 수능 전날까지 지속하였습니다. 결과는 69점으로 1점만 더 받았다면 3등급이 될 수 있었습니다. 이 여학생에는 69점이라는 점수가 기적적인 결과였는지 뛸 듯이 기뻐하였고 원하는 대학에 진학하여 저도 보람을 느꼈던 경험이었습니다.

　　남학생 D는 대안학교에 다니는 중학생이었습니다. 그 학교는 진학보다는 신앙에 관심을 두다 보니 D 학생의 영어 실력은 초등학생 수준과 별다르지 않았습니다. 대안학교를 졸업하고 일반 고등학교에 진학하게 되었는데 내신이 거의 전교 꼴찌 수준이었습니다. 그 학생은 내신으로 가능성이 희박해진 고2가 되어서 저를 만나게 되었습니다. 실력을 테스트해보니 초등학생 수준의 실력으로 어휘력, 문장 독해력 등이 모두 최하 수준이었습니다. 다행히 듣기는 거의 만점이었습니다.

　　그래서 기초부터 다시 다지기로 하고 매일 단어를 외우게 하고 기본적인 문법도 반복해서 익히도록 했습니다. 기출문제를 풀면서 저의 수능영어 master 4단계를 통해 수능영어를 이해시키고 목표 등급을 설정하고 유형별 풀이와 단서를 찾아 논리적인 추론을 하는 훈련을 반복했습니다. 약 3~4개월이 지나자 이 학생이 모의고사에서 76점으로 3등급을 얻게 되었는데 제가 더욱 놀랐습니다. 이렇게 꾸준히 실력을 키운 D 학생은 그가 원하던 대학에 진학하였습니다.

　　이 외에도 많은 사례가 있지만 지면의 한계로 다 소개할 수 없겠군요. 많은 수험생이 제가 소개한 네 명의 수험생들과 유사한 상황에 있을 것입니다. 이 책을 통해서 모든 수험생이 새로운 영감과 힘을 얻어 자신감을 가지고 수험 생활을 성공적으로 마무리하고 원하는 결과를 성취한다면 저는 더 이상 바랄 것이 없겠습니다. 모든 수험생의 건강과 행운을 기원하며 글을 마칩니다.

부록

01 시간적, 공간적 변화와 주제의 변화

1 시간적, 공간적 변화와 주제 변화의 의의와 활용

글의 순서를 묻는 문제들의 경우 시간과 공간이 동일한 상황에서 사건이 펼쳐지며 주제의 변화가 없는 경우도 있겠지만 시간과 공간의 변화가 생기면서 글의 흐름이 달라지거나 주제가 전환되는 경우가 많습니다. 따라서 글의 흐름을 찾는 문제에는 이러한 변화를 포착하는 것이 매우 유용한 단서가 될 수 있습니다.

문단 순서를 찾는 36번, 37번과 문장을 삽입하는 38~39번, 장문 독해 41~42, 43번을 해결하는 중요한 단서로서 역할을 할 수 있습니다.

시간적, 공간적 변화와 주제의 변화를 포착하는 방법은 다음과 같습니다.

① 접속사나 접속부사 및 부사(예: then, the next~, the following~, ~later, on the other hand, finally 등)를 특히 유의하면서 대명사와 관사도 유의하여야 합니다.

② 특히 글의 전체 흐름이 어떻게 흘러가는지에 대한 전체적인 구도를 생각하면서 글을 읽는 연습을 통해 글을 구조적으로 파악하는 훈련이 필요합니다.

③ 한 단락이 끝나고 흐름이 바뀌며 다른 단락으로 바뀌는 경우에 한 칸을 들여쓰는데, 이는 글이 전환되고 있음을 알려줍니다. 특히 장문 독해 41~42번에서 자주 들여쓰기가 나오는데 이것을 잘 활용하면 글의 주제를 찾는 데 유용합니다.

2 문제 풀이 사례

[43~45] 다음 글을 읽고, 물음에 답하시오.

(A)

When Master Brooks played a Mozart piece on the violin for his class to learn, the room was filled with waves of beautiful, soul-stirring sound. The class tried to emulate the music played by this renowned guest musician. Among the students in the class, Joe Brooks was by far the best. In fact, Joe was the master's son. His father had placed a baby violin in his hands at the age of four, and Joe was a natural talent. Now, just twelve years later, he was already on (a) his way to becoming a virtuoso like his father.

* emulate: 열심히 배우다 ** virtuoso: 거장

(B)

When they finished practicing, Joe noticed his father standing in the corner. "Wow, that was quite wonderful," he said with admiration. Master Brooks came toward his son. "I love the way you created those unique sounds while keeping the spirit of the violin. I underestimated the power that crossover music can create," said Master Brooks to (b) him. Joe and his father returned home, both humming the melody that the band had been practicing.

(C)

"Well, did you get permission?" asked Brian as soon as Joe entered the practice room the following day. "Um, I'm not sure," answered Joe without confidence. "(c) You can tell us about it after practice," Brian said as he placed his fingers on the keyboard. Beside him, Nick was tuning his guitar. Joe thought that he would play just one last time before telling them that (d) he might pull out of the concert. The trio swung into their routine, as easily as only a group that had practiced long and hard together could.

After the class, Joe was alone with his father. He had something important to talk about. Joe took a deep breath and said, "I have been asked to play in a concert, and I would like your permission first. It is a crossover concert." Master Brooks looked surprised. Indeed, the master's dislike of crossover music was no secret. "Father," Joe took a deep breath and continued, "I respect your views, but it is not what (e) you think. Why don't you come and listen to our practice tomorrow? If you don't like it, I will cancel."

43. 주어진 글 (A)에 이어질 내용을 순서에 맞게 배열한 것으로 가장 적절한 것은?

① (B) − (D) − (C) ② (C) − (B) − (D)

③ (C) − (D) − (B) ④ (D) − (B) − (C)

⑤ (D) − (C) − (B)

44. 밑줄 친 (a)~(e) 중에서 가리키는 대상이 나머지 넷과 다른 것은?

① (a) ② (b) ③ (c) ④ (d) ⑤ (e)

45. 윗글에 관한 내용으로 적절하지 <u>않은</u> 것은?

① Joe는 바이올린에 천부적인 재능이 있었다.

② Master Brooks는 Joe가 속한 밴드의 연습을 보러 갔다.

③ Master Brooks는 크로스오버 음악에 대한 자신의 견해를 바꾸었다.

④ Joe가 속한 밴드는 두 명의 연주자로 구성되었다.

⑤ Joe는 수업이 끝난 후에 아버지와 단둘이 대화를 나눴다.

이 문제는 고3 장문 독해 문제입니다. 여기서는 주로 시간과 공간의 변화를 포착하여 문단 순서를 찾는 44번을 중심으로 다루고자 합니다.

우선 45번의 답지를 읽고 전체 내용의 개요를 파악하고 주요 내용을 기억해둡니다. 본문을 읽는 중에 자연스럽게 부적절한 내용을 찾아낼 수 있기 때문입니다.

그리고 주어진 글 (A)를 읽고 해석하되 뒤에 이어질 내용을 예측하고, (a)의 지칭을 확인하고 표시해둡니다.

글 (A)를 해석하면 다음과 같습니다.

(A) 거장 Brooks가 학급 학생들이 배우도록 바이올린으로 모차르트 곡을 연주했을 때, 교실은 아름답고 영혼을 감동시키는 소리의 물결로 가득했다. 학급 학생들은 이 유명한 초빙 음악가가 연주한 곡을 열심히 배우려고 노력했다. 학급 학생 중에 Joe Brooks가 단연 최고였다. 사실 Joe는 그 거장의 아들이었다. 그의 아버지는 그가 네 살 때 유아용 바이올린을 그의 손에 쥐여 주었고, Joe는 천부적인 재능이 있었다. 이제 겨우 12년 후에, 그는 이미 자신의 아버지처럼 거장이 되는 (a) 그의 길을 가고 있었다.

이 글은 거장 음악가인 아버지의 연주를 학급 학생들과 같이 듣는 아들 Joe Brooks의 이야기입니다. 아마 연주가 끝난 이후의 상황이 이 글 이후에 펼쳐질 것으로 예측되며, (a) 그는 아들 Joe를 지칭하므로 표시해둡니다.

이제 글 (B), (C), (D)의 앞부분을 읽으면서 연결성을 찾아야 합니다. 앞에 소개한 여러 단서와 더불어 시간과 공간의 변화를 포착하면서 가장 자연스럽게 연결되는 글을 찾아보겠습니다.

먼저 글 (B)의 앞부분을 읽어보겠습니다.

When they finished practicing, Joe noticed his father standing in the corner.

(그들이 연주를 마쳤을 때, Joe는 자신의 아버지가 구석에 서 있는 것을 알아차렸다.)

여기에서 'they(그들)'라는 대명사가 등장하는데, 글 (A)에는 연주하는 그들이라는 내용이 없습니다. 그리고 Joe가 아버지가 구석에 서 있는 것을 발견했다고 했는데, 글(A)에서 아버지는 Joe의 학급에서 연주하고 있었습니다. 따라서 글 (B)는 (A)와 연결되지 않습니다.

이제 글 (C)의 앞부분을 살펴보겠습니다.

"Well, did you get permission?" asked Brian as soon as Joe entered the practice room the following day.

("너, 허락받았니?" 다음 날 Joe가 연습실에 들어서자마자 Brian이 물었다.)

이 글은 Brian이 Joe가 연습실을 들어갈 때 허락받았는지를 묻고 있는데, 전혀 글 (A)와 연결성이 없으며, 더구나 "the following day(그다음 날)"라고 했으므로 시점이 바뀌어 있습니다. 이 글 앞에는 그 전날 Joe가 허락받는 장면이 나와야 할 것입니다. 따라서 글 (C)도 (A)와 연결되지 않습니다.

그런데 여기서 잠깐 글 (B)와 (C) 중 무엇이 먼저 일어난 사건일까 생각해보겠습니다.

글 (C)가 선행 사건일 것입니다. 왜냐하면 (C)는 Joe가 연습실에 들어가는 장면이고, (B)는 연습이 끝난 장면이기 때문입니다. 사실 여기에서 일반적인 글의 흐름이라면 글의 순서를 (D) − (C) − (B)로 한다고 해도 크게 무리가 아닙니다.

마지막으로 글 (D)의 앞부분을 살펴보겠습니다.

After the class, Joe was alone with his father. He had something important to talk about.
(수업 후에 Joe가 아버지와 단둘이 있게 되었다.)

이 글은 수업이 끝난 후에 아버지와 Joe가 단둘이 있는 장면입니다. (A)가 수업 장면이므로 그 이후의 장면을 소개하는 글 (D)는 자연스럽습니다.

이를 종합하면 글 (A)의 뒤에는 (D) − (C) − (B)로 연결되므로 43번의 정답은 ⑤번입니다.

글 (A)와 글 (D)는 시간적으로 전날이고 공간적으로는 교실이며, 글 (C)와 (B)는 시간적으로 그다음 날이고 장소는 연습실이라는 공통점이 있습니다. 이처럼 시간적, 공간적 정보를 파악하고 문제 풀이에 활용한다면 효과적인 단서가 될 것입니다.

(e)는 아버지를 지칭하고 나머지 모두 아들 Joe를 지칭하므로 44번의 답은 ⑤번이고, (C) 글의 후반부에 'The trio(삼인조)'라고 했으므로 45번의 답은 ④번임을 확인할 수 있습니다.

02　매력적 오답과 정답의 구별 방법

1 매력적 오답의 의미

　수능영어의 출제자는 그 누구도 자신이 출제한 문제의 정답이 바로 노출되기를 원하지 않습니다. 오히려 수험생들이 자신의 문제에서 많은 시간을 보내며 오답을 체크하도록 유도할 것입니다. 주로 5지 선다형인 현재 수능영어 답지에서 출제자는 반드시 1개 이상의 매력적 오답을 통해서 수험생의 혼란을 야기합니다. 정답이 바로 드러나지 않도록 정답과 아주 유사하게 포장하여 구별하기 힘들게 만든 오답을 매력적 오답이라고 하는데, 이러한 매력적 오답은 주로 논술문 유형의 문제들(18~24번)과 추론문 유형의 문제들에서 빈번하게 등장합니다. 정답과 아주 유사한 매력적 오답을 통하여 출제자는 수험생들을 변별해내고자 하며 매력적 오답과 정답과의 구별의 난이도가 시험의 난이도라고 말해도 과언이 아닙니다. 따라서 수험생들이 매력적 오답과 정답을 구별하는 능력을 갖추는 것이 상위권 진입에 결정적이며 필수적이라고 할 수 있습니다.

　최근 킬러 문항을 없앤다면서 매력적 오답을 증가시키려는 출제 경향에 따라 매력적 오답과 정답을 구별하는 것이 더욱 중요해진 현실입니다. 다음은 매력적 오답의 특징과 구별법을 간단히 정리한 것입니다.

2 매력적 오답의 특징

① 정답과 아주 유사하여 구별하기 어렵습니다.

② 정답보다 더 정답 같습니다. 아주 매력적이어서 정답보다 더 정답처럼 보일 수 있습니다. 원래 사이비(似而非)가 더 진짜 같은 법이죠.

③ 대개 정답의 길이와 같거나 깁니다. 왜냐하면 정답은 핵심적인 내용을 표현하는데 오답은 덜 핵심적인 내용으로 정답처럼 보여야 하므로 다소 길어지는 경향이 있기 때문입니다만 반드시 그런 것은 아닙니다.

3 **정답과 매력적 오답의 구별 방법**

① 핵심 단어(표현)의 유무가 기준이 됩니다. 매력적 오답은 아무리 길어도 정답이 반드시 갖추어야 할 핵심 단어(표현)가 빠져 있습니다. 따라서 글의 핵심 단어(표현)가 무엇인지 파악하는 것이 매력적 오답을 가려내는 데 아주 중요합니다.

② 본문과의 합치 여부를 확인해야 합니다. 매력적 오답은 본문에 없거나 본문에 있더라도 본문에 언급된 내용보다 훨씬 크거나 작습니다. 즉 본문에는 나오더라도 그 내용의 양이 부합되지 않습니다.

03 수능영어 독해 문장을 보는 두 개의 눈

수능영어 문제는 총 45문제이며, 듣기 17문제를 제외하면 독해는 28문제입니다. 이 수능 독해 문장들의 한 가지 공통점은 모두 10개 전후의 문장으로 구성된다는 점입니다. 주어진 문제와 문장들의 특성을 잘 이해하는 것은 수능 독해 문제를 해결하는데 아주 중요한 기초 가 될 수 있는데, 왜냐하면 1문제당 90~100초 정도의 강력한 시간 제약 속에서 각 문장들을 어떤 눈으로 문제를 볼 것인지 미리 알고 있다면 신속, 정확하게 문제를 풀 수 있기 때문입 니다.

❶ 문장 전체를 읽는 눈(숲을 보는 시야)

모든 문장을 세세하게 읽는 것도 중요하지만 때로는 문장 전체의 요지를 묻는 문제들에서 는 세세함보다는 문장 전체를 읽는 눈으로 문장을 보는 것이 필요합니다. 18~24번(21번 제 외)의 문제들은 바로 논설문 유형의 문제들로서, 요지, 제목, 주제 등을 묻는 문제들이며 이 는 세부 사항을 묻는 것이 아니라 문장 전체의 개요를 묻는 것들입니다. 추론 문제 중에서는 36~37번(문단 순서), 40번(문장 요약)와 41번(장문 독해 글의 제목), 43번(장문 독해 문단 순서) 등도 글 전체를 파악하는 능력을 묻는 문제들로 볼 수 있습니다.

이런 유형 문제들의 세부 사항들을 자세히 읽을 필요 없이 글의 전체 구조를 파악하고 글 의 개요를 파악하는 눈으로 보는 것이 필요합니다. 만약 주어진 글이 서론, 본론, 결론의 삼 단 구조의 논설문이라면 그 구조를 파악하고 전체의 개요가 결론에 담겨 있으므로 결론을 읽고 글의 개요를 파악하여 정답을 도출할 수 있습니다.

❷ 부분을 읽는 눈(나무를 보는 시선)

세부 사항을 묻는 문제들의 경우에는 글 전체보다는 필요한 부분을 세세하게 읽는 눈으로 문장을 보는 것이 필요합니다. 25~28번의 설명문 문장들과 29번(어법)과 45번(장문 독해 내 용 부적절) 등은 글의 세부 사항을 묻는 유형의 문제들로 볼 수 있습니다.

이런 유형의 문제들은 글 전체를 읽기보다는 문제에서 요구하는 답을 찾는 데 필요한 특 정한 부분을 정확하게 읽는 눈으로 보는 것이 필요합니다. 즉 진위 여부를 묻는 24~28번의 설명문들은 일치, 불일치를 파악하기 위하여 답지를 우선 읽고 본문 하단부터 필요한 부분을 파악하여 찾아 읽는 능력이 필요합니다.

❸ 전체와 부분을 동시에 보는 눈(숲과 나무를 동시에 보는 시각)

21번(밑줄 추론), 30번(부적절 낱말), 31~34번(빈칸 추론), 35번(흐름 무관 문장), 38~39번(문장 삽입), 42번(장문 독해–부적절 낱말) 등의 유형은 전체와 부분을 동시에 보며 해결해야 하는 복합적 유형의 문제들로, 비교적 난이도가 높고 시간도 많이 소요됩니다.

04 수험생의 슈퍼 멘탈

수험생들이 큰 노력을 기울여서 실력이 향상되는 것이 중요하지만 실력만큼 중요한 것은 바로 정신력입니다. 시험장에서 오랫동안 준비한 실력을 충분히 발휘하기 위해서는 평소에 정신력 훈련을 통해서 강인한 정신력을 가지고 있어야 합니다. 저자가 추천하고 싶은 수험생의 슈퍼 멘탈을 소개합니다.

❶ 초긍정 중꺾마 멘탈

아무리 최악의 상황일지라도 절대 포기하지 않고 희망의 불씨를 살려서 다시 살아나는 불사조와 같은 멘탈입니다. 최악의 상황도 언젠가는 반드시 꼭 필요한 경험이 된다는 초초 긍정적인 자세로 아무리 어려운 상황에 있다 해도 긍정의 마인드를 살려서 즐거운 삶을 누리는 수험생입니다. 잠시 좌절은 있을지라도 포기는 없는 정신력으로 수험 생활을 이겨내는 승리자입니다.

❷ 진인사대천명(盡人事待天命)

오늘 내가 할 수 있는 것에 최선을 다하고 결과는 하늘에 맡기는 자세입니다. 내가 결과에 어떤 영향을 미칠 수 없는 것들(출생, 성별, 아이큐, 유전자⋯⋯)은 쿨하게 받아들이고 내가 오늘 할 수 있는 것에 주어진 역량을 집중하여 최선을 다하는 마음가짐입니다. 어떻게 할 수 없는 결과에는 초연하여 모두 하늘에 맡기고 오늘 나는 과정 하나하나에 충실하면 된다는 자세로 결과를 초월한 수험생입니다.

❸ 급할수록 돌아가라

상황이 아무리 힘들고 급할지라도 그 상황에 빠지지 않는 자세입니다. 그 상황을 냉정하게 판단하고 천천히 여유 있게 깊게 생각하면서 해결책을 찾아내는 전략적인 지략가라고 할 수 있습니다. 주어진 상황이 비록 겉으로는 심각한 최악의 상태이고 설혹 패배로 보일지라도 잘 활용하면 나를 단련하고 한 단계 업그레이드할 수 있는 최적의 기회로 보고 문제를 기회로 승화시키는 멘탈입니다. 실패는 있을지라도 패배를 모르고 위기를 기회로 만드는 수험생입니다.

❹ 나무뿐만 아니라 숲도 보라

비록 지금의 상황이 어렵고 힘들지라도 인생 전체라는 큰 그림으로 보면 작은 순간일 뿐이며, 지금의 수험 생활은 단지 지나가는 작은 추억으로 기억될 찰나의 순간임을 깨닫고 모든 어려움을 여유 있게 즐기는 멘탈을 가진 수험생입니다.

기출문제 지문 해석

Chapter ❷ 01. 논술문

 2019학년도 6월 전국연합 고1 20번   본문 27쪽

　당신은 행복의 조건을 살 수 있지만, 행복은 살 수 없다. 그것은 마치 테니스를 치는 것과 같다. 당신은 가게에서 테니스를 치는 즐거움을 살 수는 없다. 당신은 공과 라켓을 살 수 있지만, 경기하는 즐거움을 살 수는 없다. 테니스의 즐거움을 경험하기 위해 당신은 테니스 치는 법을 배우고, 스스로를 훈련시켜야 한다. 그것은 서예 쓰기와 마찬가지이다. 당신은 잉크, 닥종이, 붓을 살 수 있지만, 만약 당신이 서예 기술을 기르지 않는다면 서예를 참으로 할 수는 없다. 그래서 서예는 연습이 필요하고, 당신은 스스로 훈련해야만 한다. 당신은 서예를 할 능력이 있을 때만 서예가로서 행복하다. 행복도 역시 그렇다. 당신은 행복을 키워나가야만 한다; 당신은 그것을 가게에서 살 수 없다.

 2022학년도 9월 전국연합 고1 19번   본문 29쪽

　시간은 제출 마감 시한 두 시간 전이지만 나는 여전히 나의 뉴스 기사를 끝내지 못했다. 내가 책상에 앉아 있는데, 갑자기 타자기가 작동하지 않는다. 내가 아무리 세게 키를 두드려도, (타자기의) 레버는 종이를 치려고 움직이지 않았다. 나는 내가 제시간에 그 기사를 끝낼 수 없음을 깨닫기 시작했다. 필사적으로 나는 타자기를 내 무릎 위에 올려놓고 각각의 키를 내가 할 수 있을 만큼의 많은 힘을 가지고 누르기 시작했다. 아무 일도 일어나지 않았다. 그것의 내부에 무슨 일이 일어났을지도 모르겠다고 생각하면서, 나는 그 덮개를 열고, 키들을 들어 올리고, 문제인 종이 클립을 발견했다. 키들이 움직일 공간이 없었다. 그것을 집어서 꺼낸 후에, 나는 몇 개의 부품들을 누르고 당겼다. 키들이 부드럽게 다시 움직였다. 나는 깊게 숨을 내쉬고 미소 지었다. 이제는 제시간에 내가 기사를 끝낼 수 있다는 것을 알았다.

 2019학년도 11월 전국연합 고2 24번   본문 31쪽

　스포츠가 폭력을 줄이는 방법이라는 일반적인 믿음이 있다. 인류학자인 Richard Sipes는 스포츠와 폭력의 관계에 대한 고전적인 연구에서 이 개념을 시험한다. 상대편과의 사이에 실제 신체 접촉이 있는 스포츠나 모의 전투처럼 그가 '전투적인 스포츠'라고 부르는 것에 초점을 맞추며 그는 만약 스포츠가 폭력에 대한 대안이라면, 어떤 사람은 '전투적 스포츠'의 인기와 전투의 빈도와 강도 사이에 정반대의 상관관계를 찾을 것을 기대할 것이라고 가설을 설정한다. 다시 말하면, 전투적인 스포츠(예를 들면, 미식축구, 권투 등)가 더 많을수록 실제 전투는 덜 일어난다. Human Relations Area

Files와 20개 사회의 샘플을 사용하여 Sipes는 그 가설을 시험하고 전투적인 스포츠와 폭력 사이의 중요한 관련성, 그가 가정한 정반대 상관관계가 아닌 직접적인 상관관계를 발견한다. Sipes의 분석에 의하면, 전투적인 스포츠가 한 사회에서 더 만연하고 더 인기가 많을수록, 그 사회는 전쟁에 더 참여할 것이다. 그러므로 Sipes는 전투적인 스포츠가 전쟁에 대한 대체재가 아니라 오히려 인간 사회의 동일한 공격적인 충동의 반영물이라는 분명한 결론을 도출해낸다.

 2020학년도 3월 전국연합 고3 20번 본문 33쪽

무언가 잘못되고 있을 때 왜 그런 일이 생겼고, 그것이 누구의 잘못이며, '왜 나인가?'에 사람들이 집착하는 것은 불행한 일이다. 솔직히 대부분의 경우 그런 생각이 무슨 도움이 되는가? 당신의 뇌가 해결 지향적이 되도록 훈련시켜라. 가장 간단한 예를 들어보자. 우유 한 잔이 엎질러지면 무슨 일이 일어나는가? 그렇다. 당신은 집착하면서 그것이 어떻게 엎질러졌는지, 누가 그것을 넘어지게 했는지, 그것이 바닥을 얼룩지게 할지 등이라고 말하거나 '왜 늘 나야? 나는 바쁘고 엎질러진 우유는 필요 없는데.'와 같은 것들을 생각할 수 있다. 그러나 해결 지향적인 사고 과정을 가진 사람은 그저 수건을 가져오고, 잔을 집어 들고, 우유 한 잔을 새로 가져온다. 당신의 에너지를 현명하게 사용하라. 실수로부터 배우되, 해결책들을 가지고 빠르게 나아가라.

 2019학년도 3월 전국연합 고3 21번 본문 34쪽

학교에서. 우리의 아이들은 시험에서 다른 아이들보다 더 잘할 수 있도록 부지런히 그리고 개인적으로 공부하도록 훈련을 받는다. 만약 그들이 다른 학생들에게 과제물에 대해서 도움을 구한다면, 그들은 부정행위를 한다고 비난을 받는다. 그들에게 단 하룻밤에 몇 시간이 소요되는 숙제가 주어지면 다른 사람들과 함께하는 시간을 홀로 공부하는 더 많은 시간과 바꾸도록 그들은 강요받게 된다. 그들은 직장에서 미래의 성공이 자신의 성적과 표준화된 시험 점수를 포함한 개인의 성과에 달려 있다는 말을 계속해서 듣게 된다. 통계적으로는 그렇지 않다. 그러나 학습에 대한 이러한 접근법이 한 가지를 명확히 한다. 다시 말해 그것은 사회적 관계성, 수면, 집중력, 행복 그리고 건강을 아이들로부터 빼앗으면서 엄청나게 스트레스 수준을 높인다. 그러나 우리는 그 시스템에 의심을 품기보다는 개인적 성취를 위한 이 극도의 경쟁을 따라가지 못하는 사람들을 판단한다. 학생이 학업을 끝마칠 즈음에 그들은 기진맥진하고 연약하고 외로우며, 결국 그들에게 약속되었던 성공과 행복이 저 무지개의 끝에 놓여 있지 않았다는 것을 알게 된다.

 2020학년도 4월 전국연합 고3 22번 본문 36쪽

Parkinson의 법칙에 따르면 "일은 그것을 완수하는 데 이용 가능한 시간을 채우기 위해 확대된다."라고 말하는데, 이는 본질적으로 우리가 과업의 완수를 위해 더 많은 시간을 할애하면 그 일은 우리로 하여금 그것을 완수하는 데 더 많은 시간이 걸리게 한다는 뜻이다. 자신의 과업에 드는 시간을 제한하는 것은 여러분의 하루에 더 많은 스트레스를 줄 것

처럼 들릴 수도 있으나 실제로 그것은 정반대의 효과를 가져올 수 있다. 즉, 당신이 과업에 마감 시한을 부과하면 당신은 주어진 시간 내에 무엇을 수행할지에 더 잘 집중하며, 그날의 작업 일정을 명확하게 규정할 것이다. 당신의 과업에 도전적인 시간 제한을 설정하고, 그것을 즐겨라. 다시 말하면, 당신이 현재의 일을 위해 노력하면서 더 큰 성취감을 가질 수 있도록 과업 완수를 시계와의 경쟁으로 바꿔라. 여러분이 자신의 도전을 완수하면 다음번에 뭔가 비슷한 일을 해야 할 때 여러분이 자신에게 주는 시간의 양을 줄이도록 시도해봐라. 그러면 이 내면의 경쟁이 당신이 자신의 과업에 더 집중하도록 동기를 부여하게 도와주고, 장기적으로는 여러분을 더 생산적인 사람으로 만들어줄 것이다.

Chapter ❷ 02. 설명문

 2020학년도 3월 전국연합 고1 26번   본문 39쪽

Ellen Church는 1904년에 Iowa주에서 태어났다. Cresco 고등학교를 졸업한 후, 그녀는 간호학을 공부했고 San Francisco에서 간호사로 근무했다. 그녀는 대부분의 사람이 비행을 무서워하기 때문에 간호사들이 비행 중에 승객을 돌봐야만 한다고 Boeing Air Transport에 제안했다. 1930년에 그녀는 미국 최초의 여성 비행기 승무원이 되어 California주 Oakland에서 Illinois주 Chicago까지 Boeing 80A를 타고 일을 했다. 불행하게도 자동차 사고 부상으로 그녀는 단지 18개월 근무 후에 일을 끝내야 했다. Church는 간호교육학으로 학위를 받으며 Minnesota 대학을 졸업한 후에 Milwaukee County 병원에서 간호사 일을 다시 시작했다. 제2차 세계대전 중에는 육군 간호 부대에서 대위로 근무했고, 항공 메달을 받았다. 그녀의 고향인 Cresco에는 그녀의 이름을 딴 Ellen Church Field 공항이 있다.

 2020학년도 6월 전국연합 고2 25번   본문 41쪽

위에 있는 그래프는 5개 국가의 2014년과 2016년 전기차 재고량을 보여준다. ① 5개의 모든 국가는 2014년보다 2016년에 더 많은 전기차 재고량을 보유했다. ② 2014년 미국의 전기차 재고량은 5개 국가 중에서 1위였고, 중국이 그 뒤를 이었다. ③ 그러나 중국은 2014년에서부터 2016년까지 전기차 재고량의 가장 큰 증가를 보였고, 2016년에 전기차 재고량에서 미국을 추월했다. ④ 2014년과 2016년 사이에 일본의 전기차 재고량의 증가는 노르웨이의 증가보다 적었다. ⑤ 네덜란드에서 전기차 재고량은 2014년보다 2016년에 3배 이상 더 많았다.

 2020학년도 7월 전국연합 고3 26번   본문 42쪽

헝가리 Nagyszentmiklos에서 태어난 Béla Bartók는 아홉 살의 나이에 작곡을 시작했다. 11세에 Bartók는 처음으로 사람들 앞에서 연주했다. 연주에는 자신이 작곡한 한 곡도 포함되었다. 그 후에 그는 또 다른 저명한 헝가리 작곡가인 Ernö

Dohnányi의 선례를 따라 Royal Hungarian Academy of Music에서 공부했다. 1905년부터 그는 헝가리 전통 민요를 대중화하려는 노력으로 동료 헝가리인인 Zoltán Kodály와 장기적인 협업을 시작했으며, 민요 음악가들과 클래식 음악인들로부터 현악 작곡에 대한 실용적인 지식을 얻게 되었다. Bartók는 재즈 클라리넷 연주자 Benny Goodman 등과 같은 음악가들과 함께 유럽 곳곳과 미국에서 공연하면서 피아니스트로서 성공했다. 파시즘이 부상하면서, 그는 1933년 이후에는 독일에서 연주하는 것을 거부했다. 1940년에 그는 부다페스트를 떠나 미국으로 향했고, 1945년에 그곳에서 죽었다.

 2020학년도 10월 전국연합 고3 27번

※ 생략

 2020학년도 수능 26번   본문 45쪽

Nuer족은 South Sudan의 가장 큰 민족 집단 중 하나로, 주로 나일강 Valley에 거주한다. Nuer족은 소를 기르는 민족으로, 그들의 하루는 자신들의 소를 중심으로 돌아간다. 그들에게는 소와 관련된 다양한 용어가 있다. 그래서 색상, 무늬, 그리고 뿔의 형태들에 기초해서 수백 가지 유형의 소를 구분할 수 있다. 그들은 자신들이 기르는 소의 이름으로 불리는 것을 좋아한다. Nuer족에게 가장 흔한 일상적인 음식은 유제품으로, 아이들에겐 특히 우유이고 어른들에겐 요구르트와 같은 시큼한 우유이다. 그리고 천연 과일과 견과류가 Nuer족이 가장 좋아하는 간식이다. Nuer족에게는 또한 집안의 나이가 많은 사람만 세는 문화가 있다. 그들은 어떤 사람이 낳은 아이들의 수를 세는 것은 불행을 가져온다고 믿고, 자신이 낳은 아이 수보다 더 적게 말하기를 좋아한다.

Chapter ❷ 03. 추론문

1. 빈칸 추론

 2021학년도 3월 전국연합 고1 31번   본문 48쪽

좋은 보살핌을 제공하는 것의 가장 중요한 측면 중 하나는 반드시 동물의 필요가 일관성 있고 예측 가능하게 만족되도록 하는 것이다. 사람들처럼 동물들도 통제감의 느낌이 필요하다. 그러므로 충분한 음식을 제공받고 있어도 음식이 언제 나타날지 모르고 일관성 있는 일정을 모르는 동물은 고통을 겪을 수 있다. 우리는 동물들의 환경에 (예측 가능성을) 보장함으로써 통제감을 줄 수 있다. 다시 말하면 마실 물이 늘 있고, 그 물이 늘 같은 곳에 있는 것이다. 아침에 일어날 때와 저녁 산책을 한 후에 늘 음식이 있는 것이다. 불편하게 인내할 필요 없이 변을 배설할 수 있는 시간과 장소가 늘 있는 것이다. 인간 친구들은 한순간 애정을 주다가 바로 애정을 주지 않기보다는 일관된 감정적 도움을 보일 수 있다. 예상

할 수 있는 것을 알고 있을 때, 동물은 더욱 자신감과 침착함을 느낄 수 있다.

 2020학년도 3월 전국연합 고2 31번　　　　　　　　　　　　　　　　　　　　　　**본문 50쪽**

　　현시대의 불교 스승인 Dainin Katagiri는 죽어가면서 『고요로의 회귀』라는 주목할 만한 책을 썼다. 그는 인생이란 "위험한 상황이다."라고 썼다. 삶을 소중하게 만드는 것은 바로 삶의 연약함이다. 즉 그의 글은 다름 아닌 자신의 삶이 끝나가고 있다는 사실로 가득하다. "도자기 그릇은 조만간 깨어질 것이기 때문에 아름답다⋯. 그릇의 생명은 항상 위험한 상태에 놓여 있다." 그런 것이 우리의 투쟁이다. 이 불안정의 미(美), 이 불가피한 상처. 사랑과 상실은 우리의 친근한 동료들이라는 것을, 우리가 진짜 꽃을 플라스틱 꽃보다 훨씬 더욱 사랑하며, 산등성이를 가로지르는 일순간만 존재하는 황혼빛을 사랑한다는 것을 잊는다(얼마나 쉽게 잊는가!). 우리의 영혼을 여는 것은 다름 아닌 이 연약함이다.

 2019학년도 9월 모의평가 고3 34번　　　　　　　　　　　　　　　　　　　　　　**본문 52쪽**

　　현대의 심리학 이론에 따르면 이해의 과정은 재생산이 아니라 구성의 문제라고 하는데, 그 의미는 이해의 과정이 외부로부터 오는 정보와 마음에서 발생하는 정보에 의해 그 모양을 형성한다는 것이다. 예를 들어 움직이는 물체를 차라고 인식하는 것은 세상에 대한 우리의 지식의 틀 안에서 들어오는 정보를 해석하는 것에 기초한다. 간단한 물체의 해석은 보통 통제되지 않는 과정이지만, 인간관계 등과 같은 더 복잡한 상황에 대한 해석은 보통은 더 적극적인 집중과 생각을 요구한다. 심리학 연구는 어떤 자극이 그 개인의 관심의 초점이 되는지, 그 사람이 이러한 자극들에 어떤 의미를 주고 그 자극들이 어떻게 결합되어 더 큰 전체를 형성하는지를 결정하는 것은 바로 그 개인이 소유하고 있는 지식이라는 점을 보여준다. 특정한 방식으로 해석되는 이 주관적 세계는 우리에게는 '객관적인' 세계이다. 즉, 우리는 우리 자신의 해석 결과로 알고 있는 세계 외에는 그 어떤 다른 세계도 알 수 없다.

 2019학년도 3월 전국연합 고3 34번　　　　　　　　　　　　　　　　　　　　　　**본문 54쪽**

　　개인주의의 핵심에는 각각의 개인이 자기 우주의 중심을 구성한다는 믿음이 놓여 있다. 처음에 얼핏 보면, 이것은 대부분의 사람이 공개적으로 받아들이는 견해는 아닌 것처럼 보인다. 우리는 결국 다른 사람들을 보살피고 관심을 가지라는 말을 빈번하게 듣는다. 더욱이, 매우 자기중심적인 사람을 정말 아무도 좋아하지는 않는다. 그러나 우리 모두는 자기중심적인 삶으로의 잡아당김이 강하며, 이것이 비이기적 언어를 사용함으로써 이기적인 의도를 숨기도록 우리를 유혹한다는 점을 인정해야 한다. 만일 우리가 정직하다면, 희생적으로 또는 단지 옳기 때문에 한다고 우리가 주장하는 많은 것이 우리에게 개인적인 이익을 가져다주는 것과 정확히 똑같은 행동이라는 점을 우리는 인정할 것이다. 우리의 동기들을 편견 없이 약간만 조사해보면, 우리에게 개인적인 이익을 향한 편향성이 강하다는 점을 부정하기 어렵다. 따라서 우리가 정반대로 말할 수도 있음에도 불구하고, 우리는 우리 자신이 인정하려고 하는 것보다 더 자기중심적이라는 주장을 하기가 어렵지 않다.

 2019학년도 4월 전국연합 고3 31번 본문 56쪽

비옥한 초승달 지대의 초기 농경 마을들에서 발견된 뼈들은 인근에 있는 수렵·채집인들의 집들보다 보통 작았는데, 이는 그들의 식단이 덜 다양했다는 것을 시사한다. 비록 농부들이 좀 더 많은 식량을 생산할 수 있었지만 그들이 굶주렸을 가능성 또한 더 높았는데, 이는 수렵·채집인들과는 달리 그들은 적은 수의 작물들에 의존했고, 그러한 작물들이 실패하면 심각한 문제에 직면했기 때문이다. 초기 농부들의 뼈들은 아마도 수확기 중에 발생하는 정기적인 기근의 시기에 초래된 비타민 결핍의 자취를 나타낸다. 그것들은 아마도 쟁기, 농작물 수확, 나무 자르기, 건물과 울타리 유지와 수리와 곡물 갈기에 요구되는 강도 높은 노동에 따르는 스트레스의 흔적도 보여준다. 마을들은 또한 쓰레기를 만들었고 이는 해충을 끌어들였다. 마을의 인구수가 많아져서 인구수가 더 적고 유목 생활을 하는 수렵·채집 사회에서는 지속되지 못하는 병을 퍼뜨리기에 충분했다. 쇠약해지는 건강에 대한 이러한 모든 증거는 초기 농부들이 농경의 장점에 끌렸다기보다는 복잡하고 점차 서로 연결된 농경 생활 방식으로 떠밀렸음을 시사한다.

 2019학년도 4월 전국연합 고3 32번 본문 58쪽

어떤 연구에 따르면 특정 단어(예를 들면, 보트)가 관련된 단어들(예를 들면, 바다, 항해) 이후에 제시되었을 때 더욱 기분 좋게 느껴진다고 한다. 그 결과는 정보가 얼마나 쉽게 우리 머릿속에 떠오르는가와 관련된 일종의 처리 능숙도 유형인 개념적 능숙도 때문에 발생했다. '바다'가 문맥을 미리 예비했기 때문에 증가된 예측 가능성이 '보트(배)'의 개념이 사람들의 머릿속에 좀 더 쉽게 들어올 수 있도록 만들었고, 그 처리의 평이함이 '배'라는 단어에 잘못 부여되는 호감을 만들어냈다. 전략적으로 마케터들은 예상되는 문맥 속에 자신들의 광고들을 배치함으로써 개념적 능숙도를 이용하여 자신들의 광고 효과를 높일 수 있다. 예를 들어, 한 실험은 소비자들이 케첩 광고가 마요네즈 광고 후에 제시되면 그 케첩 광고를 더 호의적이라고 느꼈다는 것을 보여주었다. 마요네즈 광고는 소비자들의 양념에 대한 스키마(개요)를 준비시켰고, 케첩 광고가 그 뒤에 제시되면 케첩에 대한 개념이 그들의 머릿속에 더 쉽게 떠올랐다. 이와 같이 향상된 개념적 능숙성의 결과로 소비자들은 그 케첩 광고에 대해 좀 더 긍정적인 태도를 형성했다.

2. 문단 순서

 2020학년도 3월 전국연합 고1 영어 36번 본문 62쪽

Moinee라는 신이 하늘의 별들의 세계에서 벌어진 끔찍한 전투에서 경쟁 상대인 Dromerdeener라는 신에게 패했다. Moinee는 별에서 Tasmania로 떨어져 죽게 되었다.

(C) 죽기 직전에 그는 마지막 안식처에 최후의 축복을 해주길 원했고 그래서 인간들을 창조하기로 결심했다. 그러나 그는 자기가 죽어가고 있다는 것을 알고 너무 서두른 나머지 그들에게 무릎을 만들어주는 것을 잊었고, 정신없이 캥거루처럼 큰 꼬리를 만들어주었다. 그래서 사람들은 앉을 수 없게 되었다.

(B) 그다음에 그는 죽었다. 사람들은 캥거루 같은 꼬리, 무릎이 없는 것을 싫어했고 그래서 하늘에 도움을 달라고 외쳤다. Dromerdeener 신은 그들이 외치는 소리를 듣고 무슨 문제인지 알아보려고 Tasmania로 내려왔다.

(A) 그는 사람들을 측은하게 생각했고 그래서 그들에게 구부릴 수 있는 무릎을 만들어주고, 꼬리를 잘라서 그들이 마침내 앉을 수 있었다. 그 이후에 영원히 그들은 행복하게 살았다.

예사 2 2021학년도 3월 전국연합 고2 36번　　　　　　　　　　　　　　　본문 65쪽

일단 우리가 잘못된 원인 문제를 인식하면, 우리는 그것을 어디에서나 볼 수 있다. 예를 들어, 최근 토론토 대학의 의대생들을 대상으로 한 장기간의 연구에 따르면 의대 학년 회장들이 다른 의대 졸업생들보다 평균적으로 2.4년 정도 적게 살았다는 결론을 내렸다.

(C) 얼핏 보면, 이것은 의대 학년 회장이 되는 것이 당신에게 나쁘다는 것을 나타내는 것처럼 보였다. 이것은 당신이 어떻게 해서든지 의대 학년 회장이 되는 것을 피해야 한다는 뜻인가?

(B) 아마도 아닐 것이다. 단지 학년 회장이 되는 것이 더 짧은 평균 수명과 상호 관련된다고 하더라도 그것이 더 짧은 기대수명을 일으킨다는 뜻은 아니다. 사실, 아마 의대 학년 회장이 되는 그런 종류의 사람은 보통 극도로 열심히 일하고, 진지하며, 야망이 있을 것이다.

(A) 의대 학년 회장인 것 그 자체보다는 아마 이처럼 추가적인 스트레스와 그에 따르는 사교적인 시간과 휴식 시간 부족이 짧은 평균 수명의 원인일 수 있다. 만약 그렇다면, 이 연구의 진짜 교훈은 우리 모두가 약간의 휴식을 더 취해야 하고, 일이 우리의 삶을 지배하게 해서는 안 된다는 것이다.

예사 3 2020학년도 3월 전국연합 고3 36번　　　　　　　　　　　　　　　본문 68쪽

새에게 (사람들이 마음이) 사로잡힐 만한 것이 도무지 무엇이 있는지 많은 사람은 이해하지 못한다. 새 관찰자들이 숲과 늪, 그리고 들판에서 실제로 하는 것은 무엇일까?

(B) 새 관찰에 대한 열정을 이해하는 핵심은 새 관찰이 사실은 일종의 사냥이라는 것을 깨닫는 것이다. 그러나 사냥과는 달리, 당신이 모으는 노획물은 당신의 마음속에 존재한다.

(C) 물론 당신이 어디를 가든 그것들을 가지고 다니므로 당신의 마음은 그것들로 가득 채우기에 아주 좋은 장소이다. 당신은 그것들을 먼지가 쌓이도록 벽이나 다락방에 두지 않는다. 당신의 새 관찰 경험은 당신의 삶의 일부분, 즉 당신 자신의 일부가 된다.

(A) 그리고 새 관찰자들은 사람들이기 때문에 이와 같은 새 관찰의 기억들은, 대부분의 인간의 기억처럼, 시간이 지남에 따라 발전된다. 회상해보면 깃털의 색들은 점점 풍부해지고, 새의 노래는 더 달콤해지고, 잘 보이지 않던 들판의 흔적들이 더욱더 생생해지고 또렷해진다.

 2020학년도 3월 전국연합 고3 37번

본문 71쪽

텔레비전에서 시간이 압축되는 방식은 (일상에서의) 상호작용의 시간 감각과는 구별된다. 좀 더 구체적으로 말하면, 일상의 삶을 특징짓는 짧은 멈춤과 지연은 편집을 통해 제거되고, 새로운 특색, 즉 웃음 트랙이 첨가된다.

(C) 몇 시간, 심지어 몇 날을 단지 몇 분으로 그리고 그 몇 분을 다시 몇 초로 압축시키며 활동이 급속히 쉽게 흘러가는 압축된 사건이 그 익숙한 결과이다. 일상의 삶에서는 흔한 기다림을 시청자들이 겪지 않는다. 이러한 시간의 사용은 개략적으로는 부자연스럽게 보일 수 있지만 텔레비전 시청자들은 그것을 예상하고, 비평가들은 그것을 요구한다.

(B) 더 중요한 것은, 텔레비전 연기자들이나 정치가들과 같은 텔레비전에 의존하는 사람들은 그 순간을 포착하는 한 문장으로 생생하게 표현하는 말 또는 비유와 같은 시간 압축 요건을 충족할 수 있는 그들의 능력으로 시청자(유권자)들에 의해 평가된다.

(A) 바로 그러한 말들은 신문과 잡지 기사에서 굵은 활자체로 인쇄되거나 박스 삽입란에 들어가는 것이다. 그런 이유로 압축 기술은 텔레비전이 가진 시간의 또 다른 중요한 차원, 즉 리듬과 속도를 강조한다.

---

3. 문장 삽입

 2019학년도 6월 전국연합 고1 38번

본문 76쪽

수년 전에 Washington D.C.에서 열린 전국 단어 철자 대회에서, 어떤 13세 소년이 '어떤 사람이 들은 것을 무엇이든 반복하는 경향'이란 뜻의 단어인 echolalia의 철자를 말하도록 요청받았다. 비록 그가 철자를 잘못 말했음에도 심판들이 잘못 듣고 철자를 올바르게 맞혔다고 말했고 그가 다음 단계로 가도록 허락했다. 그 소년이 자신이 그 단어의 철자를 잘못 말했다는 것을 알았을 때, 그는 심판에게 가서 말했다. 그래서 그는 결국 대회에서 탈락당했다. 그다음 날 신문사들의 헤드라인은 그 정직한 소년을 철자 대회 영웅으로 불렀고, 그의 사진이 『The New York Times』에 실렸다. "심판들은 내가 무척 정직하다고 말했어요."라고 그 소년은 기자들에게 말했다. 그는 그렇게 했던 동기 중 하나를 덧붙였다. "난 거짓말쟁이라고 느끼고 싶지 않았어요."

　　어떻게 문화가 우리의 생물학적인 과정에 영향을 주는지에 대한 한 극적인 예가 인류학자인 Clyde Kluckhohn에 의해 제공되었다. 그는 자신의 경력에서의 많은 시간을 American Southwest에서 Navajo 문화를 연구하며 보냈다. Kluckhohn 은 Arizona에 사는, 자신이 아는 음식에 대한 문화적 반응을 이끌어내는 것에서 약간 괴팍한 기쁨을 얻는, 비Navajo 사람인 한 여자에 대한 이야기를 한다. 점심 파티에서 그녀는 참치나 닭고기와 유사하지만 특이한 맛이 나는 흰 살코기로 가득한 샌드위치를 자주 대접했다. 그 여주인은 모든 사람이 점심 식사를 마친 후에야 손님들에게 그들이 방금 먹은 것은 참치 샐러드나 닭고기 샐러드가 아니라 방울뱀 고기 샐러드였다고 알려주었다. 틀림없이, 그들이 방금 무엇을 먹었는지 알자마자 어떤 사람은 먹은 것을 토하곤 했다. 그렇다면 이것은 소화의 생물학적인 과정이 문화적인 관념에 의해 어떻게 영향을 받았는지에 대한 훌륭한 사례가 된다. 그 과정은 영향을 받았을 뿐만 아니라 완전히 반전되었다. 방울뱀 고기는 먹기에 역겨운 음식이라는 문화에 기초한 '관념'이 정상적인 소화의 과정에 극단적인 반전을 촉발한 것이다.

　　1948년 있었던 세계 인권 선언에서의 약속과 현실적인 인권 침해의 세계 사이에는 분명히 큰 차이가 있다. (인권) 피해자들과 공감하는 측면에서는, 우리는 유엔과 그 회원국 정부들이 자신들의 약속을 지키지 못한 것에 대해 비난할 수도 있을 것이다. 그렇지만 우리는 공감이나 법률적 분석을 통해 인권의 이상과 인권 침해의 실제 세계 사이의 차이를 이해할 수 없다. 오히려 그것은 사회적 갈등과 정치적 억압의 원인과 국내와 국제 정치 사이의 상호 작용에 대한 다양한 사회과학들에 의한 조사가 필요하다. UN은 국제법과 국제 정치에 인권이라는 개념을 소개했다. 그러나 국제 정치 영역은 인권 말고도 다양한 우선적인 것들을 가진 국가 및 다른 강력한 행위자들(예를 들면, 다국적기업들)에 의해 지배되고 있다. 세계 각국 정부가 인권을 선언하고 있지만, 그것을 실제로 실천에 옮기는 데는 매우 다양한 기록(역사)을 갖고 있음이 인권 분야의 주된 특징이다. 왜 상황이 그와 같은지를 우리는 이해해야 한다.

　　공(共, 함께)진화는 둘 또는 그 이상의 생물종들이 다른 종의 진화 방향에 서로 영향을 미칠 수 있다는 개념이다. 다시 말하면 생물체는 다른 생물체의 진화에 영향을 준다는 것이다. 모든 생명체는 다른 생명체에 의해 영향을 받기 때문에 이것은 흔한 양식이다. 예를 들면, 초식 동물들과 그들이 먹는 풀은 함께 진화해왔다. 풀을 뜯는 동물이 먹는 풀은 많은 식물처럼 나뭇가지의 끝에서부터 자라기보다 땅 근처에 있는 식물의 바닥 부분에서 자란다. 게다가 풀은 자신의 세포벽 안에 동물이 그 세포벽을 부수고 소화시키는 것을 어렵게 만드는 딱딱한 물질을 가지고 있다. 풀을 뜯는 동물은 이러한 방해 요인을 극복하는 여러 종류의 적응 방식을 가지고 있다. 풀을 뜯는 많은 동물은 단단한 세포벽을 분쇄하는 것과 관련된 닳음(마모)을 보충하기 위해 매우 길거나 계속 자라는 이빨을 가지고 있다. 소와 같은 동물들은 미생물이 대부분의 소화 작용을 잘하게 하는 복잡한 소화관을 가지고 있다.

Chapter ❸ 01. 밑줄 추론

 2021학년도 3월 전국연합 고1 21번　　　　　　　　　　　　　　　　본문 87쪽

'내가 그것을 하지 말았기를 소망한다!'라는 반응을 초월하라. 만일 여러분이 느끼는 실망이 시험 공부를 하지 않았기 때문에 통과하지 못한 시험, 면접에서 바보 같은 말을 해서 얻지 못한 직업, 또는 완전히 잘못된 접근 방법을 택하는 바람에 좋은 인상을 주지 못한 사람 등과 관련되어 있다면, 이제는 그 일이 '지금 일어났다'는 것을 인정하라. '내가 그것을 하지 않았기를 소망해!'라는 말의 단 하나의 가치는 다음번엔 무엇을 더 잘해야 할지 알게 되었다는 것이다. 배움으로부터 얻는 이득은 유용하고 중요하다. 이와 같이 '내가 …하기만 했다면'이라는 의제는 가상의 것이다. 당신이 그것을 이해했다면, 이제 그것을 과거 시제에서 미래 시제로 바꿀 때이다: '다음에 내가 이 상황이라면 나는 …하려고 노력할 것이다.'

 2021학년도 3월 전국연합 고2 21번　　　　　　　　　　　　　　　　본문 89쪽

비상사태에 관해 알려진 사실은, 그 비상사태가 어떤 것이 될지 정확히 모른다면, 재난 대비가 재난 예행 연습과 똑같은 것이 아니라는 것을 보여준다. 아무리 많이 모의 재난 훈련이 사전의 계획에 따라 개최되더라도 실제 재난들은 그들 중 그 어느 하나도 그대로 반영되지는 않을 것이다. 재난을 대비한 계획 수립은 높이뛰기 시합이나 단거리 달리기 경주를 위해 훈련하는 것보다는 마라톤을 위해 훈련하는 것과 더 유사하다. 마라톤 선수들은 26마일 전체 코스를 달리는 것으로 연습하지 않고 오히려 더 짧은 거리를 달리고 여러 가지 운동을 결합하여 행하는 훈련법을 통해 지구력을 향상시킴으로써 몸을 만들어간다. 만약 그들이 성공적으로 준비했다면 그들은 마라톤의 미리 정해진 경로와 길이에 대하여 예측되었든지 아니든지 다양한 기상 조건을 생각하면서 마라톤을 달릴 수 있는 최적의 조건에 있다. 이것이 정상적인 마라톤 준비이다.

 2021학년도 9월 모의평가 고3 21번　　　　　　　　　　　　　　　　본문 91쪽

다음에 무슨 일이 발생할지 예측함으로써, 당신은 그것들이 발생하는 동안 무슨 일이 일어나는지 파악할 필요가 없도록 하기 위하여 가상 발생 가능성이 큰 몇 가지 시나리오를 순비한다. 그러므로 음식점 종업원이 당신에게 메뉴를 제공하는 것은 놀랄 일이 아니다. 그녀가 당신에게 투명한 액체가 담긴 유리잔을 줄 때, 당신은 그것이 물인지를 물을 필요가 없다. 식사를 마친 후에, 당신은 왜 더 이상 배가 고프지 않은지 알아낼 필요가 없다. 이 모든 것들은 예측되며, 따라서 해결해야 할 문제들이 아니다. 게다가 여러분이 상호작용하는 모든 친근한 물건들에 대한 모든 사용 가능 방법들에

대해 끊임없이 생각하는 것이 얼마나 어려운 것인지 상상해보라. 저 못을 박기 위해서 나의 망치나 나의 전화기 중 어떤 것을 이용해야 할까? 매일매일 기능적 고정성은 저주가 아니라 안심(구원, 안도)이다. 그것이 왜 당신이 여러분의 모든 선택과 가능성을 생각하려는 시도조차도 해서는 안 되는지에 대한 이유이다. 그렇게 하면 안 된다. 당신이 그렇게 하려고 노력한다면, 여러분은 결코 그 어떤 일도 마칠 수 없을 것이다. 따라서 상자를 두드리지 말라. 역설적이게도 비록 그것이 여러분의 사고를 제한하지만, 그것은 또한 여러분을 영리하게 만들어준다. 그것은 여러분이 실제보다 한발 앞서게 도와준다.

Chapter ❸ 02. 어법(29번) 문제

 2022학년도 9월 전국연합 고1 29번   본문 98쪽

 인간의 뇌는 15,000~30,000년 전에 그 크기가 최고점에 도달한 이래 질량이 약 10퍼센트 정도 축소됐다는 것이 드러났다. 그것이 가능한 한 가지 이유는 몇천 년 전에 사람들은 죽임을 당하는 것을 피하기 위해 항상 위험한 포식동물들에 대한 그들의 지혜를 발휘했어야 하는 세계에서 살았다는 것이다. 요즘에는, 우리는 우리 자신을 효율적으로 키워왔고 생존에 필요한 많은 일을 — 당면한 죽음을 피하는 것에서부터 은신처를 짓고 음식을 확보하는 일까지 — 더 넓은 사회에 위탁했다. 또한, 우리는 우리의 조상들보다 더 작은데, 가축이 그들의 야생의 친척들보다 일반적으로 더 작다는 것은 가축의 한 특성이다. 이것은 그 어떤 것도 우리가 더 바보스럽다는 뜻은 아니지만 — 뇌 크기가 반드시 인간의 지능을 나타내는 것은 아니다. — 그것은 오늘날 우리의 뇌가 다르고 아마 우리 조상들의 그것들보다 더 효과적으로 연결되어 있다는 것을 의미할지도 모른다.

 2022학년도 6월 전국연합 고2 29번   본문 100쪽

 세계은행(World Bank)과 같은 단체들이 선진국과 후진국을 구별하기 위해 부를 사용하지만, 그들은 또한 발전이 경제 성장 이상의 것임에 동의한다. '발전'은 경제 성장에 의해 유발되거나 경제 성장에 수반되는 사회적, 환경적 변화도 포함할 수 있으며, 그 변화의 일부분은 긍정적이고 따라서 (나머지는) 부정적일 수 있다. 경제 성장이 사람들과 세계에 어떻게 영향을 미치고 있는지의 문제가 다루어질 필요가 있다는 인식이 커져왔고 — 그리고 계속해서 커지고 있다. 국가들은 (경제활동에 의한) 손상이 나타난 이후보다는 경제활동이나 프로젝트가 계획되는 때에 시작할 처음부터 그 피해를 줄이려고 노력하는 것이 비용이 싸고 훨씬 적은 고통을 겪는다는 사실을 천천히 깨닫고 있다. 이렇게 하는 것은 쉽지 않고 항상 불완전하다. 그러나 그와 같은 노력의 필요성에 대한 인식은 오로지 새로운 제품과 서비스를 만드는 것에만 몰두하던 이전의 널리 퍼진 태도가 했던 것보다 더 큰 이해와 도덕적 관심을 나타낸다.

3 2020학년도 3월 전국연합 고3 29번 본문 102쪽

아이들이 어렸을 때, 일의 많은 부분은 그들이 참으로 통제권을 가지고 있음을 그들에게 보여주고 있다. 20년간 부모 교육자였던 우리의 현명한 한 친구는 취학 전 나이의 아이들에게 달력을 주고 그들의 생활에서 중요한 모든 일을 적어 보라고 조언했다. 이것은 부분적으로 아이들이 시간의 흐름을 더 잘 이해하도록 돕고, 자신들의 하루하루가 어떻게 전개 될지 이해하도록 도움을 주기 때문이다. 아이들이 그들의 하루를 통제하고 있음을 느낄 수 있도록 돕는 데 있어 달력이 라는 도구의 중요성은 아무리 강조해도 지나침이 없다. 일주일의 각 날에 다가갈 때마다 아이들로 하여금 그 날들을 지 우게 하라. 가능할 때마다 각 일정에 대해서 아이들에게 선택할 수 있게 하면서 각 날의 일정을 점검하는 시간을 가져 라. 이러한 소통은 존경을 보여준다. 즉, 아이들이 그저 당신의 하루와 당신의 계획에 붙어서 남을 따라다니는 사람이 아 님을 알게 되고, 무슨 일이 언제, 왜 발생하게 될지 이해할 수 있다. 아이들은 나이가 더 들면 스스로 중요한 일들을 적기 시작할 것이며, 그것은 더욱 자신들의 통제감을 발달시키는 데 도움을 준다.

 4 2020학년도 6월 모의평가 고3 29번 본문 104쪽

인간 심리작용의 흥미로운 측면은, 우리가 맨 처음 어떤 것들을 경험할 때 그것들에 대한 모든 것이 분명하지는 않다 면 그것들을 더 좋아하고 더 매력적이라고 발견하는 경향이 있다는 것이다. 음악에 있어서 이것은 확실히 진실이다. 예 를 들면, 라디오에서 우리의 관심을 끄는 노래를 처음 듣고, 그 노래가 좋다고 결정할 수 있다. 그 후에 다음에 그것을 들 을 때, 우리는 처음에는 듣지 못했던 가사를 듣거나 배경음악에서 피아노나 또는 드럼이 무엇을 하고 있는지 인식할 수 있다. 전에 놓쳤던 특별한 조화가 드러난다. 매번 들을 때마다 우리는 점점 더 많은 것을 이해하게 된다. 종종 예술 작품 이 우리에게 중요한 모든 세부 요소들을 드러내는 데 걸리는 시간이 더 길어질수록 – 그것이 음악이든, 미술이든, 춤이 든 또는 건축이든 – 우리는 그것을 더 좋아하게 된다.

Chapter ❸ 04. 문장 요약(40번)

 1 2020학년도 3월 전국연합 고1 40번 본문 109쪽

협력을 해야 할 진화적 또는 문화적인 많은 이유가 있을지라도 눈은 가장 중요한 협력의 방법 중 하나이고, 눈 마주침 은 우리가 차량 운전을 할 때 상실하는 가장 강력한 인간의 힘일 수 있다. 그것은 거의 틀림없이 보통은 꽤 협력적인 종 인 인간들이 도로에서 그렇게 비협조적이 될 수 있는 이유일 것이다. 대부분의 시간에 우리가 너무 빨리 이동한다. 우리 는 대략 시속 20마일 정도에서 눈을 마주치는 능력을 상실하기 시작하거나 또는 (서로를) 보는 것이 안전하지 않다. 아 마도 우리의 시야가 막히게 된다. 종종 다른 운전자들이 선글라스를 끼고 있거나 그들의 차는 색이 옅게 들어간(선팅된)

창문일 수 있다. (그리고 당신은 정말로 그런 운전자들과 눈을 마주치고 싶은가?) 때로 우리는 백미러를 통해 시선을 마주치지만, '얼굴을 대면하고 있는 것'이 아니기 때문에, 처음에는 전혀 믿을 수 없게, 약하게 느껴진다.

→ 운전하는 동안, 사람들은 (A) 비협조적이 되는데, 왜냐하면 그들이 (B) 거의 시선을 마주치지 않기 때문이다.

 2019학년도 3월 전국연합 고1 40번   본문 111쪽

　어떤 아이가 괴롭거나 실망스럽거나 무서운 순간들을 겪을 때, 극심한 감정과 신체적인 감각이 우뇌에 들이닥쳐, 그것이 압도적으로 힘들 수 있다. 이런 일이 일어날 때, 우리는 부모로서 그 아이가 무슨 일이 벌어지고 있는지 이해하기 시작할 수 있도록 그 상황에 좌뇌를 불러들이는 것을 도울 수 있다. 이런 종류의 통합을 촉진할 수 있는 가장 좋은 방법 중 하나는 무섭거나 고통스러운 경험의 이야기를 반복적으로 말하도록 돕는 것이다. 예를 들면, Bella는 아홉 살 때 좌변기의 물을 내리다가 변기가 넘쳤는데, 물이 부풀어서 바닥으로 쏟아지는 것을 본 경험은, 그 이후로는 그녀가 변기의 물을 내리고 싶지 않게 했다. Bella의 아버지 Doug이 '길들이기 위해 말하기'라는 기법에 대해 알게 되었을 때, 그는 딸과 함께 앉아 변기가 넘쳐흘렀을 때의 이야기를 반복했다. 그는 그녀가 할 수 있는 한 그 이야기를 최대한 많이 말하게 해주었고, 세부적인 내용을 채우도록 도움을 주었다. 그 이야기를 여러 차례 되풀이하고 난 후 Bella의 두려움은 줄어들다가 결국 없어졌다.

→ 우리는 아이로 하여금 고통스러운 이야기를 가능한 한 많이 (B) 반복하게 하여서 아이가 고통스럽고 무서운 경험을 (A) 극복하게 할 수도 있다.

 2020학년도 7월 전국연합 고3 40번   본문 113쪽

　2010년도에 과학자들이 쥐 실험을 실행했다. 그들은 쥐 한 마리를 작은 우리 속에 가두고, 그 우리를 훨씬 더 큰 방 안에 두고 또 다른 쥐가 그 방을 자유롭게 돌아다니게 했다. 우리에 갇힌 쥐는 구조 신호를 내보냈는데, 그것은 갇히지 않은 다른 쥐도 불안과 스트레스의 증상을 보이게 했다. 대부분의 경우에는, 자유로운 쥐는 마침내 우리에 갇힌 친구를 도왔고, 몇 번의 시도 후에 보통은 우리를 열고 갇힌 쥐를 풀어주는 데 성공했다. 그 후에 이번에는 연구원들이 방 안에 초콜릿을 놓고 실험을 재반복했다. 자유로운 쥐는 이제 갇힌 쥐를 풀어주거나 자기만 홀로 초콜릿을 먹는 것 둘 중에 선택해야만 했다. 많은 쥐는 먼저 동료를 풀어주고 난 후에 초콜릿을 나눠 먹는 것을 택했다(비록 몇 마리의 쥐들은 이기적으로 행동했고, 이는 아마도 어떤 쥐들은 다른 쥐들보다 더 인색함을 증명했다).

→ 연속적인 실험에서, 자유로운 쥐들이 우리에 갇힌 자신의 동료가 (A) 고통 상태에 있는 것을 목격했을 때, 그들은 심지어 초콜릿을 먹는 것을 (B) 미루면서, 자신의 동료를 구해주려는 경향이 있었다.

Chapter ❸ 05. 장문 독해

 2022학년도 수능 41~42번 본문 117쪽

　사물들을 종류별로 분류하는 것은 우리가 항상 하는 일이고, 왜 그러는지 쉽게 이해할 수 있다. 음식이 진열장에 무질서하게 진열되어 있던 슈퍼에서 쇼핑한다고 상상해보라. 즉 한 통로에는 토마토 수프가 흰색 빵 옆에 있고, 뒤에는 닭고기 수프가 60와트 전구 옆에 있고, 어떤 브랜드의 크림치즈는 앞에 있고 또 다른 어떤 브랜드의 크림치즈는 쿠키 근처의 8번 통로에 있다고 상상해보라. 당신이 원하는 것을 찾는 것은 많은 시간이 소요되고 불가능하지는 않지만 극도로 어려울 것이다. 슈퍼마켓의 경우에는 누군가가 분류 체계를 설계했어야 한다. 그러나 우리 언어에는 이미 만들어진 분류 체계가 또한 존재한다. 예를 들면, '개'라는 단어는 어떤 유형의 동물들을 함께 묶어서 그것들을 다른 동물들과 구별 짓는다. 그러한 grouping(집단화)은 너무 추상적인(→ 명백한) 것이어서 분류라고 불릴 수도 없어 보일 수 있지만, 이것은 단지 당신이 이미 그 단어를 완전히 터득했기 때문이다. 말하기를 배우는 아이로서 여러분은 부모님이 가르쳐주려고 노력했던 분류 체계를 익히기 위해 열심히 공부해야만 했다. 당신이 그것을 완전히 이해하기 전에는 아마도 고양이를 개라고 부르는 것 같은 실수들을 했을 것이다. 말하기를 배우지 않았다면, 모든 세상이 정리되지 않은 슈퍼마켓처럼 보일 것이다. 즉 당신은 모든 물건이 새롭고 친숙하지 않은 아기와 같은 위치에 있을 것이다. 따라서 분류의 원리들을 배울 때 우리는 우리 언어의 핵심에 위치한 구조에 관해 배울 것이다.

 2022학년도 9월 전국연합 고1 43~45번 본문 120쪽

　(A) 어떤 소년이 마을에 있는 가장 좋은 학교에 집이 있었다. 아침에 그의 할아버지는 그를 학교에 데리고 갔다. 그가 그의 손자와 함께 운동장으로 들어갔을 때, 아이들이 그들을 에워쌌다. "정말 우스꽝스러운 할아버지다."라며 한 소년이 히죽히죽 웃었다. 갈색 머리 소녀가 그 둘(노인과 소년)을 향해 가리키면서 위아래로 뛰었다. 갑자기 종이 울렸고, 아이들이 그들의 첫 수업에 급히 뛰어갔다.

　(D) 그 노인은 그의 손자의 손을 굳게 붙잡고 그를 교문 밖으로 이끌었다. "좋아, 나는 학교에 갈 필요가 없어!"라고 소년이 외쳤다. "너는 가야 해. 그렇지만 이 학교는 아니야."라고 할아버지가 대답했다. "내가 직접 네게 학교를 찾아주마." 할아버지는 손자를 집으로 데리고 돌아가 할머니에게 그를 돌봐달라고 하고 나서, 그 자신이 직접 선생님을 찾아 나섰다. 학교를 발견할 때마다, 그 노인은 운동장으로 들어가서 아이들이 쉬는 시간에 나오기를 기다렸다.

　(B) 몇 학교들에서는 아이들이 노인을 완전히 무시했고, 다른 학교들에서는 아이들이 그를 조롱했다. 이런 일이 일어났을 때, 그는 슬프게 돌아서서 집으로 돌아가곤 했다. 마침내 그는 매우 작은 어떤 한 학교의 아주 작은 운동장으로 들어섰고, 지친 상태로 벽에 기댔다. 종이 울렸고, 아이들의 무리가 운동장으로 뛰어나왔다. "할아버지, 괜찮아요? 물 한 잔 드릴까요?" 누군가가 말했다. "운동장에 벤치가 있어요. 와서 앉으세요." 또 다른 누군가가 말했다. 곧 한 젊은 선생님이 운동장으로 나왔다.

(C) 그 노인은 그에게 인사하면서 말했다. "드디어 제가 제 손자에게 마을 최고의 학교를 찾아주었네요." "잘못 아신 겁니다. 할아버지. 우리 학교는 최고가 아니에요. — 작고 비좁아요." 노인은 선생님과 말싸움을 벌이지 않았다. 그 대신, 그는 손자가 그 학교에 다닐 수 있도록 준비해주고, 그런 다음에 노인은 떠났다. 그날 저녁, 소년의 어머니는 그에게 말했다. "아버지, 글을 읽을 줄도 모르시잖아요. 최고의 선생님을 찾았다는 것을 어떻게 아세요?" "그의 제자를 보고 선생님을 판단할 수 있다."라고 노인이 대답했다.

레사 3 | 2022학년도 9월 전국연합 고2 43~45번

본문 124쪽

(A) 심한 눈 통증으로 괴로운 어떤 큰 부자가 있었다. 그는 많은 의사와 상담을 하고 그들 중 여러 명에게 치료도 받았다. 그는 수많은 의료 전문가들과 상담하는 것을 멈추지 않았다. 그는 많은 약물을 심하게 복용했고, 주사도 수백 번 맞았다. 그러나 고통은 지속되었고 오히려 전보다 심해졌다. 마침내 그는 그와 같은 상태의 환자들을 치료하는 것으로 유명한 한 수도사에 대해 소문을 듣게 되었다. 며칠이 지나지 않아, 그 고통받는 남자에 의해 수도사는 부름을 받았다.

(D) 그 수도사는 그 부자의 문제를 이해하였고 얼마 동안 그는 녹색에만 집중하고 그의 눈이 다른 어떤 색도 보지 못하게 했다. 그 부자는 그것이 좀 이상한 처방이라고 생각했지만, 절박했기에 그것을 시도하기로 하였다. 그는 페인트공들을 모이도록 했고, 녹색 페인트를 많이 구매하여 수도사가 추천한 대로 그가 보게 될 모든 물체를 녹색으로 칠하라고 명령했다.

(B) 며칠이 지난 후 그 남자 주변의 모든 것은 녹색이 되었다. 그 부자는 그의 주변의 어떤 것도 다른 색이 되지 않도록 확실하게 만들었다. 며칠 후 그 수도사가 그를 찾아왔을 때, 그는 붉은 옷들을 입고 있었기 때문에 부자의 하인들은 녹색 페인트통을 들고 달려와서 그의 몸 전체에 부어버렸다. 그는 하인들에게 왜 그들이 그와 같은 짓을 했는지를 물었다.

(C) 그들은 대답은 "우리는 주인이 다른 어떤 색도 보게 할 수 없어요."였다. 이 말을 듣고 수도사는 웃으며 말했다. "만일 너희들이 겨우 몇 달러밖에 하지 않는 녹색 안경 하나만 구매했다면, 이처럼 벽, 나무, 항아리, 그리고 다른 모든 것을 구하고 또한 그의 재산의 많은 부분을 아낄 수 있었을 것이다. 너희들이 온 세상을 녹색으로 칠할 수는 없어."

레사 4 | 2019학년도 수능 43~45번

본문 128쪽

(A) Olivia와 그녀의 여동생 Ellie는 양배추들의 가운데에 할머니와 함께 서 있었다. 갑자기 할머니가 묻는다. "양배추 화이트가 뭔지 아니?" "예, 저는 생물 시간에 그것에 대해 배웠지요. 그건 아름다운 하얀 나비예요."라고 Olivia가 대답했다. "그렇지! 하지만 그것은 양배추에 알을 낳지. 그러고 나서는 애벌레는 양배추 잎을 먹지! 그러니까 내가 애벌레를 잡는 것을 도와주지 않겠니?"라고 할머니가 제시했다. 두 자매는 기꺼이 동의했고, 준비하러 집으로 돌아갔다.

(C) 곧 각자 작은 양동이를 가지고 Olivia와 Ellie는 할머니에게 돌아갔다. 그들이 양배추밭을 보았을 때, 그들은 갑자기 그것이 얼마나 넓은지 기억이 났다. 백만 개의 양배추가 있는 것처럼 보였다. Olivia는 끝없이 펼쳐진 양배추밭을 보고 입을 다물지 못하고 서 있었다. 그녀는 그들이 아마도 애벌레를 모두 다 잡을 수는 없으리라고 생각했다. Olivia는 절

망의 한숨을 쉬었다. 할머니는 그녀를 보고 미소를 지으며 말했다. "걱정하지 마. 우리는 단지 오늘 여기 첫 번째 줄에서만 작업할 거야." 안도하며 그녀와 Ellie는 첫 번째 양배추에서 시작했다.

(B) 양배추 화이트들이 그들 주변의 하늘을 가득 채운 상태로 (잡히는) 애벌레들이 잡히면서 꿈틀거렸다. 마치 그 나비들은 수백만 개의 알을 더 낳겠다고 하면서 Olivia를 조롱하는 것처럼 보였다. 양배추밭은 마치 전쟁터처럼 보였다. Olivia는 싸움에서 지고 있다고 느껴졌지만, 그녀는 계속해서 싸웠다. 그녀는 양동이 바닥이 보이지 않을 때까지 계속해서 자신의 양동이를 애벌레로 채워나갔다. 지치고 낙담한 상태로 그녀는 할머니에게 "나비를 모두 없애서 더 이상의 알이나 애벌레가 생기지 않게 하는 게 어떨까요?"라고 물었다.

(D) 할머니는 부드럽게 웃으며 말했다. "왜 대자연과 씨름하려고 하니? 나비들은 이 꽃에서 저 꽃으로 꽃가루를 옮기기 때문에 우리가 다른 식물들을 키우는 데 도움을 주기도 한단다." Olivia는 그녀가 맞다는 것을 깨달았다. 할머니는 애벌레가 양배추에 해를 끼친다는 것을 알지만 환경의 자연스러운 균형을 방해하고 싶지 않다고 추가적으로 말했다. Olivia는 이제 나비들의 진정한 아름다움을 알게 되었다. Olivia와 Ellie는 자신들의 가득 찬 양동이를 보고 미소 지었다.

Chapter ❹ 01. 제1 단서 – 접속사(연결사)

 2020학년도 6월 전국연합 고1 31번 본문 138쪽

다른 과학자가 발견한 것들을 읽을 때, 그 실험에 대해 비판적으로 생각하라. 당신 스스로에게 물어라: 관찰된 것들이 실험 도중에 혹은 후에 기록되었나? 결론이 타당한가? 그 결과들은 반복될 수 있는가? 정보의 출처는 믿을만한가? 당신은 실험을 수행한 그 과학자나 그룹이 편향되지 않았는지 역시 물어야 한다. 한쪽으로 치우치지 않음은 당신이 실험의 결과로 특별한 이익을 얻지 않는다는 것을 뜻한다. 예를 들어, 만약 한 제약사가 그 회사의 새로운 제품 중 하나가 얼마나 잘 작용하는지 시험해보기 위한 실험 비용을 지불한다면 특별한 이익과 관련된 것이다. 만약 실험이 그 제품이 효과 있음을 보여준다면, 그 제약회사는 이익을 보기 때문이다. 따라서 그 실험자들은 객관적이지 않다. 그들은 결론이 긍정적이게 하여 제약회사의 이익을 보장하려고 할 수 있다. 결과들을 평가할 때, 가능한 모든 치우침에 대해 생각하라!

2022학년도 6월 전국연합 고2 39번 본문 140쪽

창의력 연구 물결의 첫 번째 궁극적 목적은 IQ가 전반적인 지능을 측정했던 것과 같은 방식으로 전체적인 창의력을 측정하기 위한 인성 검사였다. 한 사람의 창의성 점수는 IQ 점수가 물리학, 수학 또는 문학에 제한되지 않는 것처럼 어떤 노력의 분야에서도 우리에게 그 사람의 창조적인 잠재력을 말해줄 것이었다. 그러나 1970년대에, 심리학자들은 전반적인 '창의성 지수'와 같은 것은 없다는 것을 깨달았다. 창의적인 사람들은 전반적이며, 보편적으로 창의적인 것은 아니다; 그들은 활동의 특정 범위, 즉 특정 영역에서만 창의적이다. 우리는 창의적인 과학자가 또한 재능 있는 화가가 되는 것을

예상하지 않는다. 창의적인 바이올린 연주자는 창의적인 지휘자가 아닐 수도 있고, 창의적인 지휘자는 새로운 곡을 작곡하는 데 매우 뛰어나지 않을 수도 있다. 심리학자들은 이제 창의력이 어떤 특정 영역에만 제한된 것이라는 것을 안다.

 2021학년도 3월 전국연합 고3 39번 본문 142쪽

묶음 가격이란 보통 보완적인 두 개 이상의 제품을 단일 가격에 판매되도록 함께 포장하는 것인데, 그것은 일반적으로 개별 제품 가격의 합계보다 상당히 더 저렴하다. 묶음 가격은 고객 만족을 촉진하며, 잘 팔리지 않는 제품이 더 높은 회전율을 가진 제품과 함께 묶일 때, 회사가 판매를 자극하고 수익을 확대하는 데 도움을 줄 수 있다. 제품을 개별적으로 판매하지 않고 묶음으로 판매하는 것은 또한 비용 절감도 가져올 수 있으므로, 묶음 가격은 옵션 묶음이 있는 은행과 여행 서비스, 컴퓨터, 그리고 자동차에 자주 이용된다. 그러나 일부 단체에서는 때로 à la carte pricing(따로따로 책정하는 가격)이라고 불리는 더 품목화된 접근 방식을 선호하여 개별적으로 가격을 매기고 있다. 이것은 고객에게 자신의 목적에 맞는 적절한 조합이 아닌 불필요한 묶음을 구입할 필요 없이 자신이 원하는 제품을 골라서 선택할 기회를 준다. 더구나 인터넷의 도움으로, 비교 쇼핑이 그 어느 때보다 편리해짐에 따라, 고객들이 물건의 가격을 매기고 그들 자신의 혼합을 만들 수 있게 되었다. 그럼에도 불구하고 묶음 가격은 패키지의 편리함을 선호하는 고객들에게 지속적으로 호응을 얻고 있다.

 2021학년도 9월 모의평가 고3 24번 본문 144쪽

인간의 지식이 완벽하게 정확하지 않고 결코 완벽하게 정확했던 적이 없었다는 발견은 현대 인간의 영혼을 겸손하게 하고, 진정시키는 효과가 있어왔다. 우리가 관찰했듯이, 19세기는 세계를 부분들뿐만 아니라 전체로서 항상 완벽하게 알 수 있다고 믿은 마지막 때였다. 지금 우리는 이것이 불가능하고 항상 불가능했음을 깨달았다. 우리는 한계 내에서 아는 것이지, 완전히 아는 것은 아니다. 비록 그 한계들이 대개 우리의 필요를 충족시키기 위해 조정될 수 있을지라도, 특이하게도 이 새로운 정도의 불확실성에서 훨씬 더 위대한 목표가 나타나고 달성 가능해 보인다. 비록 우리가 세계를 절대적인 정밀성을 가지고 알 수 없지만, 우리는 여전히 그것을 통제할 수 있다. 심지어 우리의 본질적으로 불완전한 지식조차도 그 어느 때 만큼이나 강력하게 작용하는 것처럼 보인다. 요컨대 우리는 가장 높은 산이 얼마나 높은지 결코 정확하게 알 수 없을지라도, 우리는 그럼에도 불구하고 우리가 정상에 도달할 수 있다는 것을 지속적으로 확신한다.

2019학년도 3월 전국연합 고1 38번　　　　　　　　　　　　　　　　　　본문 148쪽

　　우리들 대부분은 사장님이 생각하기에 중요하다고 보는 어떤 기술적인 정보 및 개인 정보와 더불어 인적 자원 기준에 기초하여 많은 사람을 고용해오고 있다. 나는 대부분의 사람이 자기 자신과 정확히 닮은 사람을 고용하고 싶어 한다는 것을 알게 되었다. 이것이 과거에는 효과가 있었을지도 모르지만, 오늘날에는 상호 연결된 팀의 업무 과정으로 인해 우리는 전원이 똑같은 사람이기를 원하지 않는다. 팀 내에서 어떤 사람들은 지도자일 필요가 있고, 어떤 사람들은 실천가일 필요가 있으며, 어떤 사람들은 창조적인 역량을 제공할 필요가 있고, 어떤 사람들은 사기를 불어넣는 사람들일 필요가 있으며, 어떤 사람들은 상상력을 제공할 필요가 있다는 것이다. 다시 말하면, 우리는 구성원들이 상호 보완해주는 다양성을 갖춘 팀을 찾고 있다. 새로운 팀을 짜거나 팀 구성원을 채용할 때 우리는 각 개인을 보고 그 사람이 어떻게 우리의 팀 목적 전체에 어울리는지 살펴봐야 한다. 팀이 더 크면 클수록 다양성의 가능성이 더욱더 많이 존재한다.

 2022학년도 6월 전국연합 고2 38번　　　　　　　　　　　　　　　　　　본문 150쪽

　　※ 본문 151쪽 참조

 2021학년도 9월 전국연합 고3 32번　　　　　　　　　　　　　　　　　　본문 152쪽

　　많은 똑같은 동물 또는 식물을 퍼뜨리려는 복제가 따라오는 유전공학은 가끔 자연의 다양성에 대한 협박으로 보인다. 하지만 인간은 수천 년간에 걸쳐 다양한 자연 서식지들을 인공적인 단일 경작으로 대체해오고 있다. 선진국들의 자연 서식지의 대부분은 대량 생산 또는 반복에 기초를 둔 어떤 형태의 인공적인 환경으로 이미 대체되었다. 생물 다양성에 대한 진정한 위협은 계속 증가하는 인구에 식량을 제공하기 위해서 지구의 더더욱 많은 지역을 생산 지대로 전환해야 할 필요성임이 분명하다. 가축의 복제와 이식 유전자에 의한 변형은 전반적인 상황에 거의 변화를 주지 못한다. 거꾸로, 유전학에 관한 새로워진 관심은 아직 알려지지 않은 다양한 목적을 위해서 이용 가능한 흥미롭거나 유용성이 있는 유전적 특성을 가진 많은 야생 동식물이 있다는 의식을 점점 키웠다. 이것은 결국 자연 생태계가 암, 말라리아 또는 비만을 치료하는 미래의 약을 내포하고 있을 수도 있으므로 자연 생태계를 파괴하는 것을 피해야 한다는 깨달음을 주었다.

 2021학년도 10월 전국연합 고3 36번　　　　　　　　　　　　　　　　　　본문 154쪽

　　'씨 뿌리기'라고 불리는 과정에서, 당신은 마음속에 시간의 틀을 가질 필요가 있다. 당신의 현재 일에 대해 어떻게 느끼는지를 가족들에게 말하기 시작하라. 그들에게 여러분이 이 직업에 대해 얼마나 좌절감을 느끼고 지루하게 느끼는지

를 말하라.

(B) 거의 일주일에 두 번 정도는 이것에 대해 토론하라. 그러고 나서 부가적으로 열정과 관련된 일을 하기 시작하고, 이것을 하는 동안에 당신이 얼마나 행복한지를 그들이 보고 경험할 수 있도록 하라. 당신의 가족들과 친구들이 여러분의 열정에 참여하게 할 방법을 찾아라. 당신이 열정을 쏟는 것을 더 많이 볼수록, 그들은 여러분과 감정적으로 더 많이 접속된다.

(C) 그 열정에 당신이 어떻게 영감을 받고, 그것이 당신뿐만 아니라 다른 사람들에게도 어떻게 변화를 주는지에 대해 그들에게 이야기하라. 유사한 열정을 가지고 사는 사람이 어떻게 그 사람의 삶을 시작했는지 그리고 오늘날 그 사람이 어떻게 행복하게 살고 있는지 사례들을 제공하라.

(A) 이 이야기들은 당신이 당신의 열정을 따라가야만 한다는 사실을 그들이 깨닫게 해줄 것이다. 가끔 그들은 당신의 작은 성과에 놀랄 필요가 있는데, 그것은 여러분이 추가로 습득한 몇 가지 기술들이나 여러분이 열정 분야에서 받은 몇 개의 상일 수 있다.

Chapter ❹ 03. 제3 단서 – 관사(류)

 2021학년도 6월 전국연합 고1 38번 　　　　　　　　　　　　　　　　본문 159쪽

소리와 빛은 파장으로 이동한다. 소리에 대해 종종 언급되는 비유는 작은 돌멩이를 고요한 연못 표면에 던지는 것이다. 음파가 음원으로부터 사방팔방으로 퍼지는 것처럼 파장이 충격 지점으로부터 바깥으로 퍼져 나간다. 이것은 우리 주변의 공기 중의 방해 작용 때문이다. 만약에 당신이 막대기 두 개를 함께 탁 친다면 소리를 듣게 될 것이다. (두 개의) 막대기들이 서로 가까워질 때, 그것들의 바로 앞에 있는 공기가 압축되고 에너지는 집적된다. 충돌 지점이 발생하면 이 에너지는 음파로 (주변으로) 퍼져 나간다. 두 개의 무거운 돌을 가지고 같은 실험을 해보면 똑같은 일이 일어나지만, 돌의 밀도와 표면(의 차이) 때문에 당신은 다른 소리를 듣게 되고, 그 돌이 아마 더 많은 공기를 이동시켰기 때문에 당신은 더 큰 소리를 듣게 된다. 그리고 따라서 우리 주변의 대기 중에서 일어나는 물리적 교란(방해) 작용이 소리를 만들어내는 것이다.

 2019학년도 11월 전국연합 고2 38번 　　　　　　　　　　　　　　　　본문 161쪽

자동차 공유(함께 이용하기)는 이제는 친숙한 개념이지만 창조적인 회사들은 그들의 고객들이 휴가용 별장, 핸드백, 그리고 심지어 다이아몬드 목걸이와 같은 사실상 거의 모든 것에 대한 소유권과 이용권을 공유하는 것을 가능하게 하고 있다. 한 포르투갈의 속담에 따르면, "여러분은 절대 요트를 가져서는 안 되고 그 대신 요트 가진 친구를 가져야 한다." 라고 한다. 요트 공유 서비스에 참여하여 회원들은 최대 7명의 사람들과 한 대의 요트를 공유함으로써 포르투갈인들의

꿈꾸던 것을 성취할 수 있다. 그 서비스를 설명하면서, 최근 한 신문 기사는 요트를 공유하는 것은 '여러분이 원할 때 여러분이 그것을 항상 이용할 수 있을 것이라는 보장은 없다'는 것을 의미한다고 소비자에게 강력히 충고했다. 이 외견상의 제한이 바로 소비자들이 그것을 큰 기쁨으로 만들도록 돕는 것이다. 샌드위치부터 고급 자동차에 이르기까지 모든 것에 대한 여러분의 이용권을 제한하는 것이 여러분의 활력온도계를 재설정하도록 돕는다. 다시 말하면, 어떤 것에 여러분이 항상 이용권을 가질 수는 없다는 것을 아는 것이 여러분이 이용권을 가질 때 그것에 대해 더욱더 감사하도록 돕는다.

례사 3 2020학년도 9월 모의평가 고3 37번   본문 163쪽

과학의 주요 목적은 법칙적인 관계를 발견하는 것이기 때문에, 과학은 연구되고 있는 것이 법칙적이라고 가정한다. 예를 들면, 화학자는 화학 반응이 법칙적이라고 가정하고, 물리학자는 물리적 세계가 법칙적이라고 가정한다.

(B) 연구하고 있는 것이 인과 법칙의 관점에서 이해될 수 있다는 가정을 결정론이라고 한다. Richard Taylor는 결정론을 '언제나 일어나는 모든 일에 대해서 그 조건이 주어지면 그 밖의 어떤 다른 일이 결코 일어날 수 없는 그러한 조건이 있다고 말하는 철학적인 원칙'이라고 정의한다.

(A) 그리고 나서 그 결정론자는 일어나는 모든 것은 유한한 수의 원인들의 작용이고, 이 원인들이 알려지면 사건은 완벽하게 정확히 예측될 수 있다고 가정한다. 그렇지만 어떤 사건의 '모든' 원인을 아는 것이 필요한 것은 아닌데, 그 결정론자는 단순히 원인들이 존재하고 더 많은 원인이 알려질수록 예측은 더 정확해진다고 가정한다.

(C) 예를 들면, 거의 모든 사람이 날씨는 태양의 흑점, 높은 고도의 제트기류, 그리고 기압과 같은 유한한 수의 변수들의 작용이라는 데 동의하지만, 일기 예보는 늘 확률적인데, 이 변수 중 많은 것이 늘 변하고 다른 변수들이 조금도 알려지지 않았기 때문이다.

Chapter ❹ 04. 제4 단서 – 글의 흐름(글의 구조와 특성)

례사 1 2021학년도 3월 고1 34번   본문 168쪽

어떤 일을 할 수 있도록 법적으로 허용된 것과 그것을 실제로 가서 실행할 수 있는 것을 구별하는 것은 중요하다. 모든 사람이 2분 안에 1마일을 달릴 수 있도록 허용하는 법이 사람들이 원한다면 통과될 수도 있다. 그러나 하는 것이 비록 허용되더라도, 육체적으로 그렇게 할 수 없기 때문에, 그것이 사람들의 실제적 자유를 증가시키지는 않을 것이다. 최소의 제약과 최대의 가능성을 두는 것은 좋다. 그러나 현실 세계에서는 대부분의 사람은 자신이 할 수 있도록 허용된 모든 것이 될 가능성이 전혀 없고, 그들이 할 수 있는 모든 것을 저지당할 필요의 가능성도 없을 것이다. 그들의 실질적 자유는 사실 그들이 선택하는 것을 할 수 있는 수단과 능력을 갖추고 있는지에 달려 있다.

2020학년도 6월 전국연합 고2 22번   본문 170쪽

개인적인 맹점은 다른 사람들에게는 보이지만, 당신에게는 보이지 않는 영역이다. 맹점이 가진 성장상의 어려움은 당신이 무엇을 모르는지를 모른다는 것이다. 옆 차선의 트럭을 볼 수 없는 당신 차의 사이드미러 속의 부분(운전상의 맹점)과 같이, 개인의 맹점은 당신이 그것의 존재를 완전히 인식하지도 못하기 때문에 쉽게 못 보고 넘어갈 수 있다. 그것들도 또한 (운전의 맹점처럼) 똑같이 위험할 수 있다. 당신이 보지 못하는 그 트럭? 그것은 정말 거기에 있다! 그리고 당신의 맹점도 그러하다. 당신이 그것을 볼 수 없다고 해서 그것이 당신을 칠 수 없다는 뜻은 아니다. 이것이 당신이 다른 사람의 도움을 구해야 할 지점이다. 당신은 기꺼이 그 거울을 들고, 그 트럭을 볼 수 있을 정도로 충분히 당신을 잘 알고 있고 또한 트럭이 거기에 있다는 것을 당신에게 알려줄 만큼 충분히 당신을 아끼는 이런 특별한 팀원들을 갖추어야 한다.

 2020학년도 3월 전국연합 고3 22번   본문 172쪽

몇몇 회사의 지도자들은 그들의 회사가 많은 변화와 압박을 겪고 있는데, 그것이 업무 효율성을 떨어뜨리고, 최고 수준의 인재들을 쫓아내며, 그들의 팀을 해체시킨다는 것을 '알고 있다'고 말한다. 그들은 군대에 대해 생각해볼 필요가 있다. 그곳에서는 압박감(스트레스)과 불확실성이 현재의 상태이고, 입대한 사람들은 해변의 휴양이 아니라 신병 훈련소를 통해 일할 수 있는 상태로 준비된다. 그런데도 군대에 고용된 사람들은 사실상 지구상에 있는 모든 조직 중에서 가장 최고로 기능하고, 변함이 없고, 충성스러운 자들에 속한다. 이것은 군대가 수세기 동안의 실습 후에, 올바른 렌즈로 다른 사람들과 함께 스트레스를 겪고 나면, 나머지 평생 이야기하게 될 의미 있는 이야기와 사회적 유대를 창출할 수 있다는 것을 배웠기 때문이다. 스트레스를 위협으로 바라보는 대신에, 군대 문화는 그것이 창출하는 공유된 회복력에서 자랑스러움을 끌어낸다. 그런데 이것은 그들이 군인이라는 사실과는 전혀 관련이 없으며, 모든 회사와 팀은 스트레스를 잠재력의 원천으로 바꿀 수 있다.

 2020학년도 3월 전국연합 고3 24번   본문 174쪽

계급(hierarchies)은 분명히 나쁜 아이디어를 제거하는 데 좋다. 어떤 아이디어가 그 계급에서 맨 위까지 올라갈 때면 그 체계 내의 다른 모든 아이디어와 비교되었을 것이고, 눈에 띄게 좋은 아이디어가 정상을 차지하게 된다. 이는 상식처럼 보인다. 문제는, 눈에 띄게 좋은 아이디어가 반드시 혁신적인 아이디어인 것은 아니라는 것이고, 참으로 혁신적인 아이디어가 도입될 땐 흔히 매우 나쁜 아이디어처럼 보인다는 것이다. Western Union이 Alexander Graham Bell의 전화 특허권과 관련 기술을 살 기회를 지나쳐버린 일화는 유명하다. 그때는 전화 통화 소리는 매우 잡음이 많고 잘못 전달하기 쉬웠고 먼 거리에 도달하지 못했는데, Western Union은 통신수단의 수익성이 정확성과 폭넓은 통신 범위에 달려 있다는 사실을 자체 전보 사업으로부터 잘 알고 있었다. 그리고 Wikipedia가 처음 시작했을 때 장난으로 간주되었다. 어떻게 일반 대중이 작성한 것이 세계 최고 학자들의 저작물을 대체할 수 있는가?(라고 생각했다) 오늘날 Wikipedia는 그 이

전에 출현했던 그 어떤 것보다도 너무나 훨씬 더 포괄적이어서 유일한 백과사전이라고 널리 여겨진다.

Chapter ❹ 05. 제5 단서 – 함축(함의)

 2021학년도 3월 전국연합 고1 38번 　　　　　　　　　　　　　　　　　　　　　　　　본문 177쪽

　결정적인 한순간의 중요성을 과대평가하고 매일 일어나는 작은 발전을 이루는 것의 가치를 과소평가하기는 아주 쉽다. 너무나도 자주 우리는 거대한 성공에는 거대한 행동이 필요하다고 굳게 확신한다. 체중을 줄이는 것이든, 결승전에서 이기는 것이든, 혹은 어떤 다른 목표를 성취하는 것이든, 우리는 우리 자신에게 누구나 이야기하게 될 지축을 흔들 만한 큰 발전을 이루도록 압력을 가한다. 반면에, 1퍼센트씩 발전하는 것은 특별히 눈에 띄지는 않지만, 장기적으로는 훨씬 더 의미가 있을 수 있다. 시간이 지남에 따라 이 작은 발전들이 (축적되어) 이룰 수 있는 변화는 놀랍다. 다음과 같이 수학적 계산이 이루어지는데, 만약 당신이 1년 동안 매일 1퍼센트씩 더 나아질 수 있다면, (1년을) 끝마칠 때 즈음 여러분은 결국 37배 더 나아질 것이다. 반대로, 1년 동안 매일 1퍼센트씩 나빠지면 여러분은 거의 0까지 떨어질 것이다. 작은 승리나 사소한 패배로 시작한 것은 쌓이면서 훨씬 더 큰 무언가가 된다.

 2019학년도 6월 전국연합 고2 38번 　　　　　　　　　　　　　　　　　　　　　　　　본문 179쪽

　당신은 어떤 역에서 또 다른 기차 옆에 서 있는, 한 기차 안에 타고 있다. 갑자기 당신은 움직이기 시작하는 것 같다. 그러나 그때 당신은 당신이 사실상 전혀 움직이지 않고 있다는 것을 깨닫는다. 반대 방향으로 움직이고 있는 것은 바로 그 두 번째 기차이다. 상대적인 움직임에 대한 착각이 다른 방식으로도 작동한다. 당신은 다른 기차가 움직였다고 생각하지만, 결국 움직이고 있는 것은 바로 당신 자신이 탄 기차라는 것을 발견하게 된다. 외견상의 움직임과 실제 움직임 사이에 차이를 구별하는 것은 어려울 수 있다. 물론 당신의 기차가 덜컥하고 움직이기 시작한다면 그것은 쉽지만, 만약 당신의 기차가 매우 부드럽게 움직인다면 쉽지 않다. 당신의 기차가 약간 더 느린 기차를 따라잡을 때, 당신은 당신의 기차가 정지해 있고 다른 기차가 천천히 뒤쪽으로 움직이고 있다고 생각하도록 가끔 당신 자신을 속일 수 있다(착각하게 할 수 있다).

 2020학년도 3월 전국연합 고3 38번 　　　　　　　　　　　　　　　　　　　　　　　　본문 181쪽

　듣기보다 보는 것이 더 관련된 어떤 분야가 있다면, 그것은 과학이다. 서양 문화의 시각적 치우침을 강조하는 학자들은 자신들이 가장 좋아하는 예로 과학을 가리키기도 한다. 형상, 그래프, 그리고 도표를 사용하지 않고 연구를 하는 것이 불가능해 보이기 때문에, 그들의 관점에서 과학은 최상의 시각적 노력이다. 과학 역사학자들과 사회학자들은 보는 것 외

에 듣는 것을 포함한 다른 감각들이 지식의 발전에 있어 얼마나 중요했는지를 보여주면서 이러한 주장을 최근에 교정했는데, 특히 실험실 안에서 두드러졌다. 그들은 과학적 연구가 시각적 관찰 이상을 포함한다는 점을 강조한다. 결과를 판독하는 것, 그래서 보는 것을 요구하는 것처럼 보이는 측정 도구의 도입이 과학자들의 다른 감각 발전을 배제하지 않았다. 정반대로, 실험실 환경에서의 과학적 연구는 흔히 신체 능력이 필요한데, 그것 중 하나는 듣는 것이다. 그러나 과학 그 자체의 세계는 여전히 듣는 것을 보는 것보다 지식 생산으로 들어가는 덜 객관적인 출입구(entrance)로 생각한다.

 2020학년도 9월 모의평가 고3 40번　　　　　　　　　　　　　　　　　　　　　본문 183쪽

　지난 몇십 년 동안, 아이디어와 실행으로서의 건축은 점점 더 자신에 대한 정의를 제한해오고 있다. 예측 가능한 미래에, 실제 변화, 즉 상업 기관들과 그것의 목표와 가치들의 지배에 도전하는 변화를 가져오는 데 있어 건축의 도움은 줄어들 것이다. 오늘날이 전례 없는 혁신과 선택의 자유 시대처럼 보이지만, 실제는 건축 방식과 형태가 자주(이미) 증명되고 시장성이 있는 똑같은 개념의 매력적인 포장과 재포장이라는 것이다. 유명 건축가의 '급진적인' 설계가 수용되고 인정받는 속도는 형식적인 혁신 그 자체로 중요한 상품이 되었다는 것을 실증한다. 그러나 급진주의라는 망토 밑에는 기존의 건축 유형학과 프로그램이라는 관습이 편안함을 주는 그것의 익숙함과 더불어 여전히 지배하고 있고 팔린다. 오늘날 절실하게 필요한 것은 바로 우리의 사고와 행동 방식을 바꿀 수 있도록 그것의 잠재력을 자유롭게 풀어주는 건축에 대한 접근법들이다.

　→ 겉보기에는 혁신적이지만, 건축은 사실 그것 자체의 관습과 상업화된 환경에 (A) 갇히게 되었고, 그래서 우리를 변화시킬 수 있는 그것의 힘을 (B) 활성화시키는 노력이 이루어져야 한다.

Chapter ❹ 06. paraphrasing(바꿔 말하기)

 2020학년도 3월 전국연합 고1 34번　　　　　　　　　　　　　　　　　　　　　본문 186쪽

　당신이 보통 어떤 공원에 산책이나 운동을 하러 간다고 해보자. 아마 오늘 여러분은 다른 공원을 선택하는 편이 좋겠다. 왜냐고? 글쎄, 누가 알겠는가? 어쩌면 여러분이 다른 공원에서 다른 에너지와 접속하는 것이 필요하기 때문일 것이다. 아마도 당신은 거기서 전에 만난 적이 없는 사람들을 만나게 될 것이다. 여러분은 그저 다른 공원을 방문함으로써 새로운 가장 절친한 친구를 사귈 수도 있다. 당신이 편안함을 느끼는 구역 밖으로 나가야 비로소 자신에게 어떤 대단한 일이 일어날지 안다. 당신이 안락 구역에 머무르고 있고, 자신을 밀어붙여 늘 똑같은 에너지에서 벗어나도록 하지 않으면 당신은 자신의 진로에서 앞으로 나아가지 못할 것이다. 자신에게 뭔가 다른 어떤 것을 하게 강요함으로써 여러분은 영적인 차원에서 자신을 일깨우고, 결국 자신에게 이익을 줄 어떤 일을 자신이 하도록 한다. 사람들이 말하듯이, 다양성은

인생이 향신료이다.

 2020학년도 3월 전국연합 고2 31번   본문 188쪽

현시대의 불교 스승인 Dainin Katagiri는 죽어가면서 『고요로의 회귀』라는 주목할 만한 책을 썼다. 그는 인생이란 "위험한 상황이다."라고 썼다. 삶을 소중하게 만드는 것은 바로 삶의 연약함이다. 즉 그의 글은 다름 아닌 자신의 삶이 끝나가고 있다는 사실로 가득하다. "도자기 그릇은 조만간 깨어질 것이기 때문에 아름답다…. 그릇의 생명은 항상 위험한 상태에 놓여 있다." 그런 것이 우리의 투쟁이다. 이 불안정의 미(美), 이 불가피한 상처. 사랑과 상실은 우리의 친근한 동료들이라는 것을, 우리가 진짜 꽃을 플라스틱 꽃보다 훨씬 더욱 사랑하며, 산등성이를 가로지르는 일순간만 존재하는 황혼빛을 사랑한다는 것을 잊는다(얼마나 쉽게 잊는가!). 우리의 영혼을 여는 것은 다름 아닌 이 연약함이다.

 2019학년도 4월 전국연합 고3 31번   본문 190쪽

비옥한 초승달 지대의 초기 농경 마을들에서 발견된 뼈들은 인근에 있는 수렵·채집인들의 집들보다 보통 작았는데, 이는 그들의 식단이 덜 다양했다는 것을 시사한다. 비록 농부들이 좀 더 많은 식량을 생산할 수 있었지만 그들이 굶주렸을 가능성 또한 더 높았는데, 이는 수렵·채집인들과는 달리 그들은 적은 수의 작물들에 의존했고, 그러한 작물들이 실패하면 심각한 문제에 직면했기 때문이다. 초기 농부들의 뼈들은 아마도 수확기 중에 발생하는 정기적인 기근의 시기에 초래된 비타민 결핍의 자취를 나타낸다. 그것들은 아마도 쟁기, 농작물 수확, 나무 자르기, 건물과 울타리 유지와 수리와 곡물 갈기에 요구되는 강도 높은 노동에 따르는 스트레스의 흔적도 보여준다. 마을들은 또한 쓰레기를 만들었고 이는 해충을 끌어들였다. 마을의 인구수가 많아져서 인구수가 더 적고 유목 생활을 하는 수렵·채집 사회에서는 지속되지 못하는 병을 퍼뜨리기에 충분했다. 쇠약해지는 건강에 대한 이러한 모든 증거는 초기 농부들이 농경의 장점에 끌렸다기보다는 복잡하고 점차 서로 연결된 농경 생활 방식으로 떠밀렸음을 시사한다.

부록 01. 시간적, 공간적 변화와 주제의 변화

 2020학년도 6월 모의평가 고3 43~45번   본문 197쪽

(A) 거장 Brooks가 그의 학급 학생들이 배우도록 바이올린으로 모차르트 곡을 연주했을 때, 그 방은 아름답고 영혼을 울리는 소리의 물결로 가득했다. 학급 학생들은 이 유명한 초청 음악가가 연주한 곡을 열심히 배우려고 노력했다. 학급 학생 중에 Joe Brooks가 단연 최고였다. 사실 Joe는 그 명연주자의 아들이었다. 그의 아버지는 그가 네 살 때 유아용 바이올린을 그의 손에 쥐어 주었고, Joe는 천부적인 재능이 있었다. 이제는 겨우 12년 후에, 그는 이미 자신의 아버지처럼

거장이 되는 자신의 길을 가고 있었다.

(D) 수업 후에 Joe가 아버지와 단둘이 있게 되었다. 그는 뭔가 중요한 할 이야기가 있었다. Joe는 깊이 호흡을 하고 말했다. "저는 콘서트에서 연주해달라는 요청을 받았는데, 먼저 아빠의 허락을 받고 싶어요. 그것은 크로스오버 콘서트예요." 명연주자 Brooks는 놀란 표정이었다. 참으로 그 명연주자가 크로스오버 음악을 싫어하는 것은 공공연한 일이었다. "아빠," Joe가 심호흡을 하고 계속 말했다. "저는 아빠의 견해를 존중하지만, 그것(크로스오버 음악)은 아빠가 생각하는 그런 게 아니에요. 내일 우리 연습에 오셔서 들어보지 않을래요? 아빠의 마음에 안 드시면 취소할게요."

(C) "그래, 허락받았니?" 다음 날 Joe가 연습실에 들어서자마자 Brian이 물었다. "음, 잘 모르겠어." Joe가 자신 없게 말했다. "연습 후에 우리에게 말해도 돼." Brian이 키보드에 손을 얹으며 말했다. 그의 옆에서 Nick이 자신의 기타를 조율하고 있었다. Joe는 그 콘서트에서 자신이 빠질지도 모른다는 것을 그들에게 말하기 전에 마지막으로 딱 한 번만 연주하겠다고 생각했다. 그 3인조는 자신들의 일상적인 연주에 들어갔는데, 오랫동안 함께 열심히 연습한 그룹만이 할 수 있는 수준으로 쉽게 들어갔다.

(B) 그들이 연주를 마쳤을 때, Joe는 자신의 아버지가 구석에 서 있는 것을 알아차렸다. "와, 정말 멋진 연주구나." 그가 감탄하며 말했다. 명연주자 Brooks는 아들 쪽으로 다가갔다. "나는 네가 바이올린의 정신을 지키면서 그런 독특한 소리를 만들어내는 방식이 좋구나. 크로스오버 음악이 창조할 수 있는 힘을 내가 과소평가했구나."라고 명연주자 Brooks가 그에게 말했다. Joe와 그의 아버지는 둘 다 그 밴드가 연습해왔던 그 멜로디를 흥얼거리며 집으로 돌아갔다.

수능영어 1등급 공부법

© 송주현, 2025

초판 1쇄 인쇄 2025년 4월 7일
초판 1쇄 발행 2025년 4월 21일

지은이 송주현
펴낸이 이성림
펴낸곳 성림북스

책임편집 노은정
디자인 쏘울기획

출판등록 2014년 9월 3일 제25100-2014-000054호
주소 서울시 은평구 연서로3길 12-8, 502
대표전화 02-356-5762
팩스 02-356-5769
이메일 sunglimonebooks@naver.com

ISBN 979-11-93357-52-1 43740